D1719688

Werner/Kurth u. a.

Forstvermessung und Karten

Hans Werner · Horst Kurth und andere

FORSTVERMESSUNG
UND
KARTEN

VERLAG FÜR BAUWESEN GMBH · BERLIN

Prof. Dr.-Ing. habil. *Hans Werner*, Dresden;   Abschnitte 2 bis 8
Prof. Dr. sc. silv. Dr. hc. *Horst Kurth*, Tharandt
und Dipl.-Forsting. *Wolfgang Schulze*, Freiberg;   Abschnitte 1, 9, und 11
Doz. Dr. sc. silv. *Eberhard Pelz*;   Abschnitte 10 und 12

Zur Beachtung
Die Maßstabsangaben in den Kartenbeispielen beziehen sich auf die Originale. Aus drucktechnischen Gründen haben sich diese Relationen verändert. Deshalb sind keine Abgriffe im angegebenen Maßstab möglich.

ISBN 3-345-00340-6

1. Auflage
© Verlag für Bauwesen GmbH, Berlin 1991
Französische Straße 13/14; Berlin O-1086
Printed in Germany
Schriftart und -größe: 9/9/10p Timeless mager
Druckerei: Nationales Druckhaus, Berlin
Lektor: Dipl.-Ing. *Barbara Roesler*
Hersteller: *Karola Seitz*
Einbandgestaltung: *Dieter Gleffe*

Vorwort

Forstwirtschaftliche Vermessungsaufgaben haben, gemessen am Gesamtspektrum der Geodäsie, einen sehr bescheidenen Anteil. Andererseits macht der Forstgrund z. B. knapp 30% des Territoriums der fünf ostdeutschen Bundesländer aus. Ihre vermessungstechnische Erfassung und kartographische Darstellung erfolgt durch die Forstwirtschaft, im wesentlichen durch die Forsteinrichtungsämter der Bundesländer. Vielseitige, exakte Informationen über die forstlichen Flächen und angestrebte hohe Leistungen je Flächeneinheit sind die unerläßlichen Voraussetzungen intensiver Forstwirtschaft. Unter diesem Blickwinkel offenbart sich die Zielstellung des vorliegenden Lehrbuches. Es soll dem Forstmann in Ausbildung wie Praxis eine hilfreiche Stütze bei der Bearbeitung geodätischer wie photogrammetrischer Aufgaben vornehmlich für die Forsteinrichtung sein.

Die Frage, warum nicht vorhandene Lehrbücher der Vermessungskunde, Geodäsie oder Ingenieurgeodäsie für eine Nutzung empfohlen werden, ist einfach zu beantworten: Sie sind für den Forstmann einerseits vom Umfang wie auch von der Tiefe her zu stark mit dem Wissen fremder Aufgabenstellungen behaftet, wodurch die Lösung der einfachen forstlich-geodätischen Aufgaben erschwert erscheint. Andererseits bestehen auch empfindliche Lücken im Inhalt dieser Bücher für den Forstmann, vor allem bezüglich der Bussolenmessungen. Letztere sind heute für den Vermessungs- oder Bauingenieur weitestgehend uninteressant und werden deshalb in der Standardliteratur, wenn überhaupt, nur sehr kurz behandelt.

Vor dieses Problem sahen sich die Autoren erneut alljährlich gestellt, wenn den Studierenden der Forstwirtschaft an der Technischen Universität Dresden geeignete Literatur zum vertiefenden Selbststudium empfohlen werden mußte. Aus dieser Situation heraus wurde die Idee für die Herausgabe des vorliegenden Buches geboren, zumal zu diesem Thema auch kein anderes Werk vorhanden ist. Ebensowenig steht ein fremdsprachiges, für eine Übersetzung zu empfehlendes Buch zur Verfügung.

Die mögliche Arbeit mit unserem Buch ist nicht an Landesgrenzen gebunden, wenn auch im speziellen Anwendungsfall Instrumente und Geräte aus den ostdeutschen Bundesländern im Vordergrund stehen.

Ein gut ausgebildeter Vermessungsingenieur müßte im wesentlichen den im Buch behandelten Stoff beherrschen. Trotzdem dürfte auch er manche Anregungen für die Lösung von Aufgaben der Forstwirtschaft finden.

Ursprünglich war eine Behandlung grundlegender Probleme des Liegenschaftswesens und der Flächendokumentation des Forstgrundes im Manuskript vorgesehen und auch enthalten. Dieser Teil wurde jedoch herausgenommen. Es ist nach den einschneidenden Veränderungen in Deutschland nicht möglich, gegenwärtig für alle Bundesländer verbindliche Ausführungen hierzu zu bringen. Dies muß einer eventuellen 2. Auflage vorbehalten bleiben.

Abschließend sei Frau *Gertraude Kraft* und Herrn *Otto Vierke,* Tharandt, ein herzliches Dankeschön gesagt. Sie haben beide wertvolle Hilfe bei der Manuskriptgestaltung und der Bereitstellung von Messungs- und Berechnungsbeispielen geleistet.
Herrn Dr.-Ing. *Möbius,* TU Dresden, gebührt aufrichtiger Dank für die schöpferische wie kritische Begutachtung des geodätischen Manuskriptteiles. Nicht zuletzt verdienen die wertvollen Hinweise der Herren Dr. *Kreibig* und Oberingenieur *Riedel* eine Herausstellung, da sie wesentlich die Manuskriptgestaltung unterstützt haben.

H. WERNER

Inhaltsverzeichnis

1. Bedeutung und Zielstellung von Forstvermessung und -kartierung

1.1. Wald – Forstwirtschaft – Geodäsie – Forstvermessung

Der **Wald** ist ein wirkungsvolles, oftmals dominierendes Raumelement, das als wesentlicher Teil der natürlichen Umwelt die Kulturlandschaft prägt. Wald nimmt noch heute ein Viertel bis ein Drittel des Lebensraumes ein. Er ist Teil des von der Natur vorgezeichneten und durch den Menschen gestalteten und genutzten Raumes, des Territoriums. Wie alle natürlichen Systeme, gewinnt der Wald als ökologisches System und Naturressource mit vielfältigen stofflichen wie nichtmateriellen Funktionen immer größere Bedeutung für die gesellschaftliche Nutzung. Der Wald ist flächen- und bodengebunden, auch territorial differenziert und daher auch vermessungstechnisch von besonderem Interesse.

Die sinnvolle und rationelle Nutzung der Naturreichtümer, damit die Erhaltung und gesunde Entwicklung des Waldes ist eine Aufgabe der Allgemeinheit und der Waldbesitzer. Dieses Anliegen wird im Gesetz zur Erhaltung des Waldes und zur Förderung der Forstwirtschaft (Bundeswaldgesetz vom 27. Juli 1984) präzisiert bezüglich der Erhaltung, Mehrung und nachhaltigen Sicherung der ordnungsgemäßen Waldbewirtschaftung. Wald im Sinne dieses Gesetzes ist jede mit Forstpflanzen bestockte Grundfläche. Aus der Flächenbindung des Waldes sowie der Naturraum- und der Flächennutzungsstruktur des Territoriums ergibt sich das Bedürfnis der Forstwirtschaft nach vermessungstechnisch präziser Erfassung des Waldes und seiner kartographischen Darstellung.

Die Aufgabe der **Vermessungskunde** oder Geodäsie besteht in der Bestimmung der Gestalt, der Größe und der Lage sowie in der zeichnerischen und bildlichen Darstellung (von Teilen) der Erdoberfläche in Karten und Plänen. Für die Forstvermessung sind im allgemeinen nur die Methoden von Interesse, für die unter Vernachlässigung der Erdkrümmung die Horizontalebene als Bezugsfläche angenommen werden kann und als Teilgebiete Horizontal- oder Lagemessung, Vertikal- oder Höhenmessung und die kombinierte Längen- und Höhenmessung (Tachymetrie) umfassen.

Die naturalen Informationen der Forstwirtschaft umfassen Flächen-, Strecken-, Standorts- und Bestockungsinformationen, hinzu kommen Informationen mit technologischer Aussage. Die Forstvermessung ergibt im allgemeinen Flächen- und Streckeninformationen, über fotogrammetrische Methoden ist sie jedoch auch für andere Informationen aussagefähig. Darüber hinaus werden viele Informationen erst durch den Bezug auf die zugehörigen Flächen oder durch die Angabe je Flächeneinheit (Hektar) aussagefähig bzw. vergleichbar. Durch die Flächenbindung der forstlichen Produktion (Produktion = Funktion der Flächengröße) enthalten die meisten forstlichen Aussagen implizit Flächeninformationen. Dieser Sachverhalt verdeutlicht die Bedeutung der Forstvermessung für einen zuverlässigen forstlichen Datenfonds. Die Forstvermessung umfaßt die Messung des Waldes (d. h. Umriß des Waldes und Lage im Territorium sowie Infrastruktur) und Messungen im Walde (d. h. Einteilung und Erschließung des Waldes) sowie die kartographische Darstellung, d. h. die Herstellung von Forstkarten. Diese Arbeiten zählen im weiteren Sinne zur Ingenieurgeodäsie. Die forstliche Anwendung liegt im wesentlichen in den Fachgebieten Forsteinrichtung, Forstwegebau und der forstlichen Rahmenplanung. Zur Einmessung eines Schlages oder zur Absteckung einer Trasse muß jedoch jeder Forstmann fähig sein, ebenso zur Fortführung der entsprechenden Dokumentationen und Karten sowie zum Umgang und zur umfassenden Nutzung der Arbeitsmittel Flächenverzeichnis und Forstkarten.

1.2.   Geschichtliche Entwicklung der Forstvermessung

Die Forstwirtschaft entstand im Zuge der früh-kapitalistischen Entwicklung als eine spezifische Form der Nutzung des Waldes. Über das schon vorher übliche Haushalten mit den Produkten des Waldes hinaus wurden nunmehr der Wald selbst, die in ihm ablaufenden Naturprozesse und ihre Nutzbarmachung für die Gesellschaft zum Gegenstand planmäßiger Regelung. Die Ermittlung der flächenhaften Ausdehnung des Waldes und des Grenzverlaufes war und ist der Ausgangspunkt für jede planmäßige Waldbehandlung. Die systematische Vermessung des Waldes ging im allgemeinen der Erfassung anderer forstlicher Größen zeitlich weit voraus. So hat *Johann Humelius* um 1560 Risse von sächsischen Wäldern in Kreisperspektive, meist im Maßstab 1:53333 gefertigt. Die Markscheider *Georg* und *Matthias Öder* haben Mitte des 16. Jahrhunderts eine flächen- und kartenmäßige Erfassung verschiedener kursächsischer Wälder vorgenommen. Analoge Messungen haben *Mercator* in der Mark Brandenburg und *Tilemann Stella* in Mecklenburg ausgeführt.

Ab Mitte des 18. Jahrhunderts bildeten sich für die landesherrschaftlichen Waldungen Forsteinrichtungsverfahren heraus. *Johann Georg von Langen* führte ab 1740 die erste planmäßige Forsteinrichtung im Harz durch. Sein Schüler *Zanthier*, der auch die forstliche Meisterschule in Wernigerode gründete (1763), setzte die Einrichtung der Harzforsten nach der Methode *von Langens* fort, einer „Flächenteilung", für die die Flächenermittlung die Voraussetzung ist. Etwa zur gleichen Zeit wie im Harz erfolgten durch *Johann Gottlieb Beckmann* (1759) und *Carl Christoph Oettelt* (1768) „erste Einrichtungen" in Sachsen und Thüringen. Ab 1764 erfolgte durch *Karl Ludwig von Laßberg* die systematische Vermessung und kartographische Darstellung sämtlicher kursächsischen Waldungen. Erste Verrainungen der Forsten mit Grenzsteinen – Initialen: Schwerter, Jahreszahl und Steinnummer – hat Oberlandfeldmesser *Frank* ab 1781 durchgeführt.

Im Jahre 1803 wurden die sächsische Forstvermessungsanstalt unter *Karl Friedrich Schellig* gegründet und erste trigonometrische Vermessungen sächsischer Wälder vorgenommen. Ab 1811 unter Leitung von *Heinrich Cotta*, dem Gründer der Forstakademie Tharandt, stehend, wurde diese hoch angesehene Institution der Forstwirtschaft 1844 umbenannt in „Sächsische Forsteinrichtungsanstalt". Dies ist Ausdruck der engen Verbindung von Forstvermessung, Forsttaxation und Forstkartenwesen. *Cotta* fertigte erstmalig ein einheitliches Kartenwerk im Maßstab 1:15000 für alle Staatsforsten. Es umfaßte Originalkartierungen, Grenzkarten, Revier-, Bestandes- und Bodenkarten auf der Grundlage einer Waldeinteilung in Abteilungen und Bestandesunterabteilungen. In ähnlicher Weise vollzogen sich Forstvermessung und Forstkartenentwicklung im 19. Jahrhundert in allen deutschen Staatsforstverwaltungen. Für den privaten Großwaldbesitz und für kommunale Wälder setzten sich ähnliche Lösungen durch; für den Bauernwald gab es außer der Flurstückerfassung im allgemeinen keine detaillierte Vermessung und Kartierung.

Nach dem zweiten Weltkrieg war durch Kriegseinwirkungen ein großer Teil forstlicher Unterlagen verlorengegangen, darunter viele Forstkarten. Außerdem erfolgten auch umfangreiche Änderungen in den Eigentumsverhältnissen des Waldes und in der Organisationsstruktur der Forstwirtschaft, so daß i. a. eine völlige Neubearbeitung des forstlichen Flächen- und Kartenwerkes erforderlich wurden. Für die damalige DDR wurde 1952 eine einheitliche Forsteinrichtungsinstitution geschaffen mit Sitz in Potsdam und Betriebsteilen in Dresden, Weimar und Schwerin. In Verantwortung dieser Institution lag einheitlich für den Wald aller Eigentumsformen die meßtechnische und kartographische Erfassung, Darstellung und Fortführung in Abstimmung mit den Landesvermessungs- und Katasterämtern. Heute sind die knapp 3 Millionen Hektar Wald der ostdeutschen Bundesländer mit hohem Genauigkeitsanspruch und nach moderner Methodik vermessungstechnisch erfaßt und in Flächen- und Kartenwerken dargestellt, oftmals schon über Jahrzehnte fortgeführt.

Analog ist die Vorgehensweise der alten Bundesländer für des Staats- und den Kommunalwald.

1.3. Forstvermessung als Teil der praktischen Forsteinrichtung

Für das Verständnis der Forstvermessung sind einige Sachverhalte und Begriffe der Forsteinrichtung notwendig, die in diesem Abschnitt knapp erläutert werden.

Das methodische Vorgehen und der Arbeitsinhalt sind verbindlich festgelegt in Betriebsregelungsanweisungen, kurz BRA genannt, bzw. in Forsteinrichtungsanweisungen (FEA). Ein spezieller Teil dieser Anweisungen befaßt sich mit der Vermessung und Kartographie. Enthalten sind Vorschriften, spezielle Anweisungen zur Forstvermessung, zur Kartographie und Anlagen, das sind Muster für Vermessungsoriginale, Bussolenaufnahme, Forstliches Flächenverzeichnis, Karten u. a. Der Inhalt dieser Arbeitsanweisungen ist in diesem Buch eingearbeitet. *Die grundsätzlichen Aufgaben der Forsteinrichtung* sind:
1. Analyse des Waldzustandes einschließlich der Kontrolle von Veränderungen in bezug auf die nachhaltige Waldstruktur
   * *Waldinventur*
2. Nachhaltige Regelung der Waldentwicklung
   * *Forsteinrichtungsplanung.*

Für beide Aufgaben sind Flächeninformationen und Forstkarten unentbehrlich, u. a. zur Ermittlung von Holzvorrat und Holzertrag je Flächeneinheit. Zu den Ergebnissen der periodisch im 10jährigen Abstand stattfindenden Forsteinrichtung eines Forstwirtschaftsbetriebes, zum Betriebswerk, gehört deshalb grundsätzlich Flächen- und Kartenwerk. Meßtechnische Grundlage für das Flächenwerk ist die Forstgrundkarte FGK (Maßstab 1:5000). Sie wird deshalb zu jedem Forsteinrichtungszeitpunkt aktualisiert. Zwischenzeitlich erfolgt eine Fortführung der Karte durch Nachtragsmessungen. Flächeninformationen und Forstkarten werden entsprechend dem hierarchischen Aufbau der Forstwirtschaft zusammengestellt und gestaltet: *Revier, Forstamt, Forstwirtschaftsbetrieb,* Übersichtskarten zum Wald der Regierungsbezirke und der Länder.

Die gesamte, der Forstwirtschaft zur Nutzung unterstellte und im Kataster nachgewiesene Fläche wird als *Forstgrund* (FG) bezeichnet. Der Forstgrund wird nach Kulturarten unterteilt in Holzboden und Nichtholzboden (vgl. Tafel 12.1).

Zum *Holzboden* (HB) gehören alle der Holzproduktion vorbehaltenen Flächen, ganz gleich ob sie zur Zeit bestockt oder unbestockt (Blößen) sind und welche Vorrangfunktion (Schutzwald, Erholungswald, Wirtschaftswald) die Flächen zu erfüllen haben. Der Holzboden wird in Abteilungen, Unterabteilungen, Teilflächen und Unterflächen gegliedert und dadurch auf Karten und anderen Wirtschaftsunterlagen hinreichend bezeichnet.

Zum *Nichtholzboden* (NHB) gehören Flächen des Forstgrundes, die nicht der Holzproduktion dienen. Dies betrifft landwirtschaftlich genutzte Flächen, Baumschulen, Steinbrüche, Gebäude, Hofraum, Gärten, unbefestigte Wege über 6 m Breite, Wege mit Grundbau, Ödland, Wildäcker.

Zum Forstgrund muß als weitere forstwirtschaftlich bedeutsame Flächenkategorie das *Flurgehölz* hinzugefügt werden. Hierbei handelt es sich um Einzelgehölze, Gehölzstreifen, Alleen, Baumreihen und Hecken in der Agrarlandschaft. Im Wirtschaftskataster ist hierfür die Bezeichnung *Holzung* üblich zur Unterscheidung von den *Forsten,* dem geschlossenen Forstgrund.

Die große Ausdehnung des Forstgrundes erfordert schon zwecks der Orientierung eine ständige, dauerhafte geometrische Unterteilung, die unabhängig von den wechselnden Bestockungsverhältnissen gehalten werden muß. Die Einteilung in ständige Wirtschaftsfiguren, die meist *Abteilungen*, früher auch *Jagen* (in der Ebene) und *Distrikte* (im Gebirge), genannt wurden, steht am Anfang der Forsteinrichtung. Heute, d. h. bei wiederholter Forsteinrichtung, findet man im allgemeinen ein Abteilungsnetz vor, so daß nur eine eventuelle Ergänzung – z. B. in der Bergbaufolgelandschaft – und eine Überprüfung in Betracht kommen.

Die Abteilungen und ihre dauerhaften Begrenzungen bilden das *Abteilungsnetz*, oft auch als Schneisennetz bezeichnet, das dem Walde eine sinnvolle Verknüpfung von Einteilungs- und Wegenetz aufprägt. Dieses Anliegen führt dazu, daß im ebenen Gelände regelmäßige Figuren gewählt werden können, wogegen bei bewegtem Relief, besonders im Gebirge, durch die stärkere Anpassung an das Wegenetz und an markante Geländelinien unregelmäßige Figuren entstehen.

Die Richtung der Einteilungslinien wird durch die früher übliche Richtung und Aneinanderreihung der Schläge bestimmt. Hierbei ist auf

Sturm, Wind, Sonne und Standort Rücksicht zu nehmen. Wegen der Sturmgefährdung werden die *Gestelle*, Hauptschneisen oder Flügel in Richtung Ost–West bzw. Nordost–Südwest angelegt – d. h. um 45 Grad zur Hauptwindrichtung gedreht und damit ein besserer Schutz der Bestockungsränder vor der Nachmittagssonne erreicht. Im rechten Winkel zu den Gestellen verlaufen die Schneisen.

Die Größe der Abteilungen ist vom Abstand der Gestelle und Schneisen abhängig. Der Abstand der Gestelle beträgt gebietsweise zwischen 600 und 800 m, der der Schneisen zwischen 300 und 400 m. Die Abteilungsgrößen schwanken zwischen 15 und 40 Hektar, zum Teil sind sie noch größer.

Die Gestelle (Hauptschneisen, Flügel) werden mit Rücksicht auf ausreichenden Lichtgenuß für den Rand (Trauf) der anliegenden Bestände auf 9 bis 12 m Breite frei von Bestockung gehalten. Oftmals sind sie als Forststraßen ausgebaut. Die Schneisen erhalten nur die halbe Breite, um den Deckungsschutz der nebeneinanderliegenden Bestände mit Altersstaffelung in Hauptwindrichtung nicht zu unterbrechen. Die Breite von 4,50 m (z. B. in Sachsen) wurde im Interesse der Befahrbarkeit und des Wegebaus gewählt.

Die Schnittpunkte von Abteilungen an Kreuzungspunkten werden im Gelände durch Abteilungssteine (im Nordosten des Kreuzungspunktes) oder Tafeln gekennzeichnet. Weitere Sicherheitssteine im Verlauf der Gestelle und Schneisen (Nord- bzw. Ostseite) dienen dem Anbinden für Vermessungszwecke. Die Numeration der Abteilungen erfolgt mit arabischen Ziffern von Südosten nach Westen und Norden fortschreitend. Jede Abteilungsnummer darf innerhalb eines Reviers nur einmal vorkommen. Auf den Forstkarten werden die Abteilungsgrenzen durch eine spezielle Signatur gekennzeichnet. Die Gestelle werden mit großen Buchstaben, die Schneisen mit arabischen Ziffern auf der Karte beschriftet.

Innerhalb der vorwiegend der Orientierung als dauerhafter Rahmen dienenden Abteilung macht sich für die Wirtschaftsführung eine weitere Untergliederung nötig, für die die Bezeichnung *Unterabteilung* gebräuchlich ist. Durch die Unterabteilung wird die Abteilung im wesentlichen nach technologischen und standörtlichen Gesichtspunkten gegliedert. In der Karte und in

den Wirtschaftsunterlagen wird die Unterabteilung durch kleine Buchstaben (a, b, c usw.) kenntlich gemacht. Die durchschnittliche Flächengröße der Unterabteilung beträgt etwa 8 ha; Minimum 1 bis 3 ha; Mindestbreite 100 m. Zur Abgrenzung werden gut erkennbare Gliederungslinien, besonders Wege und Bestandesgrenzen, herangezogen. Man ist bemüht, bei der Abgrenzung örtliche Gegebenheiten (anhand der Standortkarte) zu berücksichtigen. Die Unterabteilung bleibt jedoch eine relativ grobe Unterteilung der Abteilung. In der Hauptsache gibt sie den Rahmen vor für die Teilflächenbildung.

Alle Maßnahmen zur Bewirtschaftung des Waldes beziehen sich auf die Flächenkategorie *Teilfläche* bzw. *Unterfläche*. Sie bildet die Grundlage für Inventur, Planung, Vollzug und Kontrolle. Die Teilfläche ist gekennzeichnet durch annähernd gleiche Bestockungsverhältnisse (Bestand) und hat ein bestimmtes Produktionsziel. Die Flächenabmessungen sind: Mindestgröße 1 ha, 50 m Breite; in Ausnahmefällen sind Flächengrößen bis minimal 0,5 ha erlaubt. Die mittlere Größe liegt bei 3 ha. Der Grenzverlauf der Teilfläche muß in der Natur deutlich erkennbar sein, dadurch wird eine wichtige Voraussetzung für die exakte Zustandserfassung, die konkrete Planung, die sorgfältige Vollzugsbuchung und die Kontrolle der Wirtschaftsmaßnahmen gegeben. Die Teilflächen werden vermessen und in den Karten sowie in den Wirtschaftsunterlagen durch Beigabe einer hochgestellten arabischen Ziffer zum Unterabteilungsbuchstaben (z. B. a^1) gekennzeichnet. Die Bezeichnung beginnt im allgemeinen im Südosten und wird sinnvoll nach Westen und Norden fortgesetzt.

Im Zuge der periodischen Forsteinrichtung erfolgt jeweils eine Überprüfung der Teilflächenbildung. Ausscheidungskriterien sind von den Nachbarflächen abweichende Bestockungsmerkmale, die für die zukünftige Bewirtschaftung von Bedeutung sind. Große Sorgfalt in der Abgrenzung von Teilflächen erleichtert alle flächengebundenen Prozesse der forstlichen Produktion.

In den Forstkarten ist die Teilfläche die kleinste Einheit, die mit ihrem Grenzverlauf dargestellt wird. Im Zuge der periodischen Forsteinrichtungsarbeiten werden für die Teilfläche 55 Informationen, bei Vorkommen mehrerer Baumarten oder unterschiedlicher Anteile mit verschiedenstem Bestandsalter sogar ein Mehrfaches davon, angegeben und im revierweise geführten *Wirtschaftsbuch* zusammengestellt. Auch die *Wirtschaftskarte* (Maßstab 1 : 10 000) gibt einen Teil dieser Informationen wieder. Die Teilflächeninformationen über Waldzustand und Zehnjahresplanung werden heute einer elektronischen Datei zugeführt. Dort werden sie einerseits zu Tabellen aggregiert – andererseits werden sie jährlich aktualisiert, so daß die Forstpraxis diesen wichtigen Informationsfonds teilflächenweise adressiert ständig auf dem neuesten Stand zur Verfügung erhält. Wirtschaftsbuch und Revierkarten erweisen sich als wichtige Arbeitsmittel, die von den Forsteinrichtungsämtern – auch mit Hilfe seiner Vermessungsfachkräfte – für die Wirtschaftsführung in den Teilflächen bereitstellt. Da im Wirtschaftsbuch auch die Flächengröße angegeben wird, trägt das *Flächenverzeichnis* vor allem den Charakter eines vermessungstechnischen Grundlagendokumentes.

Für die Flächennutzungsstruktur des Territoriums kommt dem Wald ständig steigende Bedeutung zu. Vielschichtige räumliche Produktionszusammenhänge, zunehmende Pflichten zur Bewahrung und Entwicklung der Natur sowie wachsende landeskulturelle Aufgaben erfordern zunehmend ein komplexes Herangehen. Der forstliche Flächenfonds und damit seine vermessungstechnisch und kartographisch exakte Erfassung wird für die Landschaftsplanung, die Planung der Infrastruktur, speziell die forstliche Rahmenplanung ständig bedeutungsvoller.

1.4. Geodätische Grundkenntnisse für den Forstmann

Wirtschaft, Wachstum und Schadereignisse bringen es mit sich, daß Flächen- und Kartenwerk ständigen Veränderungen unterworfen sind. Um Brauchbarkeit, Zuverlässigkeit und Aktualität auf lange Zeit zu erhalten, ist es notwendig, diese Arbeitsmittel der Forstpraxis ständig zu ergänzen. Es sind deshalb alle Veränderungen, die während der Forsteinrichtungsperiode entstehen, durch Laufendhaltung des Forstkartenwerkes zu erfassen. Mit der Laufendhaltung wird gleichzeitig angestrebt, das Kartenwerk zu verbessern und Fehler zu beseiti-

gen. Dazu sind Vermessungsarbeiten erforderlich, die der Erfassung von Veränderungen der forstlichen Situation und von fehlenden topographischen Details dienen. Das Ziel der Vermessung ist es, Karte und Örtlichkeit in Übereinstimmung zu bringen und die Flächenangaben aktuell zu halten. Man spricht von der *„Laufendhaltung" des Flächen- und Kartenwerkes.* Hierzu benötigt der Forstmann Kenntnisse, aber auch Fertigkeiten auf dem Gebiet der Forstvermessung, besonders bei der Lage-, Bussolen-, Horizontal- und Vertikalwinkelmessung. Die Forstwirtschaftsgeschichte belegt sehr eindrucksvoll, daß eine leistungsstarke Forstwirtschaft stets an verläßliche Flächenangaben gebunden ist und daß die Forstleute selbst in der Lage waren, ein zweckmäßiges Flächen- und Kartenwerk zu schaffen. Die Spezialkarten und Bestandeskarten der ehemaligen Sächsischen Forsteinrichtung sind nicht nur hervorragende forstgeschichtliche Dokumente, sondern auch meß- und kartentechnische Meisterwerke.

Heute nehmen dem praktisch tätigen Forstmann die Vermessungsfachkräfte und Kartographen der Forsteinrichtungsämter die Hauptarbeit ab, um so mehr darf man erwarten, daß die Forstleute *Nachtrags- und Ergänzungsmessungen,* Korrekturen an Waldeinteilung und Kartendetails, Trassierungen u. a. vermessungstechnische Erhebungen mit Sachkenntnis erledigen und so zum hohen Niveau meßtechnischer Unterlagen der Forstwirtschaft beitragen.

Im übrigen vollzieht sich eine stürmische Entwicklung in Meßtechnik, Datenspeicherung, -darstellung und -reproduktion. Orthophotoplan, großmaßstäbige Luftbilder, automatische Bildverarbeitung, Kartendigitalisierung, Computerkarte, Rasterkartentechnik und geographisches Informationssystem (GIS) sind Beispiele dieser Entwicklung. Die Aussagefähigkeit von Flächen- und Kartenwerk als Instrumente für die Wirtschaftsführung, für Waldüberwachung und Spezialprojekte wird weiter zunehmen. Die Grundkenntnisse der Forstvermessung sind hilfreich für die Nutzung des forstlich relevanten Flächen- und Kartenwerkes.

2. Einige Grundbegriffe aus Geodäsie und Fehlerlehre

Zur besseren Verständigung sollen einige allgemeine Begriffe, die gewissermaßen „zum Handwerkszeug" auch der geodätischen Anwendungen in der Forstwirtschaft gehören, erläutert werden. Spezielle, aufgabengebundene Termini findet der Leser an entsprechender Stelle.

2.1. Begriffe der Geodäsie

Aus der Sicht des Anwenders geodätischer Meßverfahren und -geräte in der Forstwirtschaft hat die Vermessungskunde oder Geodäsie vornehmlich folgende Aufgaben zu lösen:

- Bestimmung der Lage und Höhe von interessierenden Punkten im Gelände und
- deren exakte Darstellung in einer Karte sowie
- Ermittlung von Flächengrößen in der Örtlichkeit (digital) oder mit Hilfe einer Karte (analog).

Die Hauptaktivitäten sind also *Messungen* von Entfernungen und Winkeln im Gelände oder auf Karten. Das Ergebnis örtlicher Lage- und Höhenmessungen kann digital (Koordinaten, Höhen) wie analog (Karten, Profile) dokumentiert werden. Deshalb ist eine grundsätzliche Frage die nach der Maßeinheit von Längen- und Winkelmessungen.

2.1.1. Maßeinheiten – Maßstab

Die 17. Generalkonferenz für Maß und Gewicht beschloß am 21. Oktober 1983 in Paris eine neue, die bisher achte Meterdefinition: **Das Meter** ist die Länge der Strecke, die Licht im leeren Raum während der Dauer von 1/299 792 458 Sekunden durchläuft. Damit ist die Maßeinheit für Längenmessungen festgelegt, und zwar gesetzlich. Das Meter ist eine der sechs Basiseinheiten des internationalen Einheitssystems („Système International" SI). Für die im Forstwesen interessierenden Vermessungsaufgaben sind die bekannten Ableitungen km, dm, cm und mm ausreichend. Bedeutsam sind auch die Flächenmaße, ebenfalls vom Meter abgeleitet:

$$10^6 \ \text{m}^2 = 1 \ \text{km}^2$$
$$10^4 \ \text{m}^2 = 1 \ \text{ha}$$
$$10^{-2} \ \text{m}^2 = 1 \ \text{dm}^2$$
$$10^{-4} \ \text{m}^2 = 1 \ \text{cm}^2$$
$$10^{-6} \ \text{m}^2 = 1 \ \text{mm}^2$$

Raummaße außer dem Kubikmeter m³ haben im betrachteten Aufgabenbereich kaum Bedeutung.

Für die *Winkelmessung* ist der Vollkreis Ausgangspunkt der zwei Definitionen für die zugehörigen Maßeinheiten. Bekanntlich wird der Vollkreis im

- Sexagesimalsystem in 360 ° (Grad) unterteilt, wobei 1 ° = 60′ (Minuten) = 3600″ (Sekunden), also 1′ (Minute) = 60″ gültige Unterteilungen sind.
- Zentesimalsystem in 400 gon (Gon) unterteilt. Hier gilt weiter

1 gon = 1000 mgon (Milligon), d. h.
1 mgon = 10^{-3} gon.

Tabellen erleichtern Umrechnungen zwischen beiden Systemen bzw. Maßeinheiten, natürlich auch der (Taschen-) Rechner.
Berechtigt kann vom Leser die Frage gestellt werden, warum heute noch die für die Handhabung unbequeme Sexagesimalteilung Anwendung findet. Obwohl sie Anwendungsbreite verloren hat, wird sie weiterhin benutzt werden. Geodätische Messungen nach Fixsternen zur Ortsbestimmung auf unserem Planeten Erde beziehen sich auf das geographische Koordinatensystem und das basiert auf dem Sexagesimalsystem.

Eine in der Geodäsie sowie allen Anwenderbereichen, also auch der Forstwirtschaft, wichtige Größe ist das **Bogenmaß**. Seine Definition leitet sich anschaulich aus Bild 2.1. ab: Es ergibt sich am Vollkreis

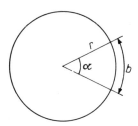

Bild 2.1
Bogenmaß

$$\frac{a}{360°} = \frac{b}{2\pi r} \tag{2.1}$$

davon ausgehend lautet das

$$b = \frac{a \cdot r}{\varrho} \tag{2.2}$$

Aus der nicht im Detail aufgeführten Umrechnung ergibt sich für ϱ

$$\varrho = \frac{180°}{\pi} \text{ bzw. } \varrho = \frac{200 \text{ gon}}{\pi} \tag{2.3}$$

Die Einheit des Bogenmaßes ist das Verhältnis

$$b : r = \text{rad (Radiant)} \tag{2.4}$$

und die Größe des Winkels ϱ für beide Kreisteilungen beträgt

$\varrho° = 57,3°$ $\varrho' = 3438'$ $\varrho'' = 206\,265''$

$\varrho_{gon} = 63,6620$ gon $\varrho_{mgon} = 63\,662$ mgon.

Beispiel

Mit einem Bussoleninstrument werden magnetische Azimute a (auf magnetisch Nord bezogene Horizontalwinkel, s. Abschn. 4) etwa mit einem Fehler von 0,1 bis 0,2 gon behaftet sein. Wie groß wird dann die Querabweichung b bei einer Entfernung r von 100 m?

$$b = \frac{0,2 \text{ gon} \cdot 100 \text{ m}}{63,6620 \text{ gon}} = 0,3 \text{ m.}$$

Der **Maßstab** einer Karte ist das lineare Verkleinerungsverhältnis aller abgebildeten Entfernungen im Vergleich zu ihren tatsächlichen Größen in der Natur. 1 : 1000 oder $\frac{1}{1000}$ bedeutet also, daß 1 cm auf der Karte 1000 cm in der Natur

entspricht. Mit größer werdender Zahl im Nenner wird der Maßstab (exakt: das Maßstabs-Verhältnis) kleiner. Die für den Forstingenieur wichtigsten Karten liegen mit 1 : 1000, 1 : 2000, 1 : 5000, 1 10 000, 1 : 25 000 im Bereich großer Maßstäbe (Grenze etwa bei 1 : 50 000; s. auch Abschn. 11.).

Selbstverständlich benutzt man bei kleineren Kartierungen bzw. bei der Entnahme von Maßen aus der Karte geeignete Maßverkörperungen, z. B. Linear- und Transversalmaßstäbe nach Bild 2.2.

Jedes erforderliche Maß kann mit dem Zirkel von dem Maßstab in die Karte übertragen bzw. in der Karte abgegriffen und am Maßstab identifiziert werden. Es ist erkennbar, daß die Transversalteilung eine exaktere Bestimmung gestattet. Die Linien (Bild 2.2b) sind eingravierte Vertiefungen zur Aufnahme der feinen Zirkelspitzen beim Maßabgriff

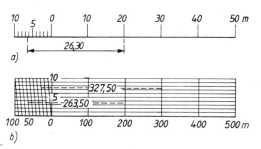

Bild 2.2
Maßverkörperungen
a) Linearmaßstab; b) Transversalmaßstab

2.1.2. Bezugsflächen und Koordinatensysteme

Anliegen dieses Buches ist es, dem Forstingenieur die für die Forstwirtschaft erforderlichen Grundkenntnisse auf den Gebieten der Herstellung, Laufendhaltung und Nutzung des forstlichen Kartenwerkes zu vermitteln. Mit dem Terminus *Laufendhaltung* ist u. a. verbunden, daß nur die Absteckung oder Aufnahme *kleinerer Objekte* behandelt wird.

Damit ist sofort eine Bedingung für die jeweilige **Bezugsfläche** eines Lageplans benannt, denn die Bezugsfläche muß sich dem jeweils zu betrachtenden Teil der Erdoberfläche so anschmiegen, daß eine Abbildung unzulässig große *Verzerrungen*, also Verfälschungen der tatsächlichen Situation ausschließt. Der Lageplan enthält die maßstäblich verkleinerte Objektsituation des jeweils dargestellten Ausschnittes der Erdoberfläche, abgebildet auf einer Bezugsfläche. Ohne auf Details der mathematischen und physikalischen Geodäsie einzugehen, sei nur folgendes hierzu ausgeführt:

Das *Geoid* (Niveaufläche: Meereshorizont in gedachter Fortsetzung unter dem Festland) ist die mathematische Figur und Bezugsfläche für ein gesamte Erde. Diese Figur ist aber mathematisch schwer beherrschbar, und sie wird deshalb für größere Teile der Erdoberfläche durch die *Rotationsellipsoid* in guter Näherung ersetzt. Gebieten mit einer Gesamtausdehnung von maximal 200 km wird eine sich der Erdkrümmung bestanschmiegende Kugel als Bezugsfläche zugeordnet. Damit vereinfacht sich der mathematische Aufwand weiter.

Für die „Aufnahme kleinerer Objekte" – wie im Falle der Forstvermessung – steht als einfachste Bezugsfläche die *Ebene* zur Verfügung: Eine das Zentrum des betrachteten Gebietes tangierende Ebene gestattet eine weitgehend verzerrungsfreie Darstellung bei einer Ausdehnung bis etwa 10 km.

Welche Bezugsflächen gelten für *Höhenmessungen*?

Wir unterscheiden relative und absolute Höhenangaben. Im ersten Falle wird, wenn keine Forderungen (Anschluß an absolute Messungen) dem entgegenstehen, einem geeigneten stabil vermarkten Punkt ein willkürlich gewählter runder Wert, z. B. 100,000 m zugeordnet. *Relativ* hierzu erfolgen alle aus Messungen erhaltenen weiteren Höhenangaben. Die Bezugshöhe sollte so gewählt werden, daß negative Höhenangaben vermieden werden.

Absolute Höhen beziehen sich nicht auf eine beliebige, sondern eine bestimmte Bezugsfläche. Diese ist wieder das Geoid. Der in der Lotlinie vom Geländepunkt zum Geoid gemessene Abstand ist die absolute Höhe. Natürlich ist diese Niveaufläche in Höhe des mittleren Meeresspiegels nicht für Messungen unmittelbar zugänglich. Deshalb hat sich jedes Land einen Haupthöhenpunkt (Deutschld.: ≈ 40 km östlich von Berlin) geschaffen, der einen Normal-Nullpunkt in Höhe des mittleren Meereshorizontes

festlegt. Die hierauf bezogenen Höhen werden Höhen über Normal-Null oder auch *Höhen über NN* bzw. NN-Höhen genannt. Es besteht in den fünf ostdeutschen Bundesländern ein zweites, neueres Höhensystem, das der „Normalhöhen", oder auch *Höhen über HN*. Dies wurde in den ost- bzw. südosteuropäischen Staaten geschaffen, wobei vor allem die Einführung gemessener Erdschwerewerte zu einer Verbesserung im Vergleich zu den NN-Höhen führte.

Bei praktischen Arbeiten ist genau darauf zu achten, welchem der beiden Systeme Höhenwerte angehören. Die Entnahme aus den amtlichen Verzeichnissen schließt jeden Irrtum aus. Für das Territorium der früheren DDR liegt die Differenz beider Systeme etwa in den Grenzen

$$HN = NN - (145 \text{ bis } 185 \text{ mm}). \qquad (2.5)$$

Die vorgestellte absolute Höhenbezugsfläche, das Geoid, kann durch keine andere Bezugsfläche, auch nicht durch die Ebene ersetzt werden. Größere Höhenabweichungen der Tangentialebene von der gekrümmten Erdoberfläche wären die Folge (2 cm auf 500 m, 8 cm auf 1000 m Entfernung).

Die Lage von Punkten auf der Erde – im Großen wie im Kleinen – muß eindeutig definiert sein. Dazu dienen **Koordinatensysteme**. Hier kommen zwei Koordinatensysteme in Betracht: das ebene rechtwinklige sowie das geographische.

Für die Forstvermessung ist nur das ebene rechtwinklige von Interesse. Jedoch ist folgender grundsätzlicher Unterschied für geodätische Zwecke herauszustellen. Beim *ebenen rechtwinkligen Koordinatensystem* der analytischen Geometrie zeigt + x nach rechts und + y nach oben. In der Vermessungskunde ist es gerade umgekehrt. Natürlich müssen deshalb die Quadranten rechtsläufig bezeichnet werden, damit alle aus der Mathematik bekannten Beziehungen gültig bleiben. Hierfür besteht folgender Grund:

Hauptachse der Geodäsie ist die x-Achse, und da die Horizontalkreise aller Winkelmeßinstrumente rechtsläufig geteilt sind, d. h., damit der positive Drehsinn ebenfalls rechtsläufig – im Uhrzeigersinn – definiert ist, ergibt sich diese zunächst ungewohnte, weil vertauschte Bezeichnung der Koordinatenachsen.

Die Ebene als Bezugsfläche für Lagedarstellungen darf also etwa 10 bis 15 km Ausdehnung nicht überschreiten, weil sonst Verzerrungen bei der Abbildung auftreten. Das bedeutet, daß ein einfaches ebenes Koordinatensystem natürlich auch in seiner Anwendung eingeschränkt ist. Um diesen Mangel zu umgehen, wurde von *Gauß* und *Krüger* das System ebener konformer Koordinaten, heute bekannt als *Gauß-Krüger-Koordinaten*, entwickelt und eingeführt. Für die betrachteten Anwendungen der Geodäsie im Forstwesen ist die nähere Kenntnis von Theorie und Anwendung nicht unbedingt erforderlich. Deshalb wird der interessierte Leser auf die zahlreiche geodätische Literatur verwiesen, und es kann hier auf eine nähere Darstellung verzichtet werden.

2.1.3. Plan und Karte

Beide Begriffe werden häufig und ohne Unterscheidung verwendet. Laut „Brockhaus abc Kartenkunde" ist *Plan* „im allgemeinen Sprachgebrauch Ausdruck für eine großmaßstäbige Karte, z. B. Stadtplan, im Vermessungswesen Bezeichnung für Karten bis zum Maßstab : 5000".
Nach derselben Quelle ist die stark gekürzte Definition einer Karte „die verkleinerte, mathematisch bestimmte und durch Schrift erläuterte graphische Abbildung von Teilen oder der gesamten Oberfläche der Erde bzw. eines anderen Himmelskörpers in der Ebene" (vgl. Abschn. 11.).

2.2. Grundbegriffe der Fehlertheorie und der mathematischen Statistik

Die sichere Kenntnis und Beherrschung einfacher Meßgeräte und -verfahren ist Voraussetzung für deren sichere Anwendung durch den Forstingenieur. Einige Grundüberlegungen zu Fehlern und Genauigkeit bei der Vorbereitung (z. B. für Geräteauswahl), Durchführung und Ausführung von Messungen sollten jedem Anwender geläufig sein. Deshalb werden einige, für das Verständnis bedeutsame Begriffe kurz vorgestellt. (vgl. *Reißmann* [12])
Keine Messung ist fehlerfrei. Im Normalfall werden die im Buch vorgestellten mechani-

schen und optischen einfachen Meßverfahren durch die drei wichtigsten **Fehlerquellen** beeinflußt:

1. Nicht beeinflußbare Unvollkommenheiten der Meßinstrumente
2. Fehler, die vom Beobachter verursacht werden und
3. Einwirkung der äußeren Beobachtungsbedingungen (z. B. Wind / Messung mit freihängendem Meßband / oder Temperaturregime).

Geordnet nach Ursache und Wirkung können *Beobachtungsfehler* wie folgt unterschieden werden:
1. *Grobe Fehler*: Sie liegen weit über der für das jeweilige Meßinstrument oder -verfahren charakteristischen Meßgenauigkeit (z. B. m-Fehler der Streckenmessung, 10 °-Fehler der Azimutmessung). Jede Messung ist so zu kontrollieren, daß grobe Fehler aufgedeckt bzw. vermieden werden.
2. *Systematische Fehler*: Sie wirken regelmäßig, gesetzmäßig im gleichen Sinn (mit gleichem Vorzeichen) und sind deshalb besonders gefährlich. Hierzu gehören z. B. Fehler der Meßbandlänge oder Lattenteilung (Nivellierlatten für Nivellement und Bussolenmessung) und Justierfehler der Instrumente (Theodolit, Bussole, Nivellier). Die meisten systematischen Fehler werden durch sorgfältige Prüfung und gewissenhafte Justierung der Meßinstrumente oder auch bestimmte Messungsanordnungen eliminiert.
3. *Zufällige Fehler:* Sie verbleiben im Ergebnis jeder Messung, die von groben Fehlern vollständig und von systematischen Fehlern weitestgehend befreit sein sollte. Zufällige Fehler unterliegen den Gesetzen der Wahrscheinlichkeit, und sie treten gleich oft mit positiven wie mit negativen Vorzeichen auf. Das gilt streng für einen unendlich großen Stichprobenumfang. Diese Fehler sind der Ausgangspunkt für Genauigkeitsberechnungen mittels der Fehlertheorie. Nach den Definitionen der mathematischen Statistik sind zufällige Fehler *stochastisch unabhängige Veränderliche*.

Ein weiteres Unterscheidungsmerkmal für Fehler ergibt sich aus folgender elementaren mathematischen Beziehung:
$$\varepsilon = X - L.$$
$$v = x - L.$$

X wahrer Wert einer gemessenen Größe

x wahrscheinlichster Wert einer gemessenen Größe (mittels Ausgleichungsrechnung bestimmt)

L beobachtete Größe

ε wahre Verbesserung ($-\varepsilon$: *wahrer Fehler*)

v scheinbare Verbesserung ($-v$: *scheinbarer
Fehler*).

Anders formuliert heißt die Beziehung
Verbesserung = Soll – Ist. ε und v können grobe,
systematische oder natürlich auch zufällige
Fehler repräsentieren. Letztere, das sei nochmals unterstrichen, sind für Fehlerbetrachtun-
gen und eine mathematische „Verarbeitung"
mit den Methoden der Ausgleichungsrechnung
besonders interessant.

Bei den praktischen Vermessungsaufgaben,
auch in der Forstwirtschaft, hat man es hauptsächlich mit scheinbaren Fehlern zu tun, weil
der wahre Wert z. B. eines Winkels oder einer
Streckenlänge nur selten bekannt ist.

Grundbegriffe der Fehlerbetrachtung sind:

• *Einfaches arithmetisches Mittel*
Im Ergebnis der *n*-maligen, mit gleicher Ge-
nauigkeit durchgeführten Beobachtung einer
Größe L (z. B. Strecke, Höhenunterschied,
Azimut) erhält man als wahrscheinlichsten
Wert

$$x = \frac{[L]}{n} = \frac{1}{n} \sum L, \qquad (2.6)$$

das einfache arithmetische Mittel. Hierin
entspricht $\sum$ dem von *Gauß* verwendeten
Summenzeichen [].

• *Mittlere Fehler* als Genauigkeitsmaß
Mittlere Fehler sind nicht im Sinne der eingangs definierten Beobachtungsfehler zu ver-
stehen, sondern sie werden zur Einschätzung
der Genauigkeit von Messungen genutzt. Sie
erhalten das Vorzeichen $\pm$, womit das mögliche unbestimmte Auftreten der Vorzeichen
ausgedrückt wird. Man kann sich den mittleren Fehler auch als einen Streubereich vorstellen, in dem mit einer Wahrscheinlichkeit
von etwa 70 % die beobachtete Größe L liegt.
Es werden drei mittlere Fehler unterschieden:

1. mittlerer Fehler einer Einzelmessung (aus
wahren Verbesserungen)

$$m = \pm \sqrt{\frac{[\varepsilon\varepsilon]}{n}} \qquad (2.7)$$

2. mittlerer Fehler einer Einzelmessung (aus
scheinbaren Verbesserungen)

$$m = \pm \sqrt{\frac{[vv]}{n-1}} \qquad (2.8)$$

3. mittlerer Fehler des einfachen arithmetischen Mittels

$$m_x = \pm \sqrt{\frac{[vv]}{n(n-1)}} \qquad (2.9)$$

• *Relativer Fehler* als Genauigkeitsmaß wird
zweckmäßig vor allem bei Streckenmessungen angewendet, indem das Genauigkeitsmaß in Relation zur beobachteten Größe gesetzt wird:

$$\frac{m_s}{s} = \frac{\pm 5 \text{ cm}}{100 \text{ m}} = \pm 1 : 2000 = \pm 0{,}05 \% \quad (2.10)$$

• *Standardabweichung*
Etwa seit der Jahrhundertwende wird dieser
Begriff in der Wahrscheinlichkeitsrechnung
verwendet. Wir kennen die Standardabweichung σ einer Zufallsgröße (positive Quadrat-
wurzel aus der Varianz σ^2) und die im betrachteten Aufgabenbereich häufiger ge-
brauchte empirische Standardabweichung s
(aus *Stichproben* als ein Schätzwert von σ). s
nach der bekannten Beziehung und m nach
Gl. (2.8) liefern für gleiche Messungsreihen
gleiche Größen, obwohl sie inhaltlich eine
unterschiedliche Bedeutung haben. Der mittlere Fehler m wird nur zur Ermittlung bzw.
Demonstration von Fehlern, s wird dagegen
umfassender gebraucht.

• *Fehlerfortpflanzungsgesetz (FFG)*
Von einer Funktion F, die ursprüngliche Beobachtungen L_i als voneinander unabhängige Größen miteinander verknüpft und deren mittlere Fehler m_i bekannt sind, wird der
mittlere Fehler m_F gesucht. Für diese beiden
Beziehungen gilt:

$$F = F(L_1, L_2 \ldots L_n) \text{ und} \qquad (2.11)$$

$$m_F =$$

$$\pm \sqrt{\left(\frac{\delta F}{\delta L_1}m_1\right)^2 + \left(\frac{\delta F}{\delta L_2}m_2\right)^2 + \ldots\left(\frac{\delta F}{\delta L_n}m_n\right)^2}$$

$$(2.12)$$

In Matrizenschreibweise lauten die Beziehungen

$$F = F_0 + a'l \qquad (2.11a)$$

sowie

$$m_F^2 = a' M^2 a. \qquad (2.12a)$$

Vom *FFG* gibt es zwei häufig auftretende, praktisch bedeutsame Sonderfälle:
1. Eine Größe x wird als Summe von n Einzelmessungen (mittlerer Fehler m) erhalten. Dann wird

$$m_x = m\sqrt{n} \qquad (2.12b)$$

2. Eine Größe x wird n-mal mit gleicher Genauigkeit (Einzelmessung : m) ermittelt. Der mittlere Fehler des arithmetischen Mittels ergibt sich hiernach zu

$$m_x = \frac{m}{\sqrt{n.}} \qquad (2.12c)$$

Zur Abrundung und Unterstützung des Verständnisses werden abschließend folgende einfachen, aber häufig auftretenden *Anwendungsbeispiele* betrachtet. Damit ist zwangsläufig ein gewisser „Vorgriff" auf später behandelte Meßverfahren und Geräte verbunden, wodurch aber das Verständnis für die gewählten einfachen Beispiele nicht erschwert werden dürfte.

1. Fassen wir im Zahlenbeispiel für Gl. (2.2) den Azimutfehler als mittleren Fehler auf, so ergibt sich gemäß Gl. (2.12) mit dem einzigen fehlerbehafteten Ausdruck
$m_a = \pm 0,2$ gon
$m_F = m_b = \pm 0,3$ m.
2. Eine Strecke von 150 m Länge wird mittels 25-m-Stahlrollband (zufälliger Fehler für eine Bandlage ± 1 cm) gemessen. Nach Gl. (2.12b) folgt $m = \pm 1$ cm $\cdot \sqrt{6}$
$\approx \pm 2,5$ cm.
(Vereinfachte Betrachtung hinsichtlich der möglichen Fehlereinflüsse).

3. Mit einer Bussole werden magnetische Azimute je zweimal beobachtet. Der mittlere Fehler der einfachen Messung beträgt $m_a = \pm 0,2$ gon. Dann wird nach Gl. (2.12c)

$$m_a = \pm \frac{0,2 \text{ gon}}{\sqrt{2}} \approx \pm 0,14 \text{ gon.}$$

4. Es interessiert der mittlere Punktfehler

$$m_p = \pm \sqrt{m_q^2 + m_l^2}, \qquad (2.13)$$

der sich bei der Bussolenmessung ergibt (m_q und m_l sind die mittleren Quer- und Längsfehler). Gehen wir vom Beispiel 1 aus, so entspricht dort $m_b = \pm 0,3$ dem m_q in Gl. (2.13). Der mittlere Fehler der optischen Entfernungsmessung mittels Distanzstrichen beträgt für 100 m etwa $\pm 0,2$ bis 0,3 m (m_l). Somit wird nach Gl (2.13) $m_p \approx \pm 0,35$ m. Für die verbreitete Anwendung von Kompaß ($m_a = \pm 1$ gon) und Schrittmaß ($m_s = m_l \pm 2$ bis $\pm 5 \%$ der Entfernung) wäre bei 100 m Entfernung mit einem $m_p \approx \pm 2,5$ m zu rechnen.

5. Das letzte Beispiel soll dem besseren Verständnis von Genauigkeitsangaben in Prospekten zum Beispiel von Carl Zeiss JENA dienen. Für Theodolite sind mittlere Richtungsfehler m_r, gemessen in zwei Fernrohrlagen, d. h. 1 Satz, angegeben. Werden 2 oder n Sätze gemessen, erhält man m_r hierfür nach Gl. (2.12c). Für Nivellierinstrumente sind „mittlere Fehler je 1 km Doppelnivellement" angegeben. Das bedeutet, dieser mittlere Fehler ist die Unsicherheit eines Höhenunterschiedes zwischen zwei 1 km voneinander entfernt gelegenen Punkten, der im Hin- und Rückgang beobachtet wurde. Für das Nivellier Ni 040A des Jenaer Betriebes wird hierfür ± 4 mm angegeben. Entsprechend dem Fehlergesetz des geometrischen Nivellements folgt aus dieser Bezugsgröße für andere Entfernungen s (in km)

$$m = \pm 4 \text{ mm} \sqrt{s}.$$

3. Einfache Arbeiten der Lagemessung

Wichtiges Arbeitsmittel für den Forstmann ist die Karte, und deren Wert hängt außer von der exakten Darstellung auch wesentlich von ihrer Aktualität ab. Neue forstliche Maßnahmen größeren Umfanges erfaßt grundsätzlich der Vermessungsingenieur. Jedoch *kleinere* Veränderungen der Grundrißsituation im Revier sollte der Forstmann sachkundig selbst bearbeiten können. Auf diese Weise gelangt er am schnellsten zur aktualisierten Kartendarstellung. Das setzt natürlich bei ihm die Fähigkeiten in der Handhabung *einfacher* Vermessungsgeräte und -verfahren für Absteckungs- und Aufnahmearbeiten für große Kartenmaßstäbe (1:500, 1:1000, 1:2000) voraus. Hiermit soll auch die Abgrenzung gegenüber den Aufgaben des Vermessungsingenieurs betont werden.

3.1. Verfahren zur Festpunktbestimmung

Ein Festpunkt im hier betrachteten Sinne ist ein Punkt im Gelände, der sowohl nach Lage als auch Höhe bekannt und dauerhaft vermarkt ist (s. Abschn. 3.2.). In der Geodäsie kann man von einer Hierarchie der Punktbestimmung (exakt: Bestimmung der Lage eines Punktes, d. h. seiner Koordinaten x, y) sprechen.

Vom „Großen ins Kleine" gehend, steht an erster Stelle der Festpunktbestimmung die *flächenhafte* oder *netzweise* Triangulation bzw. Trilateration. Diese geodätischen Festpunktnetze überspannen die Erdoberfläche, dabei gibt es mehrere „Ordnungen" (in der Bundesrepublik Deutschland I.0. bis IV.0.). Im Regelfall betragen die Festpunktabstände der niederen Ordnung nur 1 bis 3 km. Im ländlichen und forstwirtschaftlichen Bereich sind sie meist größer als in Städten und in Industriegebieten. Bestehen für bestimmte Aufgaben noch Lücken im Festpunktnetz, sind diese deshalb zu schließen oder, wie man auch sagt, das Netz ist zu verdichten. Dies kann wieder „netzweise" erfolgen. Sind lediglich *Einzelpunkte* zu bestimmen, bedient man sich zumeist sogenannter Einschneideverfahren. Diese Aufgaben der Landesvermessung fallen ausschließlich in den Kompetenzbereich des Geodäten. Im Anschluß an die unterste (IV.) Ordnung trigonometrischer Punkte wird das Festpunktnetz weiter durch Polygonzüge für unmittelbare Aufnahme- oder Absteckungsarbeiten verdichtet und man erhält, praktisch als letzte Festpunktkategorie, die *Polygonpunkte*.

Im Zusammenhang mit forstwirtschaftlichen Aufgaben steht sicher zumeist nicht die Festpunktverdichtung – ein Anliegen der Geodäsie – sondern die Schaffung einer Aufnahmegrundlage im Vordergrund.

Bild 3.1 zeigt ein entsprechendes Beispiel. Zwischen den Festpunkten, die wenige hundert Meter oder höchstens wenige Kilometer voneinander entfernt gelegen sein werden, soll eine forstliche Situation (z. B. Wege, Grenzverläufe, Wirtschaftsgebäude) aufgemessen und in die Karte eingetragen werden. Dazu bedarf es eines geeigneten, in der Örtlichkeit wie in der Karte vorhandenen Bezuges. Das sind in unserem Falle die Polygonpunkte *PP* und damit ihre Verbindungen, die Polygonseiten. Der Geodät löst diese Aufgabe grundsätzlich analytisch und berechnet die Koordinaten der Polygonpunkte. Dazu benutzt er die gegebenen Festpunktkoordinaten sowie die gemessenen Brechungswinkel β und die gemessenen Längen s der Polygonseiten (s. Bild 3.1).

Wir betrachten hier das Problem nur graphisch, zumal der Forstingenieur nur selten einen Polygonzug beobachten und berechnen wird. Wesentlich häufiger wird er mit der Messung und Auswertung von Bussolenzügen befaßt sein. (s. Abschn. 4.), die vom Prinzip her den Polygonzügen sehr verwandt sind. Bussolenmessungen werden aber stets graphisch ausgewertet. Aus Bild 3.1 ist zu erkennen, daß ausgehend von den Festpunkten A und A' die gemessenen Winkel und Strecken mittels Transporteur und Maßstab aufgetragen werden können, wodurch die Lage der Polygonpunkte bestimmt wird. Beim geschlossenen Zug ist die Kontrolle durch die Rückkehr zum Anschlußpunkt $A = E$ und die Messung nach den Festpunkten A' und E' gegeben. Treten allerdings bei der Streckenmessung systematische Fehler auf, bleiben diese beim geschlossenen Zug unentdeckt.

Im forstwirtschaftlichen Bereich ist bekanntlich die Festpunktdichte nicht sehr groß, deshalb kann ohne weiteres auch ein stabil vermarkter Grenzpunkt, wenn er örtlich und in der Karte gegeben ist, als Festpunkt niederster Ordnung genutzt werden.

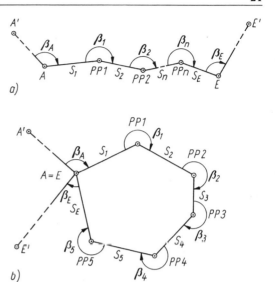

Bild 3.1
Polygonzüge (PZ) zur Festpunktbestimmung
a) offener PZ mit beiderseitigem Koordinaten- und Richtungsanschluß (A'; A; E; E': koordinatenmäßig bekannte Festpunkte; *b)* geschlossener PZ mit Koordinaten- und Richtungsanschluß ($A = E$; A'; E': koordinatenmäßig bekannte Festpunkte)

3.2. Vermarkung und Signalisierung der Festpunkte

Ein Festpunkt muß gemäß seiner Zweckbestimmung über viele Jahre seine Lage unverändert beibehalten. Dazu ist er laut gegebener Definition *dauerhaft* zu vermarken. Einige mögliche Beispiele für Polygonpunktvermarkungen werden in Bild 3.2 vorgestellt. Es werden verwitterungsbeständige Materialien wie Beton, Gestein, Steinzeug und Metall benutzt. Polygon- und Grenzsteine sowie Dränrohre werden bodengleich oder unterirdisch eingebracht.

Grenz-, Sicherheits- und Unterabteilungssteine können auch für den Anschluß örtlicher Messungen verwendet werden. Soweit es möglich ist, sollten diese Punkte nach dem Einbringen in den Boden gegenüber eindeutig definierten Punkten in der Örtlichkeit (Straßen, Wege, Gebäude, *markante* Bäume u. ä.) eingemessen werden. Sie können dadurch mühelos aufgefunden und bei Verlust wiederhergestellt werden.

Die gezeigten Festpunktvermarkungen sind für den Anschluß der oberirdischen Messungen nicht sichtbar, weshalb sie in geeigneter Weise oberirdisch bezeichnet, signalisiert werden müssen. Schnell, sicher und einfach nutzt man hierfür *Fluchtstäbe*. Das sind Rundstäbe aus Metall (früher Holz) von zumeist 2 m Länge und etwa 3 cm Durchmesser mit einer Eisenspitze. Sie sind im Wechsel von 0,50 m weiß und rot lackiert, damit sie gut wahrzunehmen sind.

Bild 3.2
Vermarkungsbeispiele für Polygonpunkte

Auf zweierlei Weise ist die *Signalisierung*, d. h. die Aufstellung der Fluchtstäbe, möglich: zentrisch ohne (Dränrohr) oder mit einem kleinen, leichten Eisenstativ (Stein, Bolzen, Stift). Steht kein Stativ zur Verfügung, so wird der Fluchtstab nicht zentrisch über, sondern exzentrisch hinter dem Festpunkt in Richtung der Messungslinie, z. B. einer Polygonseite, ausgesteckt. Auf jeden Fall ist auf festen Halt des Fluchtstabes im Erdreich sowie auf senkrechte Stellung in Richtung der Messungslinie zu achten. Diese Senkrechtstellung erreicht man durch *Schnurlot* oder *Lattenrichter* mit Dosenlibelle.

3.3. Einfluchten von Geraden

Im später angeordneten Bild 3.9 wird das Prinzip des meistangewandten einfachen Meßverfahrens für großmaßstäbige Aufnahmen, des *Orthogonalverfahrens* demonstriert. Das noch nicht in der Karte 1:1000 eingetragene Gebäude soll zwecks Nachtrag aufgemessen werden. Dazu bietet sich als Bezug die nahegelegene Polygonseite $\overline{PP\ 17-PP\ 18}$ als Messungslinie an. Mit Hilfe eines Prismas zum Abstecken rechter Winkel (s. Abschn. 3.5.) werden von den Objekt-(Gebäudeeck)-Punkten die Lote auf die Messungslinie gefällt. Mißt man die entsprechenden Maße in der Messungslinie (Abszissen) sowie die rechtwinkligen Abstände Fußpunkt–Objektpunkt (Ordinaten), erhält man eindeutig die Lage des aufgenommenen Objektes.

Zurück zum „Einfluchten" oder „Einrichten" oder auch „Abstecken" von Geraden. Die Verbindung $\overline{PP\ 17-PP\ 18}$ allein erlaubt noch kein optimales Vorgehen. Dieses erfordert, in Abhängigkeit von der Länge der Messungslinie, das Einrichten von Zwischenpunkten, in Bild 3.9 der Punkte *1* und *2*. Sowohl die Streckenmessung mit Meßband als auch die Handhabung der Prismen wird auf diese Weise erleichtert und auch genauer. Die beiden auf *PP 17* und *PP 18* senkrecht aufgestellten Fluchtstäbe definieren eine Vertikalebene, die durch Einfluchten weiterer Fluchtstäbe „messungsfreundlicher" wird.

Es werden drei Möglichkeiten des Einfluchtens unterschieden:

1. Direktes Einfluchten von einem der beiden Endpunkte (Bild 3.3 a)
2. Gegenseitiges Einweisen bei unzugänglichen Festpunkten oder ungünstigen geomorphologischen Bedingungen (Bild 3.3 b, c)
3. Absteckung bei größeren Sichtbehinderungen (Bild 3.3 d)

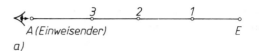

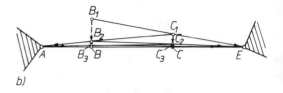

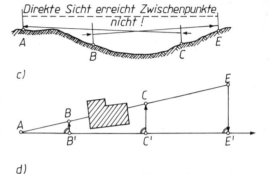

Bild 3.3
Einfluchten von Geraden
a) directes Einfluchten von einem Endpunkt; *b)* gegenseitiges Einweisen, wenn Endpunkte nicht begehbar; *c)* gegenseitiges Einweisen bei nicht vorhandener Sicht zwischen beiden Endpunkten; *d)* Abstecken von Geraden bei Sichthindernissen mittels Transversale

Direktes Einfluchten

Der Beobachter weist der Reihe nach die vorgesehenen Zwischenpunkte ein, wobei er zweckmäßig mit dem entferntesten beginnt. Er tritt dazu hinter den Punkt *A*. Der Fluchtstab wird vom Meßgehilfen frei schwebend gehalten. Auf diese Weise nimmt der Fluchtstab von selbst eine lotrechte Lage ein und kann vom Beobachter mühelos in die Vertikalebene $\overline{AE}$ eingefluchtet werden. Bei sorgfältigem Vorgehen gelingt es auch dem wenig Geübten, die Fluchtstäbe auf ±2 bis ±3 cm genau bei Entfernungen bis zu etwa 200 m einzuweisen. Bei größeren Distanzen sollte ein Fernglas bzw. ein Theodolit benutzt werden. Es ist zu beachten, daß ein Einfluchten „mit der Sonne" genauer ist als gegen die Sonne und bergab leichter als bergauf zu bewerkstelligen ist.

Um etwa in den Grenzen der eben genannten

Genauigkeit zu bleiben, sollte bei der *Verlängerung* von Geraden dieser Streckenteil nicht größer als die halbe Länge der Ausgangsstrecke sein.

Indirektes Einweisen (aus der Mitte)

Dieses Vorgehen ist in der Praxis sehr häufig erforderlich. Im einfachsten Falle kann die Verbindung zweier Gebäudepunkte Bezug für eine Absteckung oder Aufmessung sein (Bild 3.3 b). Andererseits verwehren oft Bodenwellen, Senken oder Erhebungen (Bild 3.3 c) das direkte Einrichten. Dann hilft man sich auf folgende Weise (Bild 3.3 b):
Zwei Meßgehilfen stellen sich im mittleren Bereich, nach Schätzung möglichst nahe der gesuchten Verbindung $\overline{AE}$ auf. Einer von beiden beginnt von B_1 den zweiten nach dem Endpunkt E einzufluchten: C_1. Nunmehr wird von hier der Meßgehilfe B nach Punkt A eingewiesen: Es ergibt sich B_2. In wenigen Schritten gelingt es im Normalfall, die endgültige Position B und C im gezeigten Wechselspiel exakt in der Geraden zu erhalten.

Geradenabsteckung bei Sichthindernis mittels Transversale

In Bild 3.3 d läßt ein Gebäude die Geradenabsteckung nach dem vorgestellten einfachen Verfahren nicht zu. Eine Lösung dieses Problems ist, eine *Parallele* zur Verbindung $\overline{AE}$ durch Probieren, möglichst dicht am Sichthindernis vorbeiführend, zu finden. Von ihr werden dann die gesuchten Punkte B und C abgesteckt. Zum gleichen Ergebnis gelangt man, wenn z. B. von A aus eine Gerade als *freier Strahl*, wiederum nahe am Objekt vorbei, damit die seitlichen Abstände nicht unnötig groß werden, abgesteckt wird. Von Punkt E wird das Lot auf diese Gerade gefällt (E') und anschließend mißt man die

Entfernungen $\overline{AE'}$ sowie $\overline{EE'}$. Danach gibt man auf der Transversalen die Hilfspunkte B' vor und C' nach dem Gebäude vor und mißt die Streckenabschnitte $\overline{AB'}$ und $\overline{AC'}$. Nach dem Strahlensatz ergeben sich die gesuchten Strecken $\overline{B'B}$ und $\overline{C'C}$ zu

$$\overline{AE'} : \overline{E'E} = \overline{AB'} : \overline{B'B} = \overline{AC'} : \overline{C'C}. \qquad (3.1)$$

Der Prinzipskizze in Bild 3.3 d entspricht eine charakteristische Anwendung aus der Forstwirtschaft: Es sind A und E Endpunkte einer Schneise, die freizuschlagen ist, aber nicht eingesehen werden kann. Nach gleichem Vorgehen können beliebig viele Punkte im Verlauf der Schneisenrichtung örtlich abgesteckt werden, wodurch der exakte Durchschlag ermöglicht wird.

3.4. Streckenmessung mit Stahlrollband

Für seine Zwecke muß der Forstingenieur als einfache Meßmittel bzw. -verfahren die Streckenmessung mit *Stahlrollband* sowie die optische *Distanzmessung mittels Reichenbachscher Distanzstriche* (s. Abschn. 4.) beherrschen.
Das meist verwendete mechanische Streckenmeßgerät ist das einfach handhabbare *Stahlrollband*, dessen gebräuchlichste Länge 20 m ist (Bild 3.4). Es sind auch Längen von 25 m, 30 m und 50 m üblich. Die Teilstriche (m, dm, cm) des Rollbandes sind durch Ätzung aufgebracht. Beziffert sind die vollen Meterstriche (1 m, 2 m, 3 m...) und die Dezimeterstriche (10, 20, 30...), dadurch ist eine sofortige, sichere Ablesung möglich. Der Nullstrich der Teilung ist entweder am Anstoß (Anschlag) *oder* um reichlich 1 dm versetzt auf dem Band angeordnet. Auf dem ersten dm-Abschnitt ist eine mm-Teilung angebracht, die für forstwirtschaftliche Anwendungen sicher nicht benötigt wird.

Bild 3.4
20-m-Stahlrollband
(Foto: *H. Jantzen*, TU Dresden)

Kapselbänder sind *nicht* zweckmäßig, das trifft vor allem für *Leinen*kapselbänder zu, die sich sehr leicht beim Gebrauch ausdehnen.

Längenmessung im Gelände

Im horizontalen Gelände gestaltet sich diese sehr unkompliziert (Bild 3.3 a). An Punkt *A* wird das Band mit seinem Nullstrich exakt angelegt und in die Flucht der Messungslinie eingewiesen. Dies ist einfach möglich, da die Fluchtstäbe von Punkt *3* nach *E* eine Vertikalebene vorgeben. Es ist auf straffe Bandlage zu achten. Nun kann die 20-m-Marke des Bandes in der Messungslinie definiert werden. Dazu verwendet man bei festem Untergrund, wie z. B. Straßenbelag Signierkreide, die zur ständigen Messungsausrüstung gehört. Bei weichem Boden steckt man sogenannte *Zählnadeln* ein. Das sind etwa 40 cm lange Metallnadeln mit einem Ring am oberen Ende. Jetzt rückt das Band um eine volle Länge weiter und der beschriebene Vorgang wiederholt sich so oft, wie es die Streckenlänge $\overline{AE}$ vorgibt. Fällt z. B. der letzte 20-m-Punkt zwischen Fluchtstab *1* und Endpunkt *E* nach 6maligem Anlegen (= 120 m), wird das Reststück, z. B. 12,49 m, gemessen, womit sich die Gesamtlänge zu 132,49 m ergibt. Zwischenpunkte, wie evtl. die Fluchtstäbe *1* bis *3* sowie vor allem aber die Fußpunkte der Lote von aufzunehmenden Punkten, werden in *fortlaufender* Messung und Aufschreibung eingemessen (s. Bild 3.10), d. h. also zwischen 0,00 und 132,49 m in der betrachteten Messungslinie. Eine wichtige Messungslinie wird zur Kontrolle ein zweites Mal in Gegenrichtung gemessen, wenn die Endpunkte nicht koordinatenmäßig

und damit die Streckenlänge nicht bekannt sind.

Es sei in Erinnerung gerufen, daß die betrachteten Messungen die Ebene als Bezugsfläche voraussetzen. Deshalb sind z. B. Streckenmessungen und Flächenbestimmungen stets auf die horizontale Ebene zu projizieren. Eine Schrägmessung im geneigten Gelände und deren anschließende Reduktion auf den Horizont ist möglich, aber für die vorliegenden Aufgaben nicht empfehlenswert. Einfacher wendet man die *Staffelmessung* (Bild 3.5) an. Hierbei wird das Band von dem am unteren Bandende stehenden Meßgehilfen horizontal gespannt. Als Hilfsmittel dient das Schnurlot, welches am Bandende angehalten wird. Es wird auf einen rechten Winkel zwischen Band und Lotschnur geachtet, den das menschliche Auge sehr genau wahrnehmen kann. Anders als bei der beschriebenen Messung im horizontalen Gelände ist hier lediglich folgendes. Die 20-m-Marke ist ab- und ein aufzunehmender Punkt in der Messungslinie hochzuloten. Ehe man beim Abloten den Punkt am Erdboden markiert, ist auf ruhige Lage des Schnurlotes zu achten. Ob jeweils die Gesamtlänge 1 des Bandes oder nur ein Teil abgelotet wird, hängt von der Geländeneigung ab. Man sollte beim Spannen die Augenhöhe des Meßgehilfen nicht überschreiten, weil dann der Vorgang zu unbequem und ungenau wird. Die Messung bergab liefert genauere Ergebnisse als bergan.

Zum Schluß ist die wichtige Frage zu klären, wie genau gemessen werden kann bzw. muß:

Eine Strecke von 100 m Länge kann auf ±2 bis ±3 cm (mittlerer Fehler) genau bestimmt werden. Dazu muß aber folgendes mit Sorgfalt ausgeführt bzw. beachtet werden:

1. Kenntnis der wahren Bandlänge (bezogen auf +20°C und 10 N Zugkraft)
2. straffe Bandlage
3. exaktes Einrichten in die Messungslinie
4. korrektes Abloten bei Staffelmessung
5. exaktes Anlegen bzw. Ablesen an den End- und Zwischenpunkten
6. sauberes Markieren der Bandlängen im Gelände (Zählnadeln, Signierkreide).

Die Erfüllung von Punkt 1. ist eine Aufgabe für Geodäten. Dazu verfügt nahezu jede Vermessungsdienststelle über eine *Komparatoranlage.* Für ein 20-m-Stahlrollband wird hier die Länge

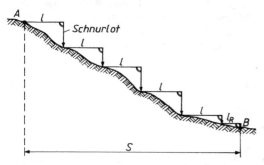

Bild 3.5
Prinzipskizze für Staffelmessung mit Stahlrollband

mit einem mittleren Fehler von $\pm 1{,}0$ mm definiert. Das genügt allen Ansprüchen forstlicher Vermessungsaufgaben.

Genauigkeitsforderungen richten sich selbstverständlich nach dem Zweck der Messung. Dabei ist gerade in der Forstwirtschaft die Abhängigkeit der Genauigkeit vom Maßstab der Karte, in die das Ergebnis von Messungen einzutragen ist, zu beachten. Wenn von der Kartiergenauigkeit $\pm 0{,}2$ mm ausgegangen wird, bedeutet das für eine großmaßstäbige Aufnahme 1:1000 einen mittleren Punktfehler in der Natur von ± 20 cm. Im Maßstab der Forstgrundkarte beträgt dieser Orientierungswert bereits ± 1 m. Wird eine von der Aufgabenstellung abgeleitete Genauigkeitsforderung für Längenmessungen mit Meßband gestellt, kann der Nachweis für Einhaltung oder Nichteinhaltung wie folgt geführt werden. Eine Strecke, deren Länge für die vorgegebene Aufgabe charakteristisch ist, wird 5- bis 10mal, beispielsweise $n = 8$mal mit folgenden Ergebnissen gemessen:

$$M = \pm \frac{1}{2}\sqrt{\frac{[dd]}{n}} \qquad (3.3)$$

charakterisiert.

Beispiel

Sind im Zuge einer Aufmessung kleineren Umfanges $n = 6$ Messungslinien jeweils hin und zurück, also doppelt, gemessen worden, gelangt man auf folgende Weise zu m und M:

| Streckenlänge in m | | d | | dd |
Hinmessung	Rückmessung	+	−	
81,45	81,49		4	16
114,98	114,93	5		25
67,02	67,04		2	4
73,44	73,47		3	9
100,81	100,79	3		9
41,38	41,39		1	1
		8	10	64

L in m	94,32	94,29	94,35	94,27	94,32	94,33	94,28	94,30
v in cm	− 1	+ 2	− 4	+ 4	− 1	− 2	+ 3	+ 1
($v = x - L$)								
v^2 in cm²	1	4	16	16	1	4	9	1

$x = 94{,}31$ m nach Gl. (2.5)
$[v] = +2$ cm (infolge Rundungen)
$\sum v^2 = 52$ cm².

Hieraus folgt der mittlere Fehler einer der 8 Messungen gemäß Gl. (2.8) zu $m = \pm 2{,}7$ cm. Der mittlere Fehler des arithmetischen Mittels wird nach Gl. (2.9) $m_x \approx \pm 1$ cm.
Ein anderes, in Abschnitt 2. noch nicht gezeigtes Vorgehen ist das folgende. Sind z. B. n Strecken jeweils hin und zurück, also zweimal gemessen worden, liegen n *Doppelbeobachtungen* vor. Die zwei Bestimmungen der gleichen Größe, in unserem Falle der Strecke, liefern je eine Differenz d. Man erhält nun den mittleren Fehler einer Beobachtung zu

$$m = \pm \sqrt{\frac{[dd]}{2n}}. \qquad (3.2)$$

Das Mittel aus jeweils zwei Beobachtungen (hier zwei Messungen der gleichen Strecke) wird von dem mittleren Fehler

$$m = \pm\sqrt{\frac{64}{2 \cdot 6}} = \pm 2{,}3 \text{ cm}$$

$$M = \pm \frac{1}{2}\sqrt{\frac{64}{6}} = \pm 1{,}6 \text{ cm}.$$

Ausgehend von der realen, verfahrensabhängigen Meßgenauigkeit ist die Dezimalstelle „mm" unangemessen, deshalb ist in beiden Fällen die Meßgenauigkeit mit etwa ± 2 cm einzuschätzen; das ist für den betrachteten Anwendungsfall ausreichend.

In gleicher Weise gibt dieses Vorgehen Antwort auf die Frage nach der Genauigkeit der Streckenmessung beim Bussolenzug (s. Abschn. 4.) oder der Genauigkeit von Winkel- oder Azimutmessung, wo Doppelbeobachtungen nahezu die Regel sind.

3.5.   Absteckung rechter Winkel

Das Orthogonalverfahren (Prinzip: Bild 3.9), das in der Praxis für Aufnahme- und Absteckungsmessungen meistens angewendete Verfahren nutzt rechte Winkel. Dafür werden heute ausschließlich *Prismeninstrumente* verwendet: Prismatische Glaskörper mit unterschiedlicher Grundfläche (Drei-, Vier-, Fünfeck), die für die praktische Handhabung zweckmäßig gefaßt sind. Deren Anwendung geht von den bekannten *Brechungsgesetzen* der geometrischen Optik aus. Von den erwähnten Prismeninstrumenten ist heute vorrangig das *Doppelpentagon* (Bild 3.6) im Gebrauch. Wie bei allen Doppelprismen sind zwei, in diesem Falle Pentaprismen übereinander angeordnet. In vereinfachter Darstellung ist der Strahlengang im Einzel- wie im Doppelprisma aus Bild 3.7 erkennbar. Der für unsere Aufgaben benötigte rechte Winkel ist im Schnittpunkt zwischen Ein- und Ausfallstrahl im Zentrum beider Einzelprismen deutlich zu sehen.

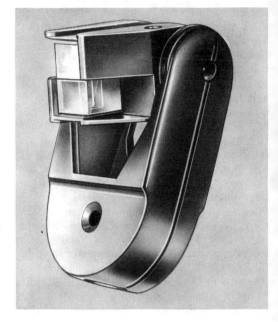

Bild 3.6
Doppelpentagon von Carl Zeiss JENA (Foto: Carl Zeiss JENA)

Handhabung des einfachen Fünfseitprismas

Absteckung eines rechten Winkels

Auf die Messungslinie $\overline{AE}$ bezogen (Bilder 3.3a, 3.8) ist ein kleineres Objekt, z. B. ein Wirtschaftsgebäude, abzustecken. Wir betrachten der Einfachheit halber davon nur einen Punkt *P*. Dessen Lage *x, y* ist natürlich vom Projekt her bekannt. Das bedeutet, der Scheitelpunkt des abzusteckenden Punktes *P* in der Messungslinie ist vorgegeben. Über ihm stellt sich der Messende mittels Schnurlot auf. Geschieht dies exakt, müßte in der Austrittsfläche des Prismas der Fluchtstab *3* (dahinter *A*) zu sehen sein (s. Bild 3.8:*2*). Meist wird das infolge unvermeidbarer kleiner Ungenauigkeiten auf Anhieb nicht der Fall sein. Dann sind die beiden Fluchtstäbe *A* und *3* nebeneinander zu sehen (s. Bild 3.8:*1*). Das bedeutet, das Prisma befindet sich nicht in Verlängerung $\overline{A\ 3}$, d. h. nicht in der Messungslinie. Um das zu erreichen, wird das Pentagon langsam senkrecht zur Messungslinie solange bewegt, bis die hintere Fluchtstange in *A* von der in *3* verdeckt wird. Stets ist auf eine ruhige Lage des Schnurlotes zu achten, um Fehler zu vermeiden.
Nun wird ein Meßgehilfe in Richtung des rech-

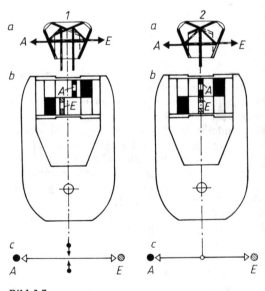

Bild 3.7
Strahlengang beim Doppelpentagon (Carl Zeiss JENA)

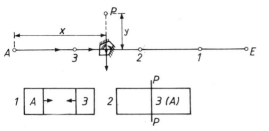

Bild 3.8
Handhabung des einfachen Fünfseitprismas
(Pentagon)
1 Prisma außerhalb der Messungslinie; *2* Prisma in Messungslinie eingefluchtet
s Gesamtlänge der Strecke; *l* Bandlänge; l_R Teillänge der Bänder (Reststück von *s*)

ten Winkels – Punkt *P* – so eingewiesen, daß der Fluchtstab *über* bzw. *unter* dem Prisma genau in Verlängerung des Bildes *3(A)* im Prisma erscheint. Damit ist *P* exakt rechtwinklig zur Messungslinie $\overline{AE}$ abgesteckt.
In gleicher Weise kann dieser Vorgang nach entsprechender Drehung des Prismas mit Hilfe der Punkte *2, 1,* und *E* auf der anderen Seite der Messungslinie vorgenommen werden.

Fällen eines Lotes

Hier liegt die Aufgabe der Aufnahme von Objektpunkten nach dem gleichen Verfahren vor, und es wird analog vorgegangen. Selbstverständlich sind in diesem Fall die Objektpunkte gegeben und die Fußpunkte der von ihnen zu fällenden Lote auf der Messungslinie gesucht. In gleicher Weise, wie eben gezeigt wurde, erfolgt das Selbsteinweisen des Prismas in die Messungslinie, bis sich das gleiche Bild (3.8) für den Betrachter ergibt. Dazu muß sich der Beobachter zwangsläufig mit dem Prisma auch in Richtung von $\overline{AE}$ bewegen.
Eine Prüfung des Pentagons erübrigt sich.
Eingangs wurde das Doppelpentagon (Bild 3.6) als das meistangewandte Prismeninstrument herausgestellt. Seine Anwendung ist leicht verständlich. Beim einfachen Prisma erfolgte das Einweisen durch Verlängerung nach einer der beiden Seiten. Hier beim Doppelpentagon weist sich der Beobachter von beiden Seiten ein: Er befindet sich dann in der Messungslinie, wenn die in den Prismen sichtbaren Fluchtstäbe *A*

und *E* genau übereinander in beiden Austrittsflächen stehen (Bild 3.7). Der zur Punktsignalisierung außerhalb der Messungslinie benutzte Fluchtstab *P* muß auch hier ober- bzw. unterhalb des Prismenkörpers, also außerhalb, in Verlängerung von *A* und *E* im Prisma erscheinen.
Ein Doppelpentagon aus neuerer Herstellung hat so geringe Schliffehler, daß diese angesichts der Unzulänglichkeiten der Nutzung vernachlässigbar klein sind. Eine Prüfung ist deshalb nicht notwendig. Will sich dagegen der wenig Geübte eine Vorstellung von der Genauigkeit der Anwendung verschaffen, so kann er z. B. 10mal den gleichen Punkt auf die Messungslinie loten. Der Streubereich der 10 Fußpunkte zeigt ihm näherungsweise die Unsicherheit des Vorgehens. Eine Fehlerermittlung gemäß Abschn. 2 lohnt hier nicht.

Hilfslösung zur Absteckung eines rechten Winkels

Wenn kein Prisma – sicher ein Ausnahmefall – zur Verfügung steht, kann der Satz des *Pythagoras* genutzt werden. Vom Scheitelpunkt des rechten Winkels mißt man in der Messungslinie 4,00 m und in Richtung des gesuchten zweiten Schenkels des rechten Winkels 3,00 m. Die Verbindung (Hypotenuse) der beiden Endpunkte muß 5,00 m betragen. In gleicher Weise können auch andere pythagoräische Zahlen wie z. B. 12 m, 16 m und 20 m abgemessen werden. Dieses Verfahren liefert eine exakte Lösung.

3.6. Verfahren zur Lageaufnahme für großmaßstäbige Karten

Hierzu sind folgende Vorbemerkungen notwendig. Die erste betrifft den Maßstab. „Großmaßstäbig" gemäß gebräuchlicher Definition sind Maßstäbe $\geq 1 : 5000$ (s. Abschn. 2.1.3.). In den einzuführenden Bemerkungen zu Abschnitt 3. wurde der Maßstab 1 : 5000 nicht mit aufgeführt, da für ihn als Grundmaßstab des forstlichen Kartenwerkes wie für dieses insgesamt bekanntlich eigene Vorschriften bestehen. Deshalb orientieren die folgenden Ausführungen auf Arbeiten für die Kartenmaßstäbe $\geq$ 1 : 2000.

Als „einfache" Verfahren kommen zwei in Betracht: Das „Orthogonalverfahren" und das „Einbindeverfahren". Dem erstgenannten kommt die größere Bedeutung zu, da es in der Praxis wesentlich stärker verbreitet ist. Deshalb wird es begründet in den Mittelpunkt der Betrachtungen gerückt.

Einer anschließenden konzentrierten Behandlung des Einbindeverfahrens folgt ein Überblick zur Gerätetechnik für nicht mehr als einfache Verfahren zu bezeichnende Aufnahmetechniken der Geodäsie, um auch Forstingenieure auf aktuelle Meßverfahren der Geodäsie aufmerksam zu machen.

3.6.1.   Orthogonalverfahren

Die bisherigen Ausführungen lassen das Prinzip des Verfahrens leicht erkennen (Bilder 3.8 und 3.9). Jeder Objektpunkt, so auch der Punkt *G1* des Gebäudes, ist *eindeutig* durch sein Abszissen- und Ordinatenmaß (im Beispiel x_1 und y_1) hinsichtlich seiner Lage definiert. Eine Kontrolle dieser Messungen ist gegeben, wenn die Verbindungsmaße der aufgenommenen Punkte (z. B. von Gebäuden, Grenzverläufen) zusätzlich gemessen werden.

Im Ergebnis entsteht ein *Feldriß* oder das *Feldbuch* (Bild 3.10): Das ist eine unmaßstäbliche, aber lagerichtige Skizze des Aufnahmeobjektes mit Festpunkten, Messungslinien sowie allen evtl. notwendigen Hilfslinien und Maßen, die zu der geforderten maßstabsgerechten, korrekten Kartierung – der großmaßstäbigen Karte – führen.

Ausgehend von der örtlichen Situation des Aufnahmeobjektes ist als erstes eine geeignete Messungslinie, meist werden es mehrere sein (wie in Bild 3.10), festzulegen. Geeignet bedeutet, daß die seitlichen Abstände (Ordinaten) möglichst eine Meßbandlänge nicht überschreiten (Genauigkeit, Zeitaufwand!). Bei mehreren Messungslinien ist auf deren spätere lagerichtige

Kartierung zu achten. Diese ist im Beispiel Bild 3.10 durch die nach ihren Koordinaten bekannten Polygonpunkte *2, 3, 6, 7* und *8* möglich. Zur Kontrolle werden die Messungslinien doppelt gemessen. Einmal vor der Aufnahme und ein zweites Mal im Verlauf der Aufnahme beim Einmessen der Fußpunkte (Abszissen).

Zweckmäßig ist selbstverständlich eine zeichnerische Vorbereitung des Feldbuches, so daß alle Messungen planmäßig und effektiv ablaufen können. Zunächst werden alle Objektpunkte „aufgewinkelt", d. h., in der bereits beschriebenen Weise werden die Lote gefällt. Bei der Auswahl der aufzumessenden Punkte ist an die maßstabsabhängige exakte Kartierung zu denken. Ausgehend von der Kartiergenauigkeit von ± 0,2 mm ist zu bedenken, welches „Grenzmaß" überhaupt darstellbar ist oder nicht. Ein Gebäudevorsprung von 20 cm ist danach im Maßstab 1 : 500 mit ± 0,4 mm noch darstellbar, im Maßstab 1 : 1000 für den geübten Bearbeiter gerade noch und für 1 : 2000 (± 0,1 mm) bereits nicht mehr.

Je nach den Untergrundverhältnissen werden die Fußpunkte mit Zählnadeln oder Signierkreide markiert. Um Verwechslungen auszuschließen, macht man sichtbar, ob die jeweilige Ordinate links oder rechts der Messungslinie gelegen ist. Dazu steckt man die Zählnadel schräg nach der jeweiligen Seite bzw. bringt eine Kreidemarkierung an.

Nun schließt sich die (zweite) Bestimmung der Länge der Messungslinie mit der Einmessung aller Fußpunkte und anderen Zwischenpunkten an. Grundsätzlich erfolgt diese Längenmessung fortlaufend und die Abszissenmaße werden in Richtung des Messungsverlaufes angeschrieben (s. Bild 3.10). Das Schlußmaß wird doppelt unterstrichen und Maße an Punkten, von denen eine nachgeordnete Messungslinie abgeht, einfach. Meist wird der Beginn der Messungslinie mit 0,00 gekennzeichnet. Bei der Aufmessung fester Punkte (Festpunkte, Gebäudepunkte, Bordkanten z. B.) liest man am Stahlrollband die Maße auf cm ab. Weniger markant in der Örtlichkeit definierte Punkte wie z. B. Böschungen, Bachläufe, Waldwege, Schneisen und Kulturgrenzen werden nur auf dm genau eingemessen. Krümmungsverläufe von Wegen, Bachläufen o. ä. werden maßstabsabhängig in solchen Abständen punktweise erfaßt, daß ihre Kartierung exakt möglich wird.

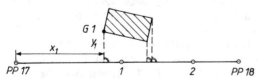

Bild 3.9
Prinzip des Orthogonalverfahrens

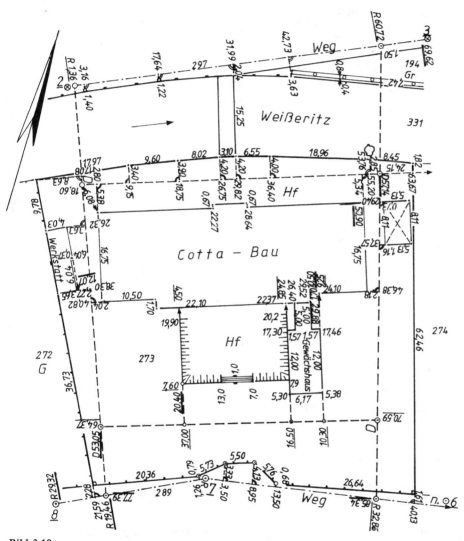

Bezirk: Dresden
Kreis: Freital
Gemeinde: Tharandt

Gemessen am: 15. Okt. 1954
durch: Dipl.-Jng. Keiper

Bild 3.10
Feldriß (Feldbuch) einer Orthogonalaufnahme

Die Verbindungsmaße der aufgenommenen Punkte wie Gebäudemaße, Grenzlängen dienen neben der Dokumentation auch der Kontrolle der Aufnahme bei der Kartierung. Das gilt auch für sogenannte Strebenmaße zwischen Gebäudepunkten untereinander oder von dort zur Messungslinie (z. B. das Maß 6,08 m von der Messungslinie zur Nordwestecke des *Cotta*-Baues, Bild 3.10).

Eine solche einfache Form der Kontrolle von

Aufmessung und Kartierung genügt normalerweise den zu stellenden Ansprüchen. Mit Hilfe des *Satzes des Pythagoras* läßt sich eine schärfere Kontrolle der Messung durchführen. Dazu nutzt man die rechtwinkligen Dreiecke, die sich aus den Differenzen benachbarter Ordinate und Abszissenmaße sowie den Verbindungslinien benachbarter, zugehöriger Objektpunkte ergeben. Die Kontrolle ist mit dem Vergleich berechneter (Soll) und gemessener (Ist) Längen der Verbindungslinien oder der Abszissendifferenzen gegeben.

Beispiel:

Südlicher Messungslinienverlauf in Bild 3.10:

Ordinaten	Begrenzungs- maße	Abszissen	
2,28 m	$(20,36 \text{ m})^2$	21,59 m	
− 0,79 m	414,53 m²	− 1,26 m	
$(1,49 \text{ m})^2$	− 2,22 m²	20,33 m	Ist
2,22 m²	412,31 m²	20,31 m	Soll
		+ 0,02 m	
4,13 m	$(5,76 \text{ m})^2$	13,50 m	
− 0,68 m	33,18 m²	− 8,95 m	
$(3,45 \text{ m})^2$	− 11,90 m²	4,55 m	Ist
11,90 m²	21,28 m²	4,61 m	Soll
		− 0,06 m	

Das Prinzip dürfte hiermit verständlich geworden sein. Vom Maßstab vor allem hängt wiederum die Größe der Differenz „Ist minus Soll" ab, die zugelassen werden kann. Ausgehend von der früher erwähnten Kartiergenauigkeit ± 0,2 mm, sind beide Abweichungen des Rechenbeispiels ohne Bedeutung.

Bei rechtwinkligen Objekten, hauptsächlich Gebäuden, müssen Vorsprünge nicht durch Abszissen und Ordinaten festgelegt werden. In solchen Fällen werden diese einfacher bei der Messung auf die durchgehenden Verbindungslinien bezogen (s. Bild 3.10).

In der Praxis ist ein Meßtrupp optimal mit drei Personen besetzt: dem Meßtruppführer und zwei Meßgehilfen. Nicht selten ist die Messung von nur zwei Messenden zu bewältigen. Der effektive Verlauf der Messung wird wesentlich vom Geschick des Meßtruppführers bestimmt.

Zur Wahrung einer einheitlichen, übersichtlichen und vor allem eindeutigen Dokumentation aller Maße und anderen Eintragungen in den Feldriß sind bestimmte verbindliche Festlegungen der Geodäsie einzuhalten (Beispiel Bild 3.10)

- Grenzlinien und Verbindungslinien von Gebäuden werden als durchgehende Linien gezeichnet, zugehörige Längenmaße werden darüber eingetragen.
- Messungslinien, deren gegenseitige Lage nicht mit dem Theodolit durch Winkelmessung bestimmt wurde, sind als gestrichelte Linien darzustellen.
- Die Eintragung der Abszissenmaße – fortlaufend in Messungsrichtung – wurde bereits beschrieben.
- Ordinaten (Einzelmaße) trägt man an der zugehörigen Ordinate, lesbar wie die Abszissenmaße, ein. Beziehen sich auf ein Abszissenmaß mehrere Objektpunkte in der Ordinatenrichtung, werden die Maße wie im Messungslinienverlauf angeschrieben.
- Messungspunkte bezeichnet man durch kleine Punkte, die nicht zugezogen werden (z. B. Grenzverlauf, Gebäude).
- Einbindepunkte in Messungslinien kennzeichnet man durch kleine Kreise, Verlängerungen durch Linien mit einer kleinen Pfeilmarkierung.
- Im Scheitelpunkt der rechten Winkel in der Messungslinie versieht man die Ordinatenlinie mit zwei kleinen Viertelkreisbögen.
- Um das Aufsuchen von Fest- (Polygon-) punkten in der Örtlichkeit zu erleichern, wird deren Vermarkung angegeben: z. B. D = Dränrohr, R = Rohr, St = Stein.
- Selbstverständlich ist die Lage des Aufnahmeobjektes im Territorium anzugeben, ebenso Datum der Aufnahme und Name des verantwortlichen Bearbeiters. Das erleichtert evtl. notwendige Rückfragen bzw. Informationen über nachträgliche Veränderungen in der Örtlichkeit.
- Gebäude, Straßen, Gewässer sind ebenfalls zu kennzeichnen, und zur Erleichterung der Orientierung ist der Nordpfeil einzutragen.
- Wenn erforderlich, sind Flurstücksnummern einzutragen.
- Kartenzeichen geben Hinweise zu Gebäudearten, Arten von Grenzverläufen, Verkehrsanlagen, Bodenbewachsungen u. a.

Mit dem Feldbuch liegt die Voraussetzung zur Herstellung der Kartierung vor (Abschn. 3.7.).

3.6.2. Einbindeverfahren

Auch für dieses Aufnahmeverfahren wird kein Theodolit benötigt, es reichen einfache Meßgeräte aus. Da es in der Praxis selten als alleiniges Verfahren genutzt wird, soll nur das Prinzip vorgestellt werden. Anhand des Bildes 3.10 ist dies anschaulich möglich, z. B. im Aufnahmeabschnitt südlich des *Cotta*-Baues, mit dem Hofraum *Hf* und dem Gewächshaus.

Auf einfache Weise kann die geradlinige Verbindung der Eckpunkte verlängert und in die Messungslinien „eingebunden" werden. Die Längenmessung der Verbindungslinien (z. B. westliche Hofbegrenzung: 0,00 – 7,60 – 19,90 – 22,10 m) sowie natürlich der zugehörigen Maße auf den Messungslinien selbst (für eben zitierte Begrenzung: in der südlich von *Hf* verlaufenden Messungslinie 37,00 m und in der nördlichen – Gebäudefront *Cotta*-Bau – 4,50 m) führt zur kontrollierten Messung und Kartierung der jeweiligen Objekte. Benötigt werden im Felde nur Stahlrollband, Fluchtstäbe und einfaches Zubehör.

Es wird deutlich, daß „gesuchte Verbindungen" von Einzelpunkten sowie vor allem eine größere Dichte von aufzumessenden Objektpunkten das Verfahren unwirtschaftlich machen. Andererseits ist es, wie im Beispiel illustriert, als *Ergänzung des Orthogonalverfahrens* sehr zweckmäßig.

3.6.3. Verfahren der Tachymetrie und Photogrammetrie

Im kurzen *Überblick* sollen hier einige aktuelle Aufnahmeverfahren zur Herstellung großmaßstäbiger Karten vorgestellt werden. Deren Anwendung ist im Regelfall Aufgabe des Vermessungsingenieurs, und der Forstingenieur möge die folgenden Ausführungen als weiterführende Information aufnehmen. *Tachymetrie* („Schnellmessung") ermöglicht die – nahezu – gleichzeitige Aufnahme der Lage und des Reliefs. Da es sich also nicht von Instrument und Verfahren her um getrennte Vorgänge handelt, die zeitlich nacheinander ablaufen, wurde der obige Terminus geprägt. Die Lageaufnahme geht von dem Prinzip der *Aufnahme nach Polarkoordinaten* aus (Bild 3.11). Hierbei wurde ein Teil des Aufnahmegebietes nach Bild 3.10 als Beispiel gewählt.

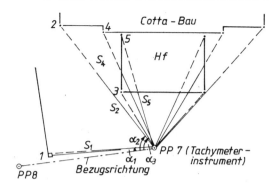

Bild 3.11
Prinzip der Aufnahme nach Polarkoordinaten

Bezug ist stets eine bekannte, feste Richtung, hier die Polygonseite von *PP 7* nach *PP 8*. *Hierauf beziehen sich alle nach den aufzunehmenden Objektpunkten 1, 2, 3 . . . i zu messenden Richtungswinkel* $\alpha_1, \alpha_2, \alpha_3 . . . \alpha_i$. Das zweite Bestimmungselement für jeden Punkt ist die Entfernung vom Standpunkt, in unserem Falle *PP 7*. Dieses Grundprinzip gilt auch im Abschnitt 4. bei den Bussolenmessungen.

Folgende zwei Instrumententypen spielen heute hierbei eine wesentliche Rolle:

– optische Diagrammtachymeter (z. B. Dahlta 010B von Carl Zeiss JENA; RTa 4 von Carl Zeiss Oberkochen) und
– elektronische Tachymeter (z. B. RECOTA und RETA von Carl Zeiss JENA; Elta 2 und 4 von Carl Zeiss Oberkochen, FET2 von Geo Fennel).

Mit dem Dahlta 010B können Punkte in 100 m Entfernung mit mittleren Fehlern der Entfernung von ± 0,10 m und des Höhenunterschiedes von ± 0,03 m (im günstigsten Falle) aufgenommen werden. Der Entfernungsmeßbereich erstreckt sich bis zu etwa 500 m. Zur Ausrüstung gehört vor allem noch eine spezielle Meßlatte. Anstelle der digitalen Dokumentation (Feldbuch) ist die Kombination der Tachymeter mit einem sogenannten Kartiertisch (KARTI 250) möglich. Hiermit erfolgt die sofortige Kartierung auf im KARTI 250 aufgelegten Rondellen mit einer Genauigkeit von ± 0,1 mm. Es werden auf den Horizont reduzierte Streckenlängen ausgegeben. Die elektronischen Instrumente RECOTA (s. Bild 3.12) realisieren einen

Bild 3.12
Tachymeterautomat RECOTA von Carl Zeiss JENA
(Foto: Carl Zeiss JENA)

automatisierten Messungsablauf. Die Registrierung der Meßdaten auf geeignetem Datenträger ermöglicht deren automatische Weiterverarbeitung in einem Kartierautomaten. Damit ist der Datenfluß von der örtlichen Geländeaufnahme bis zur Karte hergestellt. Zur Ausrüstung gehören verschiedene Anordnungen optischer Prismen. Sie werden am Streckenendpunkt zur Reflexion der vom Tachymeter ausgesandten elektro-optischen Strahlung benötigt.
Für RECOTA und RETA gibt der Hersteller folgende Beziehung für die Streckenmeßgenauigkeiten an:

$$m_s = \pm (5 \text{ mm} + 2 \times 10^{-6} \cdot D). \qquad (3.4)$$

D ist hierin die Entfernung, d. h., der entfernungsabhängige Fehleranteil beträgt 0,2 mm/ 100 m. Selbstverständlich wird auch hier die Horizontalentfernung erhalten. Die Höhenunterschiede vom Instrumentenstandpunkt zu den

Geländepunkten werden trigonometrisch, also mittels Entfernung und Zenit- (Höhen-)winkel bestimmt. Deren Genauigkeit $m_{\Delta H}$ wird sicher in den meisten Fällen etwa $\pm$ 1 bis $\pm$ 3 cm betragen. In Abhängigkeit von den verwendeten Prismenreflektoren ergeben sich Meßbereiche bis zu 2 km, bei sehr günstigen Bedingungen von maximal 3 km.
Vor allem für Aufnahmen mittlerer und größerer Objekte kommt heute vielfach die Aerophotogrammetrie (Luftbildmessung) sehr effektiv zum Einsatz. Moderne Aufnahmekameras und eine entsprechende Auswertetechnik realisieren den Datenfluß von der Aufnahme bis zur Karte. Spezielle Ausführungen zur Nutzung von Luftbildmaterial für forstwirtschaftliche Zwecke werden im Abschnitt 10. gegeben.

3.7. Kartierung und Zeichnung großmaßstäbiger Karten

Grundlage der hier gemeinten „einfachen" Kartierung ist das Feldbuch. Was ist nun zu tun, um von dieser unmaßstäbigen Dokumentation (s. Bild 3.10) zur Karte (Bild 3.13) zu gelangen? Zunächst zwei Vorbemerkungen.
Es wurde soeben gesagt, daß die Kartierung 1 : 500 in Bild 3.13 aus dem Feldbuch Bild 3.10 hervorgegangen ist. Ein Vergleich beider Dokumente läßt erkennen, daß die Kartierung mehr Informationen enthält als vorausgehend das zugehörige Feldbuch. Um dieses für den Nichtfachmann nicht mit Informationen zu überlasten und damit die Anschaulichkeit einzuschränken, wurden nicht alle Aufmessungsdaten eingetragen. Unter Praxisbedingungen ist das natürlich nicht zulässig.
Die zweite Vorbemerkung bezieht sich auf das *Gitternetz* als Grundlage für die Kartierung der Koordinaten der Festpunkte. Wie in Bild 3.13 zu erkennen ist, werden die Gitternetzpunkte als kleine Kreuze, meist im Dezimeterabstand, aufgetragen. Dazu benutzt man heute *Koordinatographen* zur maschinellen (halbautomatisch oder automatisch) Kartierung oder im Ausnahmefall noch sogenannte *Sägeblattlineale*. Das sind spezielle Stahllineale von 1,20 m Länge mit einer eigens für diesen Zweck aufgetragenen Teilung. Der Forstingenieur wird eine so komplexe Aufnahme, wie sie in den Bildern 3.10 und 3.13 enthalten ist, höchstens im selte-

Bild 3.13
Kartierung 1:500 (zu Bild 3.10)

Aufgenommen am 15. Okt. 1954
durch: Dipl.-Ing. Kieper
Kartiert im März 1955 durch
Otto Vierke

Bezirk Dresden; Kreis Freital; Gemeinde Tharandt

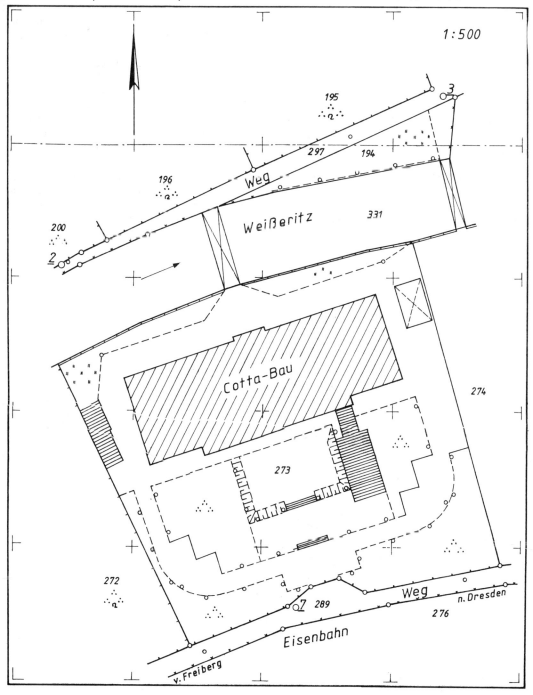

nen Ausnahmefall selbst ausführen müssen. Dann allerdings ist er gut beraten, sich dieses Gitternetz, evtl. auch die Polygonpunkte, von einem zuständigen Vermessungsfachmann auftragen zu lassen, wenn er selbst keinen Zugang zu einem Koordinatographen oder Kartierautomaten hat.

Im Regelfall wird der Forstingenieur selbst für den Zweck der Laufendhaltung seiner Karte nur einzelne Messungslinien bei der Aufnahme anlegen müssen. Deshalb genügt im Falle der Ergänzungsmessung die Kartierung auf Transparentpapier mit Bleistift. Mit Hilfe von Punkten, die sowohl in der Örtlichkeit als auch in der Karte bekannt sind (Fest-, Gebäudepunkt), wird der neu aufgenommene Abschnitt „eingepaßt" und die neue Situation, die aufgemessenen Punkte, werden mit einer Kopiernadel oder feiner Zirkelspitze „durchgestochen". Auf diese Weise schont man das Kartenoriginal mehr als beim unmittelbaren Nachtrag auf diesem selbst. Die vom Geodäten aufgenommenen Karten-

werke werden zumeist auf maßbeständiger, speziell beschichteter Folie graviert. Zur einfachen Kartierung durch den Forstingenieur werden außer Sorgfalt nur einfache Arbeitsmittel wie Lineal (Linearmaßstab), zwei kleine Zeichendreiecke, Kopiernadel oder Stechzirkel und ein gut gespitzter Bleistift (Härte 3H oder 4H) benötigt.

So, wie die Messung verlief, werden die Objektpunkte orthogonal oder durch Einbindelinien ermittelt maßstabsgerecht aufgetragen. Vor dem Übertrag in das Kartenoriginal wird die Kartierung anhand der gemessenen Kontrollmaße geprüft. Bei nicht zu klärenden Unstimmigkeiten hilft nur eine örtliche Nachmessung. Erst nach eindeutiger Kontrolle von Messung und Kartierung darf das Kartenoriginal ergänzt werden. Es genügt hierfür völlig die kurz beschriebene Bleistiftkartierung, die allerdings zwecks eindeutiger Dokumentation gemäß Muster (Bild 3.13) beschriftet werden muß, aber auch nur mit Bleistift.

4. Bussolenmessungen

4.1. Grundsätzliches zur Messung magnetischer Azimute

Pentagon bzw. Doppelpentagon dienen, wie bereits erwähnt, der Absteckung von Winkeln einer bestimmten Größe, nämlich rechter Winkel. Es gibt aber zahlreiche Aufgaben, bei denen Winkel von irgendeinem Betrag, der sich aus den örtlichen Verhältnissen ergibt, zu beobachten sind. Beispielsweise sind für einen gebrochen verlaufenden Linienzug (Polygonzug, s. Bild 3.1) die Streckenlängen s und Brechnungswinkel β eindeutig zu bestimmen. Zur Messung dieser beliebig großen Brechungswinkel (Horizontalwinkel) stehen *Theodolite* verschiedener Genauigkeit zur Verfügung. Darüber in Abschnitt 5. noch weitere Ausführungen.

Für forstwirtschaftliche Zwecke, wie für die Lageaufnahme von Waldwegen oder Grenzverläufen, werden zweckmäßig Bussoleninstrumente zur Messung magnetischer Azimute eingesetzt. In diesem Falle definieren neben den Streckenlängen die magnetischen Azimute a die Lage des Bussolenzuges (s. Bild 4.8). Die Forstwirtschaft ist heute praktisch das einzige Anwendungsgebiet für Bussolenmessungen.

Ehe Handhabung und Einsatz dieser Instrumente beschrieben werden, müssen einige Begriffe, wie sie in Bild 4.1 dargestellt sind, z. B. die verschiedenen Nordrichtungen und deren Beziehungen untereinander geklärt werden.

Hierin bedeuten

N_M — magnetisch Nord; bekanntlich zeigt das Nordende einer in ihrem Schwerpunkt gelagerten Magnetnadel in Richtung des magnetischen Meridians (magnetisch Nord)

N_{Geo} — geographisch Nord: Richtung zum geographischen Nordpol, wird aus Gestirnsbeobachtungen abgeleitet oder vom Kreiselkompaß angezeigt

N_{Gi} — Gitternord; ist Bezugsrichtung des geodätischen Koordinatensystems (Parallele zum Hauptmeridian und entspricht der Richtung der $+x$-Achse im Beobachtungspunkt

α — geodätischer Richtungswinkel der Seite $\overline{SP}$, bezogen auf Gitternord

a — magnetisches Azimut der gleichen Seite $\overline{SP}$, bezogen auf magnetisch Nord

δ — Deklination oder Mißweisung gegen geographisch Nord (östlich von N_{Geo} positiv, westlich negativ)

ν — Nadelabweichung gegen Gitternord (positiv nach Osten, negativ nach Westen)

γ — Meridiankonvergenz (positiv nach Osten, negativ nach Westen).

Die Deklination ist keine konstante Größe, sondern orts- und zeitabhängig und unterliegt täglichen, jährlichen und säkularen Veränderungen, *Variationen.* Deren Verlauf ist vielfach nicht gleichmäßig. Eine exakte Registrierung des Deklinationsverlaufes obliegt geomagnetischen Observatorien, wie z. B. das *Adolf-Schmidt*-Observatorium für erdmagnetische Messungen in Niemegk. Von diesen Observatorien werden *Isogonenkarten* (Isogonen = Linien gleicher Deklination) und Karten gleicher Nadelabweichungen erarbeitet und herausgegeben. Manche amtlichen Karten enthalten unter den Randangaben diesbezügliche Hinweise für das jeweilige

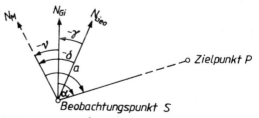

Bild 4.1
Die drei Nordrichtungen und deren wechselseitige Beziehungen

Kartenblatt (siehe *Zimmermann, B.*: Zum gegenwärtigen Verlauf der Isogonen in der DDR. Vermess.-Techn. Berlin, 36 (1988) H. 2, S. 57–58). Für die Aufgaben der Forstvermessung, in diesem Fall die Ausführung von Bussolenmessungen, ist die Kenntnis der Nadelabweichung dann von besonderem Interesse, wenn die Beziehung zwischen den gemessenen magnetischen Azimuten und den geodätischen Richtungswinkeln (Gitternord!) gefragt ist. Aus Bild 4.1 ist ablesbar

$$a = \alpha - \nu. \qquad (4.1)$$

Sind die Koordinaten x und y der Punkte S und P (Bild 4.1) bekannt, wird der Richtungswinkel α nach der einfachen Beziehung

$$\tan \alpha = \frac{y_P - y_S}{x_P - x_S} \qquad (4.2)$$

berechnet. Mit dem auf Punkt S gemessenen Azimut a erhält man die Nadelabweichung ν und kann so im Bedarfsfall alle a auf α zurückführen. Für die geringen Genauigkeitsforderungen im Forst ist dieses Vorgehen gerechtfertigt. Für höhere Genauigkeitsansprüche wird die Differenz $a - \alpha$ als „Mißweisung der Sicht" bezeichnet und kann *näherungsweise* als Nadelabweichung ausgewiesen werden.

Zur Ermittlung und Berücksichtigung von Deklination oder Nadelabweichung ist grundsätzlich von folgender Frage auszugehen: Müssen *Richtungen* von der Örtlichkeit in die Karte oder umgekehrt übertragen werden? Wenn ja, muß je nach vorhandener Karte Deklination δ (geographisches Gitternetz) oder Nadelabweichung ν (geodätisches Koordinatennetz) bestimmt werden. Sind andernfalls z. B. Wege oder irgendwelche Grenzverläufe lagemäßig aufzumessen, kann dies ohne Berücksichtigung von δ bzw. ν vorgenommen werden. Alle örtlich aufgenommenen Linienverläufe sind – je Linie – um den gleichen Betrag δ oder ν verschwenkt. Diese Verschwenkung bewirkt keine Verzerrung der Grundgeometrie des jeweiligen Linienverlaufes, sondern nur die Verfälschung seiner Lageorientierung. Diese Verfälschung wird dadurch unwirksam, daß geschlossene Bussolenzüge zum Ausgangspunkt zurückgeführt werden und beiderseits angeschlossene Züge zwischen den beiden bekannten Anschlußpunkten „eingepaßt" werden.

4.2.   Instrumente zur Messung magnetischer Azimute

Das einfachste Gerät ist der bekannte Kompaß. Versieht man ihn mit einer besonderen Zielvorrichtung (Diopter, Fernrohr), korrekt gesagt einer vertikalen Zielebene durch den 0°–180°-Durchmesser der Kreisteilung, so hat man ein Bussoleninstrument. Bussolen gelangen als selbständige Geräte sowie als Zusatz-(Aufsatz-)-Instrumente zum Theodolit zum Einsatz.

4.2.1.   Kompaß

Er wird als selbständiges Instrument, zumeist freihändig (Handkompaß) genutzt. Die wesentlichen Teile des Kompasses, hier am Beispiel nach Bild 4.2 a demonstriert, sind

– Nadel (Dauermagnet)
– Teilkreis (Kompaßkreis)
– Kimme und Korn als einfachste Zielvorrichtung.

Die Nadel schwingt mit einem Achathütchen (Innenkonus) auf einem Einspitzenlager, der Pinne. Zur Verwendung als Marschkompaß, auch für einfache forstliche Aufnahmen, wie noch gezeigt wird, ist der Teilkreis drehbar und über einen Klappspiegel ablesbar. Die Anlegekante mit mm-Teilung ermöglicht das (evtl. meßbare) Anlegen an Gitter- oder Verbindungslinien auf einer Karte. Beim Zuklappen des Deckels wird die Kompaßnadel arretiert, d. h. die Lagerung entlastet. Das ist sehr wichtig, denn Beschädigungen der Spitze im ungeschützten Zustand bei Transport, Stoß o. ä. führen zu falscher Anzeige.

Am Kompaßkreis sind Teilung und Bezifferung erkennbar: Teilung im Uhrzeigersinn von 5° zu 5°, Bezifferung in 10°-Einheiten. Eine Schätzung auf etwa 2° ist dem geübten Beobachter möglich, jedoch nur dann sinnvoll, wenn die Handhabung sehr sorgfältig erfolgt. Der mittlere Fehler einer magnetischen Azimutbestimmung mit dem Handkompaß wird etwa bei $\pm 5°$ liegen. Optimistische Herstellerangaben nennen $m_a = \pm 1°$.

Unter dem Nordende der Nadel ist im Gehäuseboden der Richtungspfeil zu erkennen, der als Ableseindex bei der Azimutmessung dient. Die beiden Punkte auf dem Teilkreis neben „N"

a)

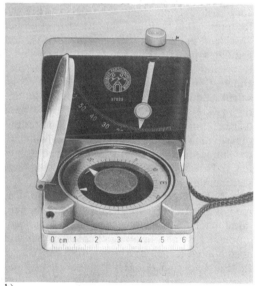

b)

Bild 4.2
Kompaß-Varianten (Fotos: *H. Jantzen*, TU Dresden)
a) Handkompaß (Marschkompaß) der Freiberger Präzisionsmechanik; *b)* Geologenkompaß desselben Betriebes

sind östliche bzw. westliche Mißweisung bzw.
Nadelabweichung. Deren aktuelle Größe und
Vorzeichen müssen, wenn notwendig, bestimmt
werden, da sie wie schon erwähnt orts- und zeitabhängige Größen sind.

Mit Bussoleninstrumenten kann dies, wie im
Zusammenhang mit Gleichungen (4.1) und
(4.2) beschrieben, erfolgen. Das geht natürlich
mit einem *Hand*kompaß nicht.
Steht keine aktuelle Karte mit diesbezüglichen
Randangaben für Deklination bzw. Nadelabweichung zur Verfügung, kann man sich auf folgende Weise helfen. Man wählt sich einen geeigneten Standpunkt sowie etliche markante
Geländepunkte, die alle eindeutig in Gelände
und Karte definiert sein müssen. Vom Standpunkt zu den Geländepunkten zieht man mit
weichem Bleistift feine Hilfslinien in der Karte.
Der Kompaß wird nun mit seiner Anlegekante
der Reihe nach an die Verbindungslinien angelegt. Man nimmt dazu eine stabile Unterlage,
z. B. einen Meßtisch auf einem Stativ. In dieser
jeweiligen Stellung werden Karten und Kompaß
solange gedreht, bis der zur jeweiligen Hilfslinie
zugehörige Zielpunkt über Kimme und Korn zu
sehen ist. Nun wird „N" über den Richtungspfeil im Gehäuseboden eingestellt und die Anlegekante je nach vorhandenem Kartentyp an
eine Gradnetzlinie (geographisches Koordinatennetz; Deklination) bzw. Gitternetzlinie (geodätische   Koordinaten,   z. B.
Gauß-Krüger-Koordinaten,   Nadelabweichung)
angelegt. Zeigt die Kompaßnadel nicht nach
„N" der Kreisteilung, so ist die hiervon abweichende Anzeige δ bzw. v. Da mehrere Zielpunkte auszuwählen sind, ist damit bereits eine
Kontrolle gegeben. Letztere kann auch wie folgt
vorgenommen werden. Die Richtungsmarke
wird auf den ermittelten Betrag von δ bzw. v gestellt und bei nochmaligem Anlegen an eine
Koordinatennetzlinie muß das Nordende der
Nadel auf „N" zeigen.
Das erdmagnetische Feld bewirkt nicht nur die
Einstellung einer Magnetnadel nach magnetisch Nord, sondern auch eine Neigung, eine
Ablenkung aus der Horizontalen, die *Inklination*. Auch sie ist mit ihrem Betrag ortsabhängig,
jedoch ändert sie diesen erst außerhalb eines
Umkreises von etwa 500 km. Ein kleines Schiebegewicht auf der Nadel verhindert als Aus-
gleichsgewicht die störende Neigung der Nadel.
Zeigen sich keine offensichtlichen Mängel bei
der Handhabung eines Handkompasses, so ist
gegebenenfalls lediglich eine Überprüfung der
Anzeigeempfindlichkeit, gleichermaßen auch
als Zeichen für die Güte der Lagerung, zweckmäßig. Dazu bringt man den Kompaß auf eine

feste, nichtmetallische Unterlage und lenkt mit einem metallischen Gegenstand, z. B. einem Schlüsselbund, die Nadel mehrfach aus. Nach dem Schwingvorgang muß sie jeweils die gleiche Ruhelage einnehmen. Bei der in Bild 4.2 a gezeigten Kreisteilung sollte das im 5°-Intervall auf 1 bis 2° genau erreicht werden, was sich bei aufliegendem Kompaß schätzen läßt.

Für geologische, geophysikalische und markscheiderische (Bergvermessungswesen) Anwendungen gibt es mit speziellem Zubehör aufgerüstete Taschenkompasse. Für den Einsatz in der Forstwirtschaft sind sie naturgemäß weniger interessant, da für die später gezeigten Anwendungen der Handkompaß völlig ausreicht. Eine Ausnahme ist der in der Forstpraxis der früheren DDR beliebte Geologenkompaß, Bild 4.2 b.

4.2.2.   Bussolen

Anknüpfend an die erste Definition einer Bussole eingangs zu Abschnitt 4.2., lassen sich verschiedene Unterscheidungsprinzipien für Bussoleninstrumente nennen, nämlich nach Art der

– Zielvorrichtung (Diopter, Fernrohr)
– Bussole (Vollkreisbussole, Orientierbussole)
– Nadelaufhängung (gewöhnlicher Kompaß mit festem Kreis und frei schwingender Nadel, Schmalcalder-Kompaß: Kreis mit Magnetnadel fest verbunden, beide schwingen gegenüber fester Ablesemarke).

Selbstverständlich werden in der Praxis konstruktiv zweckmäßige Kombinationen benutzt. So gibt es z. B. Diopter-, Fernrohrbussolen und Bussolentheodolite mit einer Vollkreisbussole als selbständigem Instrument wie auch als Zusatzinstrument in Form einer Aufsatzbussole (s. Bild 4.3).

Obwohl instrumentenkundliche Probleme nicht im Vordergrund dieser Ausführungen stehen, sondern vielmehr nützliche Anwendungen von Vermessungsinstrumenten und -verfahren im Forstwesen, fällt die Auswahl der hier vorzustellenden Instrumente nicht leicht. Bei Carl Zeiss JENA wurde nur ein Instrument für magnetische Messungen hergestellt, nämlich der bewährte Kleintheodolit 080A, der mittels Zusatzbussolen als Bussolentheodolit einsetzbar wird. Damit sind praktisch *alle* forstwirtschaftlichen Aufgaben lösbar.

Hierfür stehen z. B. auch die Bussoleninstrumente BUMON (F. W. Breithaupt & Sohn, Kassel), BT1 (Ertel-Werk, München) und TO (Wild Heerbrugg AG) zur Verfügung.

In der Forst*praxis* der früheren DDR sind aber verbreitet, äußerst beliebt und mit Erfolg nach wie vor zwei Instrumente im Einsatz, die seit langem nicht mehr produziert werden: die Forstbussole FBu 10G des vormaligen VEB Feinmeß Dresden und das Teletop aus Jena.

4.2.2.1.   Der Kleintheodolit 080A aus Jena als Bussolentheodolit

Dieser Theodolit hat sich seit vielen Jahren in der Praxis bestens bewährt und ist mit 1,9 kg Masse eines der leichtesten Bussoleninstrumente. Er wird gegenwärtig mit Kreisbussole (Bild 4.3a) und Orientierungsbussole (Bild 4.3b) ausgerüstet. Nicht mehr produziert wird die Röhrenbussole (s. Bild 4.3c), die aber in großer Stückzahl in der Praxis noch vorhanden ist und genutzt wird. Mit Hilfe von Orientierungs- oder Röhrenbussole kann dieser Theodolit wie jeder andere Repetitionstheodolit auch in einen Bussolentheodolit umfunktioniert werden. Der Horizontalkreis des Theodoliten wird mit 0 gon (0°) exakt nach magnetisch Nord, evtl. unter Berücksichtigung von Deklination bzw. Nadelabweichung orientiert. Somit sind alle beobachteten und abgelesenen Richtungen gleich den entsprechenden magnetischen Azimuten.

Das Zielfernrohr jedes neueren Bussoleninstrumentes ist mit einer Einrichtung zur optischen, mittelbaren Streckenmessung versehen, wodurch sich seine Einsatzmöglichkeiten erst voll ausschöpfen lassen (s. Abschn. 4.3.4.).

In Bild 4.3d sind ein Haltezapfen *10* und die Raste *23* zu erkennen. Durch Betätigen eines Druckknopfes an der Aufsatzbussole selbst läßt sich diese bis zum sicheren Halt hinter der Raste in die in Bild 4.3a demonstrierte Gebrauchsstellung einschwenken. Das gilt in gleicher Weise auch für die anderen beiden Aufsatzbussolen.

Auch bei den Bussolen nach Bild 4.3a und c ist wie bei nahezu allen anderen das schwingende System erst unmittelbar vor der Messung in Betrieb zu setzen und sofort danach zu arretieren. Das geschieht für den schwingenden Kreis

(Bild 4.3a) sowie für die bewegliche Magnetnadel (Bild 4.3c) mit der an der jeweiligen Aufsatzbussole sichtbaren Rändelschraube. Ein völlig anderes Prinzip der Lagerung des schwingenden Systems wurde für die Orientierungsbussole (Bild 4.3b) entwickelt: die *Spannbandlagerung.* Sie bringt eine höhere Genauigkeit und bedarf *keiner Arretierung.*

Eine ganz wesentliche Frage blieb bisher unbeantwortet: Wie ist bei einer Orientierungsbussole das Einspielen der Magnetnadel erkennbar und damit die Orientierung des Bussolentheodoliten nach magnetisch Nord herbeigeführt? Ohne auf konstruktive und optische Lösungen einzugehen, wird mit Bild 4.4 das Nichteinspielen bzw. das Einspielen der Nadel gezeigt. Diese Bilder sind beim Hineinschauen in die okularseitigen (bezogen auf das Fernrohr) Einblicköffnungen (s. Bilder 4.3b und c) zu sehen. Bei der Kreisbussole (Bild 4.3a) wird mit der Ableselupe das Azimut a_i am Teilkreis abgelesen.

Die drei gezeigten Aufsatzbussolen werden durch folgende Genauigkeitsangaben charakterisiert:

Kreisbussole $m_a = \pm 0,1$ gon ($\pm 6'$)
Kleinstes Teilungsintervall 1 gon (1°), Zehntelschätzung möglich

Orientierungsbussole $m_a = \pm 20$ mgon ($\pm 1'$)

Röhrenbussole $m_a = \pm 60$ mgon ($\pm 3'$).

Beschreibung des Theo 080A (Bild 4.3d)

Um den *Bussolen*theodolit sicher zu handhaben, ist natürlich das „Grundgerät", der Theodolit, ein wenig näher zu betrachten, ohne auf diese Weise den späteren Ausführungen zur Winkelmessung vorzugreifen.

Mit einem Theodolit können Horizontal- und Vertikalwinkel beliebiger Größe gemessen werden. Je nach Verwendungszweck und hiervon abgeleiteten Genauigkeitsforderungen wird vom Hersteller konstruktiv und fertigungstechnisch ein sehr unterschiedlicher Aufwand betrieben. Für einen Theodoliten ist das international übliche und primäre Kriterium für seine Genauigkeit der „mittlere Fehler einer in zwei Fernrohrlagen beobachteten Richtung m_{r_0}". Nach *Deumlich* (Instrumentenkunde der Vermessungstech-

nik, Verlag für Bauwesen Berlin, 8. Auflage, 1988) gilt diesbezüglich folgende Einteilung:

Theodolite	Klasse	m_{r_0}
höchster Genauigkeit	1	kleiner oder gleich $\pm 0,1$ mgon
	2	$\pm 0,11$ bis $\pm 0,25$ mgon
hoher Genauigkeit	3	$\pm 0,26$ bis $\pm 0,50$ mgon
mittlerer Genauigkeit	4	$\pm 0,51$ bis $\pm 2,0$ mgon
niederer Genauigkeit	5	$\pm 2,1$ bis $\pm 5,0$ mgon
	6	größer $\pm 5,0$ mgon

Der Kleintheodolit 080A ist mit einem $m_{r_0} = \pm 4,5$ mgon ($\pm 15''$) ausgewiesen und gehört damit der Klasse 5 an. Er reiht sich, im Einsatz bewährt, in eine zugehörige Gruppe international ausgewiesener Instrumente ein, die zur Lösung von Aufgaben der genannten Genauigkeit auf dem Markt sind (Bilder 4.3a und 4.3d). Der Theodolit wird zur Messung mit seinem Dreifuß auf einem Stativ (Stativteller *18*) mittels Schraubverbindung (Anzugsschraube *19*), welche die feste Verbindung mit Grund- und Federplatte (*16, 17*) des Dreifußes herstellt, befestigt. Mit Hilfe der drei Fußschrauben *15* wird der Theodolit horizontiert, d. h., seine Vertikal-, Umdrehungs- oder Stehachse wird senkrecht gestellt. Im Dreifuß wird mittels zylindrischen Steckzapfens der obere Teil des Instrumentes eingesetzt. Die Klemme *6* gestattet das Einsetzen bzw. Herausnehmen und besorgt die sichere Verbindung Dreifuß – Oberteil.

Für die Anwendung wichtig sind am Mittel- und Oberteil weiterhin:

– Zielfernrohr (Objektiv *22*, Okular *8*), um Kipp- oder Horizontalachse kippbar (Fernrohrsehfeld Bild 4.5a)
– Ablesevorrichtung für Horizontal- und Vertikalkreis (Mikroskopokular *11*; Sehfeld Bild 4.5b)
– Horizontal- und Vertikalkreis aus Glas (geschützt im Gehäuse)
– Reversions-Röhrenlibelle *4* zur Horizontierung
– Klemm- und Feinstellschrauben für Horizontal- und Vertikalbewegung (*21, 5; 1, 7*)

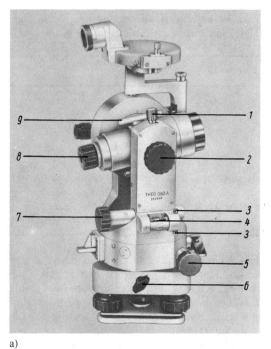

a)

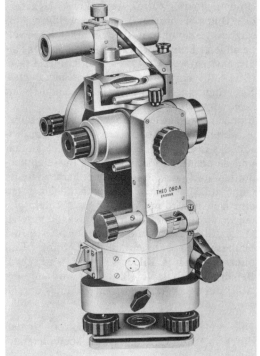

c)

b)

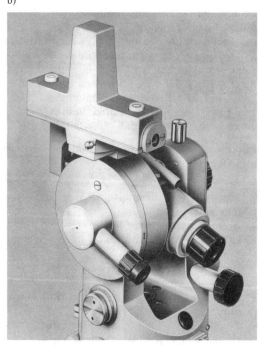

d)

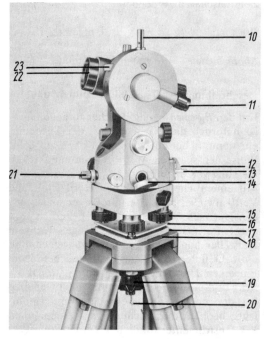

Bild 4.3
Kleintheodolit 080A von Carl Zeiss JENA als Bussolentheodolit
a) mit Aufsatzbussole; b) mit Orientierungsbussole; c) mit Röhrenbussole; d) ohne Zusatzgeräte, auf Stativ
Legende zu Bild 4.3a und 4.3d
1 Klemmschraube für Höhenbewegung; 2 Fokussiertrieb zum Scharfeinstellen des Zielbildes; 3 Justierschrauben für Röhrenlibelle; 4 Röhrenlibelle (Reversions-Stehachsenlibelle zur Feinhorizontierung); 5 Seitenfeintrieb; 6 Steckzapfenklemme zum Befestigen des Gerätes im Dreifuß; 7 Höhenfeintrieb; 8 Fernrohrokular mit Dioptrienrändel; 9 Richtglas zur Grobanzielung; 10 Haltezapfen für Bussolen; 11 Mikroskopokular für Teilkreisablesung; 12 Rasthebel für Repetitionsklemme; 13 Klemmhebel für Repetitionsklemme; 14 Beleuchtungsspiegel für Teilkreisablesung; 15 Fußschrauben zum Horizontieren des Theodolits; 16 Federplatte des Dreifußes mit Gewinde; 17 Grundplatte des Dreifußes mit Gewinde; 18 Stativteller; 19 Anzugsschraube zum Befestigen des Gerätes auf dem Stativ; 20 Lothäkchen zum Anhängen des Schnurlotes für die Zentrierung des Theodolits über dem Standpunkt; 21 Klemmhebel für Seitenbewegung; 22 Fernrohrobjektiv; 23 Rast für Bussolen; (Fotos: Carl Zeiss JENA)

– Vorrichtung zur Verstellung des Horizontalkreises 12, 13
– Fokussiertrieb 2 zur Scharfeinstellung des Zieles.

Der Begriff „Fernrohrlage" soll näher erklärt werden.
Bezeichnen wir die Position des Fernrohres in Bild 4.3 (Vertikalkreis in allen vier Teilbildern links vom Fernrohr) als Fernrohrlage 1 und kippen nun das Fernrohr um seine Kipp- oder Horizontalachse um 200 gon, so erhalten wir Fernrohrlage 2. Nach „dem Durchschlagen des Fernrohres", wie es in der Fachsprache heißt, sind Objektiv und Okular gegenüber ihrer Position

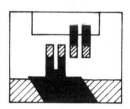
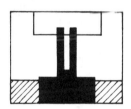

a)

b)

Bild 4.4
Sehfeld von Aufsatzbussolen (nach Informationsschriften Carl Zeiss JENA)
a) Röhrenbussole nach Bild 4.3c; b) Orientierungsbussole nach Bild 4.3b
jeweils linker Bildteil nicht eingespielt
jeweils rechter Bildteil eingespielt (Koinzidenz der Nadelenden)

Bild 4.5 ▶
Sehfelder beim Theo 080A (nach Informationsschriften Carl Zeiss JENA)
a) Fernrohrsehfeld mit Strichkreuz; b) Sehfeld des Mikroskopokulars mit Kreisablesungen (Gon)

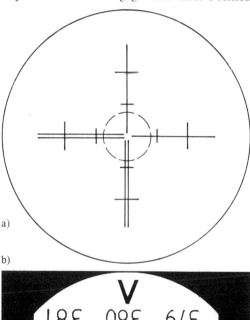

a)

b)

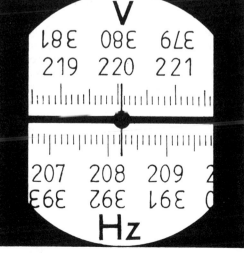

in Fernrohrlage *1* vertauscht. Der Vertikalkreis befindet sich nun – in meßbereiter Position des Fernrohres – rechts vom Fernrohr. Wie später noch näher gezeigt wird, ist das Mittel der Beobachtungsergebnisse in Fernrohrlage *1* bzw. *2* bei Richtungs- und Azimutmessungen vom Einfluß einiger Instrumentenfehler des Theodolits befreit. Bei Azimutmessungen mit einem Busseleninstrument wird im Regelfall nur in einer Fernrohrlage beobachtet, weil diese Fehlereinflüsse im Vergleich zur Genauigkeit der Bussolenmessungen vernachlässigbar klein sind.

Interessant für den Nutzer sind noch folgende Angaben zum Theo 080A:

- Fernrohrvergrößerung   18fach
- kleinstes Teilungsintervall
  der Skalen   0,1 gon (5′)
- Schätzbarkeit der
  Skalenanzeigen   10   mgon (0,5′)
- Masse (Instrument)   1,9 kg
- kürzeste Zielweite   0,9 m.

4.2.2.2. Fernrohrbussolen

Wirft man einen Blick auf ältere Geräte im Vergleich zu aktuellen Vertretern der Fernrohrbussolen (z. B. in *Deumlich, F.*: Instrumentenkunde der Vermessungstechnik, 1988) von renommierten Firmen wie z. B. Wild Heerbrugg AG (Schweiz) oder F. W. Breithaupt u. Sohn, Kassel), so erkennt man als gravierenden Unterschied gegenüber dem Theodolit die leichtere, einfachere Ausführung. Diesen Eindruck bestätigt auch die alte Forstbussole FBu 10G vom früheren VEB Feinmeß Dresden (Bild 4.6). In diesem Zusammenhang eine Bemerkung ganz am Rande, die für die Bewährung mancher Instrumententypen über Jahrzehnte spricht: Die Bussolentheodolite Wild TO 1 und BT 1, Ertel-Werk München sind in Bd. III des *Jordan/Eggert/Kneißl* von 1956 und in der 8. Auflage von *Deumlich* 1988 vorzufinden, natürlich mit spezifischen Weiterentwicklungen! Eigentlich ist das nicht verwunderlich, da gerade bei diesen Instrumenten der „moralische Verschleiß" doch wesentlich geringer ist als bei allen anderen Vermessungsinstrumenten.

Typische Merkmale eines Bussolentheodolits, die auch Bild 4.6 anschaulich illustriert, sind:

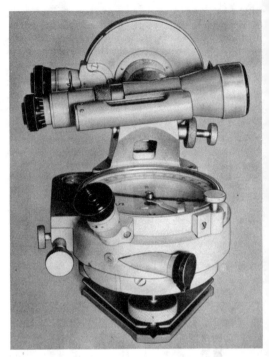

Bild 4.6
Forstbussole FBu 10G des früheren Feinmeß Dresden; wird nicht mehr produziert (Foto: *H. Jantzen*, TU Dresden)

- Fernrohr zentrisch (wie im Bild) oder auch exzentrisch angeordnet; verläuft im 0 gon-200 gon-Durchmesser (Objektiv bei 0 gon)
- Bussole ist fest eingebaut.
- Meist ist Fernrohr mit optischer Streckenmeßvorrichtung versehen.
- Vertikalkreis vorhanden
- Horizontalkreis vorhanden (unter Bussole)
- Fernrohrlibelle (zum Nivellieren).

Die Ausstattung der Bussole mit Vertikalkreis und Streckenmeßvorrichtung führt auch zur Bezeichnung *Tachymeterbussole*. Kleinste Teilungseinheit der Kompaßkreise ist meist 1° oder 2° (2 gon). Je nach Geübtheit des Beobachters ist günstigstenfalls die Zehntelschätzung (0,1°; 0,2° bzw. 0,2 gon) möglich. Am Vertikalkreis liegen die Skalenwerte im Bereich von 10′ (0,2 gon) bis zu 1°. Es liegen keine Untersuchungsergebnisse von Bussolen vor. Mittlere Fehler eines magnetischen Azimutes dürften in der Größenordnung von $m_a \approx \pm 0{,}1$ gon ($\pm 0{,}1°$) zu erwarten sein.

4.2.3. Topographischer Entfernungsmesser „Teletop"

Wie in den beiden vorangegangenen Abschnitten wird zunächst das Gerät nur „von außen" betrachtet. Es interessiert nur – wie bei den Bussolen – der Einsatz zur magnetischen Azimut-, Strecken- und Höhenwinkelmessung. In Bild 4.7 ist links die Kreisbussole mit Ableselupe und rechts anschließend der Vertikalkreis angeordnet. Für beide Teilungen ist die zugehörige Ableselupe erkennbar. Zur Anzielung und zur optischen Streckenmessung wird das Zielfernrohr benötigt. Auf der 300 mm langen Meßschiene ist ganz links (etwa von 0 bis 50 mm) ein festes Pentaprisma angeordnet und im mittleren Teil der Meßschiene erkennen wir ein beliebig verschiebbares Pentaprisma. Diese beiden Prismen, die Meßschiene und ein im Bild nicht sichtbarer Glaskeil (optischer Meßkeil) unmittelbar vor dem *festen* Pentaprisma begründen das Prinzip der hier angewandten Streckenmessung. (vgl. Abschn. 4.3.4.)

Zur Messung wird das Teletop mit dem Dreifuß wie die Bussolen auf ein Stativ aufgesetzt. Die Dosenlibelle auf dem Dreifuß dient der Horizontierung.

Auch hier zum Abschluß einige wenige Daten:

- Fernrohrvergrößerung   6fach
- kleinstes Teilungsintervall
  Bussole u. Vertikalkreis   1 gon (1°)
- Schätzbarkeit Anzeige
  (Bussole, Vertikalkreis)   0,1 gon (0,1°)
- Masse (ohne Stativ)   3 kg.

4.3. Durchführung von Bussolenmessungen

In kartographisch und wirtschaftlich erschlossenen Ländern, die über ein ausreichend dichtes Festpunktnetz verfügen, ist die Forstwirtschaft im Regelfall alleiniges Anwendungsgebiet von Bussolenmessungen. Dafür sprechen im wesentlichen folgende zwei Kriterien:

Ausgehend vom wirtschaftlichen Erschließungsgrad, ist selbstverständlich in Industrie- und Wohngebieten eine wesentlich größere Festpunktdichte anzutreffen als in Land- und Forstwirtschaft. Durch den Waldbestand werden zudem alle optischen Beobachtungsmöglichkeiten sehr stark eingeschränkt. Für geodätisch-kartographische Arbeiten, die einen Anschluß an Festpunkte und vorhandene Karten verlangen, müßten diese Anschlüsse über weite Entfernungen mit großem Messungsaufwand realisiert werden. Hier nützen Bussoleninstrumente, die an jedem beliebigen Ort, auch im dichten Forst, mit dem nach magnetisch Nord orientierten Azimut eine absolute Richtungsorientierung liefern.

Das zweite Kriterium entspringt Charakter und Anforderungen forstwirtschaftlicher Vermessungsaufgaben:

Die im Vergleich zum Theodolit und der damit möglichen Polygonzugmessung geringere Genauigkeit von Bussolenmessungen genügt nahezu allen forstlichen Anforderungen.

Als einfache forstwirtschaftliche Anwendungen der Bussole ist nur die Messung von *Zügen* anzusehen, die z. B. als Grundlage für die Auf-

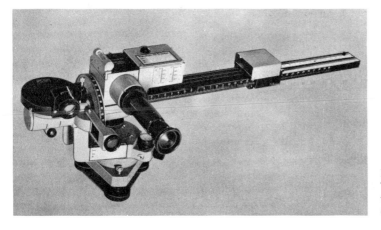

Bild 4.7
Teletop von Carl Zeiss JENA; wird nicht mehr produziert (Foto: *H. Jantzen*, TU Dresden)

nahme von Wege- oder Grenzverläufen benötigt werden. *Flächenhafte Aufnahmen* sind Aufgabe des Geodäten, weshalb Tachymeteraufnahmen *nicht* behandelt werden.

4.3.1. Spezielle Anforderungen an eine Bussole

Die auf *magnetische* Messungen bezogenen Anforderungen sind im wesentlichen folgende:

1. Die Magnetnadel muß geradlinig, ohne Knick, vom Nord- zum Südende verlaufen und ihr Drehpunkt muß im Mittelpunkt des Teilkreises (Vollkreisbussolen) liegen.
   Ohne Mühe ist dies zu überprüfen, indem an beiden Nadelenden abgelesen wird. Die Differenz beider Ablesungen beträgt theoretisch 200 gon (180°). Trifft das praktisch nicht zu, erhält man mit dem Mittelwert beider Ablesungen die fehlerhafte Anzeige: An beiden Nadelenden erhält man gleich große Abweichungen, jedoch mit entgegengesetztem Vorzeichen, so daß im Mittel dieser Fehlereinfluß nicht enthalten ist.
2. Geometrische und magnetische Achse der Nadel sollen identisch sein. Dies kann unter bestimmten Voraussetzungen vom Fachmann überprüft werden. Der Einfluß kann hier unbeachtet bleiben.
3. Die Magnetnadel muß gut ausbalanciert sein und ausreichend empfindlich schwingen. Mit dem Schiebegewicht am Südende der Nadel kann im Bedarfsfall die Wirkung der Inklination, eine Neigung der Nadel, behoben werden. „Ausreichend empfindlich" bedeutet, daß die Nadel ausreichend magnetisch und gut gelagert ist.
   Hiervon überzeugt sich der Nutzer, indem er z. B. mit einem Taschenmesser oder Schlüsselbund die Magnetnadel mehrfach aus der Ruhelage auslenkt und wieder einschwingen läßt. Nach etwa 5 bis 10 gleichmäßig verlaufenden Schwingungen sollte die Nadel zur Ruhe gekommen sein und jeweils die gleiche Ablesung anzeigen. Abhilfe kann im Bedarfsfall nur eine Fachwerkstatt leisten.

Die *durchgreifende Prüfung* einer Vollkreisbussole ist auf sehr einfache Weise möglich. Sind Horizontal- und Bussolenkreis am selben In-strument, werden nach Herstellung der ordnungsgemäßen Meßbereitschaft (s. Abschn. 4.3.2.) in Abständen von vielleicht 50 gon am Horizontalkreis Einstellungen vorgenommen. Die zugehörigen Ablesungen an der Bussole müßten in den Grenzen ihrer Ablesegenauigkeit mit jenen übereinstimmen. Ist die zu prüfende Bussole nicht mit einem Horizontalkreis ausgestattet, so wählt man von einem günstigen Standpunkt aus einige ringsum verteilt gelegene, gut identifizierbare Zielpunkte aus. Nunmehr werden, wiederum nach sorgfältiger Zentrierung und Horizontierung (s. Abschn. 4.3.2.), *nacheinander* mit Theodolit und Bussole die Richtungen und Azimute beobachtet.

Die magnetische Empfindlichkeit der Nadel muß beachtet werden. Der Umstand, daß vom Beobachter mit einem magnetischen Objekt wie Taschenmesser oder Schlüsselbund die Empfindlichkeit geprüft werden kann, gemahnt natürlich gleichermaßen zur Vorsicht: Magnetisch wirkende Gegenstände darf der Beobachter während der Messung nicht bei sich tragen. Selbstverständlich wird dies vom Hersteller berücksichtigt, so ist z. B. der Theo 080A nicht nur magnetfrei, sondern stahlfrei.

Es können noch einige weitere Einflüsse auch in der weiteren Umgebung der Bussole die magnetischen Azimutmessungen verfälschen. Dazu gehören Erzlagerstätten, Gleichstromleitungen, Stahlkonstruktionen und Eisenbahnanlagen. Nach *Deumlich* sind folgende Mindestabstände von bestimmten Objekten einzuhalten, um Azimutfehler $\leq 0{,}2$ gon zu halten:

40 m: Hochspannungsmaste aus Stabeisenkonstruktion von 20 m Höhe

15 m: gußeiserne Laternenmaste von 5 m Höhe

10 m: Maschendrahtzäune mit eisernen Stützen

70 m: eingleisige Eisenbahnlinien

100 m: zweigleisige Eisenbahnlinien

Wenn auch die forstwirtschaftlichen Vermessungsaufgaben keine hohen Genauigkeiten erfordern, muß man von diesen Störgrößen Kenntnis haben und Vorsicht walten lassen.

4.3.2. Prüfung und Berichtigung von Bussolen

Im vorangegangenen Abschnitt wurden Einflüsse beschrieben, die mit dem Geomagnetismus im Zusammenhang stehen.

Im folgenden werden keineswegs alle weiteren Fehler, die bei Bussolenmessungen auftreten könnten, behandelt. Vielmehr steht das Anliegen, die sichere Handhabung eines Bussoleninstrumentes zu garantieren im Vordergrund. Unter diesem Aspekt kann sich der Anwender auf die Überprüfung und evtl. Berichtigung (Justierung) von nur vier Instrumenten- bzw. Aufstellfehlern beschränken, wobei die Messung mit einem modernen Instrument, in unserem Falle dem Theo 080A, vorausgesetzt wird. Um fehlerfreie Messungsergebnisse zu erhalten, muß bei vertikaler Stehachse die Zielachse des Fernrohres beim Kippen um die Kipp- oder Horizontalachse eine Vertikalebene beschreiben. Diese Bedingung ist erfüllt, wenn die Achsen des Bussolentheodolites folgenden Forderungen nachkommen:

1. Stehachse senkrecht zur Achse der Röhrenlibelle (*4* in Bild 4.3d) oder parallel zur Achse einer Dosenlibelle, z. B. an Fernrohrbussole oder Teletop (*Stehachsenfehler*)
2. Zielachse rechtwinklig zur Kippachse (*Zielachsenfehler*)
3. Kippachse rechtwinklig zur Stehachse (*Kippachsenfehler*).

Der Einfluß von Zielachsen- wie Kippachsenfehler auf die Horizontal- und Azimutmessung wird durch die Beobachtung in zwei Fernrohrlagen eliminiert. Bussolenmessungen werden aber nur in einer Fernrohrlage ausgeführt, da die Fehlereinflüsse des magnetischen Systems (Einspielen und Ablesen Magnetnadel) im Regelfall wesentlich größer als die soeben genannten Instrumentenfehler sind. Trotzdem sollte vor Beginn von Bussolenzugmessungen eine Prüfung zur eigenen Sicherheit erfolgen.

Sollen gleichzeitig mit der Lageaufnahme auch die Höhen der Geländepunkte bestimmt werden, ist zu fordern, daß

4. bei horizontaler Ziellinie am Vertikalkreis 100 gon (90°) angezeigt wird (*Höhenindexfehler*).

Sowohl dieses Prüfprogramm als auch die anschließenden Bussolenmessungen erfordern einige elementare Handhabungen, die der Anwender sicher beherrschen muß:

- Aufstellen und Zentrieren des Instrumentes
- Horizontierung des Instrumentes
- Grob- und Feinanzielung
- Ablesen an Horizontal-, Vertikal- und Bussolenkreis.

Aufstellen und Zentrieren

Zur Instrumentenaufstellung wird ein Stativ mit drei verschiebbaren Beinen (s. Bild 4.3d) benutzt. Es ist stabil aufzustellen. Bei weichem Untergrund tritt man die Stativbeine (Metallschuhe) mit dem Fuß in den Boden ein. Auf fester Aufstellfläche, z. B. Straßenbelag, ist darauf zu achten, daß das Stativ nicht wegrutscht. Weiter ist nach Augenmaß auf eine Grobzentrierung über dem Bezugspunkt (in jedem Falle bei der Messung) sowie auf horizontale Lage des Stativtellers *18* zu achten. Die Grobzentrierung wird durch Versetzen des Statives im ganzen und Verschieben der Stativbeine erreicht.

Im Regelfall wird das Instrument in einem speziellen Tragebehälter, geschützt gegen Erschütterungen, Stoß und Verschmutzung transportiert.

In jedem Behälter ist ein Photo vom ordnungsgemäß verpackten Instrument, auf dem auch Verriegelungen und Arretierungen erkennbar sind. Das Gerät ist ohne geringste Gewaltanwendung dem Behältnis zu entnehmen. Hiernach wird das Instrument auf dem Stativ befestigt (Vorrichtungen *16, 17, 18* u. *19*, Bild 4.3d). Die Anzugsschraube *19* ist fest, aber nicht mit zu hohem Kraftaufwand anzuziehen.

Bei der Prüfung des Instrumentes kann auf eine Zentrierung verzichtet werden, da sich diese nicht auf vorgegebene Festpunkte bezieht. Sie wird dennoch empfohlen, da sie eine Sicherheit gegenüber evtl. Veränderungen der Instrumentenaufstellung (Anstoßen, Wegrutschen) bietet und keiner nennenswerten Mühe bedarf. Die einfachste Art der Feinzentrierung ist die mittels Schnurlot, das am Lothäkchen *20* befestigt wird. Man lockert die Anzugsschraube *19* ein wenig und kann danach das Instrument bis zur exakten Zentrierung auf dem Stativteller *18* verschieben. Bei sorgfältigem Vorgehen ist die Zentrierung auf die Weise bis ungefähr ± 5 mm möglich, wenn kein Wind die Lotung beeinträchtigt. Dies dürfte in jedem Falle die Ansprüche der Bussolenmessungen befriedigen. Zur Ausrüstung des Theo 080A gehören auch ein Zentrierstock (± 1 mm) sowie ein optisches Lot (± 0,3 mm).

Horizontieren (siehe auch Stehachsenfehler)

Röhrenlibellen (z. B. Theo 080A, Bild 4.3a: 4) oder Dosenlibellen (z. B. Fernrohrbussolen, Teletop) werden hierfür benutzt. Dazu dreht man die *Röhrenlibelle* mit dem Instrumentenoberteil nach Lösen der Klemmschraube 21 (Bild 4.3d) nach Augenmaß parallel zur gedachten Verbindung von zwei der drei Fußschrauben. Durch gegenläufiges Drehen dieser 2 Fußschrauben „spielt die Libelle ein". Auf der Oberseite einer kreisförmig geschliffenen Röhrenlibelle befindet sich eine 2-mm-Teilung, in deren Mitte der Normalpunkt ist. Sind die Blasenenden gleich weit (Teilung) von ihm entfernt, spielt die Blase ein, d. h. ihre Achse (Tangente im Normalpunkt) ist horizontal.

Bei der *Dosenlibelle* befindet sich auf der Oberseite ein markierter Kreis (zentrisch zum Normalpunkt), zu dem die Blase konzentrisch einzustellen ist. Dann ist ihre Achse senkrecht zur Tangentialebene im Normalpunkt gerichtet. Nun erfolgt eine Drehung um 100 gon, und die Libelle wird mit der dritten Fußschraube zum Einspielen gebracht.

Ist nur eine Dosenlibelle am Instrument, wird die Libellenblase in der ersten Stellung des Oberteils mittels der drei Fußschrauben eingespielt. Es empfiehlt sich dabei, die Blasenbewegung in 2 Komponenten zu zerlegen: Wiederum die gedachte Verbindung zweier Fußschrauben als die eine Komponente sowie die Richtung senkrecht hierzu (dritte Fußschraube) als zweite Komponente. Damit entfällt zeitaufwendiges „Probieren".

Grob- und Feinanzielung

Als erstes ist am Fernrohrokular vom Beobachter seine Dioptrienzahl mit Rändelring 8, Bild 4.3a, einzustellen, damit er das Sehfeld (Bild 4.5a), d. h. das Strichkreuz, scharf abgebildet erhält.

Ist die Dioptrienzahl nicht bekannt, wird das Fernrohr zweckmäßig gegen einen hellen Hintergrund gerichtet, jedoch niemals auf die Sonne! Durch Drehen des Rändels erzielt man den gleichen Effekt.

Die Scharfabbildung eines in beliebiger Entfernung vom Instrument befindlichen Zieles erfolgt bei modernen Fernrohren mittels „Innenfokussierung". Mit dem Rändelknopf 2 (Bild 4.3a) wird die sogenannte *Fokussierlinse* im Fernrohr bis zur Herbeiführung der erforderlichen Scharfabbildung bewegt.

Die Dioptrieneinstellung am Okular ist ein subjektiv (Auge des Beobachters) notwendiger Vorgang, die Scharfabbildung des Zieles ein objektiv (Konstruktion des Fernrohres) begründeter. Das heißt, letzterer muß bei jedem Beobachter zum gleichen Ergebnis führen.

Nach Erfüllung dieser Voraussetzung löst man die Klemmschrauben 21 und 1 für beide Bewegungsrichtungen und bewegt Instrumentenoberteil und Fernrohr von Hand zunächst grob mit Hilfe des Richtglases 9 am Theo 080A oder von Kimme und Korn (Fernrohrbussole, Teletop) soweit, bis das Ziel im Sehfeld des Instrumentes erscheint. Dann stellt man die Klemmschrauben fest (mit *mäßigem* Kraftaufwand!) und führt mittels der beiden Feintriebe 5 und 7 (Bild 4.3a) das Ziel in den Strichkreuzmittelpunkt. Damit ist die Feinanzielung erreicht.

Ablesungen

Am Teilkreis ist abzulesen, ob eine Grad- (360°) oder Gon-Teilung (400 gon) vorhanden ist. Das ist ohne Schwierigkeit an der Bezifferung (vor allem um 0 gon bzw. 0°) sowie der Unterteilung zu erkennen, wie Bild 4.5b bestätigt. An dem Strichmikroskop liest man im Beispiel für Vertikal- und Horizontalkreis $V = 220,07$ gon und $Hz = 208,23$ gon ab (Zehntelschätzung). Vor den Ablesungen müssen der Beleuchtungsspiegel 14 geeignet eingestellt und die Scharfeinstellung der Kreisablesungen am Mikroskopokular 11 herbeigeführt werden. Sinngemäß wird in gleicher Weise an anderen Teilungen abgelesen.

- *Stehachsenfehler* (siehe auch Horizontierung)

Dessen Einfluß wird nicht durch die Beobachtung in 2 Fernrohrlagen eliminiert, deshalb sind Prüfung und Berichtigung sorgfältig auszuführen.

Ist das Instrument *noch nicht* überprüft, so wird

– an die Ausführungen zur Horizontierung unmittelbar anknüpfend – das Oberteil um 200 gon in eine dritte Stellung (Kontrollstellung) bewegt. Der evtl. auftretende Libellenausschlag wird zur Hälfte mit der dritten Fußschraube und den Justierschrauben der Röhrenlibelle (in Bild 4.3a: 3) beseitigt. Nunmehr muß die Röhrenlibelle in jeder beliebigen Stellung des Oberteiles einspielen.

Ist nur eine Dosenlibelle zur Horizontierung an der Bussole vorhanden, verfährt man prinzipiell in gleicher Weise. Im Anschluß an die Ausgangsstellung (siehe Horizontierung) drehen wir auch hier das Oberteil sofort um 200 gon in die Prüfstellung. Vergleichbar mit der Anordnung der 3 Fußschrauben am Dreifuß ist jede Dosenlibelle mit 3 Justierschrauben ausgestattet. Ein in der Kontrollstellung auftretender Ausschlag der Libellenblase wird wiederum je zur Hälfte mit zwei Fuß- und den korrespondierenden 2 Justierschrauben sowie mit der dritten Fuß- und Justierschraube eliminiert.

• *Zielachsenfehler*

Die Zielachse ist als Verbindung des objektseitigen Objektivbrennpunktes mit einem ~.. dem Strichkreuz angezielten un~...~ weit entfernten Zielpunkt d~...~ert. Zur Prüfung und Berichtigung ~es Zielachsenfehlers wird ein min-~estens 100 m entferntes, eindeutig identifizierbares Ziel, etwa in Instrumentenhöhe gelegen, in Fernrohrlage *1* angezielt und die zugehörige Ablesung notiert, z. B. 137,14 gon. Der gleiche Vorgang wird in Fernrohrlage *2* wiederholt und liefert die Ablesung 337,40 gon. Die Differenz beider Ablesungen ± 200 gon (bzw. bei Gradteilung ± 180°) weist den doppelten Zielachsenfehler mit 0,26 gon und das Mittel 137,27 gon den Betrag der fehlerfreien Richtung aus. Letzterer wird mittels Seitenfeintrieb eingestellt. Dadurch läuft das Ziel aus der Strichkreuzmitte heraus. Löst man die Schutzkappe am Fernrohrobjektiv, werden 4 Justierschräubchen sichtbar. Damit wird die Strichplatte seitlich so weit verschoben, bis das Ziel wieder exakt mit dem senkrechten Strich des Strichkreuzes zur Deckung gelangt. Zur Kontrolle kann der Vorgang wiederholt werden.

• *Kippachsenfehler*

Dieser tritt bei modernen Instrumenten wie dem Theo 080A nicht mehr auf. Bei horizontalen Visuren ist der Einfluß des Kippachsenfehlers gleich Null, und er wächst mit zunehmendem Höhenwinkel der Zielung.

• *Höhenindexfehler*

Bei horizontaler Ziellinie muß am Vertikalkreis die Ablesung 0 gon (0°) bzw. 100 gon (90°) betragen, je nachdem, ob die Teilung für Höhenwinkel α oder Zenitwinkel ζ angebracht ist, die beide im einfachen Zusammenhang

$$\alpha + \zeta = 100 \text{ gon } (90°) \qquad (4.3)$$

stehen.

Bei horizontiertem Instrument wird unter Vermeidung von Steilvisuren ein markantes Ziel in beiden Fernrohrlagen angezielt. Die Ablesungen am Vertikalkreis des Theo 080A mögen sein 45,33 gon und 354,37 gon. Der Betrag des *doppelten* Indexfehlers ist die Differenz der Summe beider Ablesungen gegenüber 400 gon, also 399,70 gon – 400 gon = –0,30 gon. Hieraus ergibt sich der *verbesserte Zenitwinkel* zu 45,33 gon + 0,15 gon = 45,48 gon. Mit dem zugehörigen Wert für Fernrohrlage 2 : 354,52 gon erhalten wir die Soll-Summe 400 gon.

Der fehlerfreie Zenitwinkel wird nun mittels Höhenfeintrieb eingestellt, wobei das Ziel vom Horizontalstrich des Strichkreuzes wegläuft. Mit den Justierschrauben der Strichplatte wird das Ziel in vertikaler Richtung auf die Soll-Anzielung zurückgeführt.

Selbstverständlich muß der Messende Zentrierung, Horizontierung, Ziel- und Ablesevorgänge sicher beherrschen. Von dem vorgestellten kleinen Prüfprogramm müssen in jedem Falle Prüfung und Berichtigung des Stehachsenfehlers dem Nutzer vertraut sein. Diese „Aktivitäten" bis hierher sind gewissermaßen das notwendige, aber zumeist ausreichende „Minimalprogramm".

4.3.3. Arten von Bussolenmessungen

Abhängig von der jeweiligen Aufgabe und damit der erforderlichen Genauigkeit unterscheidet man hinsichtlich der Beobachtungsanord-

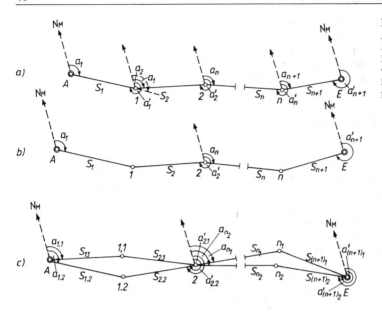

Bild 4.8
Arten von Bussolenzügen
a) Vollständiger Bussolenzug; *b)* Bussolenzug mit Sprungständen (unvollständiger Bussolenzug); *c)* Bussolenzug mit Sprungständen und doppelten Wechselpunkten

nung für die Bestimmungsstücke Strecken s und magnetische Azimute a die drei in Bild 4.8 dargestellten Bussolenzugarten

- vollständiger Bussolenzug
- Bussolenzug in Sprungständen
- desgleichen mit doppelten Wechselpunkten.

Wir benutzen den Bussolenzug in der Forstvermessung als Aufnahmegrundlage. Er verbindet jeweils zwei in Karte und Örtlichkeit eindeutig identifizierbare Festpunkte A und E (z. B. Grenzsteine oder Polygonpunkte). Auf die Bussolenzugseiten wird der aufzunehmende Grenz- oder Waldwegeverlauf bezogen. Das wird in Abschnitt 4.3.7. näher gezeigt. Natürlich kann ein Bussolenzug auch, wenn es die Aufnahmesituation erfordert, als geschlossener Zug wie der bereits vorgestellte Polygonzug in Bild 3.1 b angelegt werden.
In Bild 4.8 ist zu erkennen, daß der vollständige Bussolenzug, bei dem jede Strecke und jedes Azimut doppelt bestimmt werden, die größte Sicherheit gegen Beobachtungsfehler bietet. Beim Zug nach Bild 4.8 b wird jeweils ein Zugpunkt als Standpunkt für die Azimutbeobachtung und Streckenmessung übersprungen und Streckenlängen wie Azimut werden nur je einmal bestimmt. Dafür ist nur der halbe Messungsaufwand zu bewältigen. Gewissermaßen als Kompromiß ist die dritte Variante (Bild 4.8c) zu ver-

stehen. Es wird auch jeweils ein Punkt des Zuges als Beobachtungsstandpunkt übersprungen. Aber zur Kontrolle werden je zwei Wechselpunkte benutzt, die eine doppelte Lagebestimmung des Bussolenzuges ermöglichen. Dieser Zug liegt hinsichtlich Zeitaufwand für die örtlichen Beobachtungen zwischen den beiden anderen Bussolenzugarten nach Bild 4.8 a und b. Für die meisten forstwirtschaftlichen Anwendungen werden die beiden Zugvarianten mit Sprungständen vollauf allen Anforderungen gerecht. Um sich bei langen Zügen zu versichern, ist hier der Zug mit je zwei Wechselpunkten zu empfehlen. Natürlich muß ein Zug nach Bild 4.8 b mit erhöhter Sorgfalt beobachtet werden, da Messungsfehler sonst erst bei der häuslichen Bearbeitung aufgedeckt werden können. Letztere wird nicht analytisch, sondern graphisch vorgenommen. Das ist eine wichtige Prämisse auch für die Genauigkeit der Messungen.

4.3.4.   Anlage und Beobachtung von Bussolenzügen

Jede Überlegung zur Vorbereitung von Anlage und Beobachtung muß vom *Kartenmaßstab* ausgehen. Hiervon sind alle notwendigen Festlegungen abzuleiten. Bei der graphischen Bearbeitung, die oben erwähnt wurde, wird mit den üblichen Hilfsmitteln, auch eine geübte Fachkraft kaum genauer als auf ±0,3 mm kartieren können. Dem entspricht beim Maßstab der Forstgrundkarte 1:5000 ein Betrag von ± 1,50 m in der Natur. Gefordert wurde für dieses Kartenwerk in der früheren DDR die Einhaltung eines mittleren Punktfehlers der Lage $m_p = ±7$ m für die Aufmessung des „inneren Details von Waldkomplexen" (Betriebsregelungsanweisung). Genauigkeitsuntersuchungen seitens der Forstwirtschaft wiesen eine erhebliche Unterbietung dieser Vorgabe mit $m_p = ±2$ bis ±4,50 m im Staatswald aus. Diese maßstababhängig betrachtete Kartiergenauigkeit von ±1,50 m für 1:5000 ist z. B. bei Detailaufnahmen von Waldeinteilungsgrenzen und Waldwegen bei der Auswahl der Objektpunkte zu beachten. Es hätte wenig Sinn, Wegeknicke von etwa 1 m als Meßpunkte aufnehmen zu wollen, weil sie im Maßstab 1:5000 nicht mehr darstellbar sind. Das gilt in gleicher Weise für jeden anderen Maßstab, z. B. 1:10000 (Revierkarte) oder, sicher seltener, 1:1000 als Grundlage für ein Wegebauprojekt. Der Aufnehmende muß das Objekt entsprechend generalisiert erfassen. Unter dem gleichen Aspekt Abhängigkeit der Genauigkeit vom Maßstab ist auch die Handhabung der Bussoleninstrumente zu sehen. Beim Maßstab 1:5000 ist die *Zentrierung* der Bussole mit Schnurlot auf ±3 bis ±5 mm natürlich nicht sinnvoll. Mühelos und schneller kann sie nach Augenmaß auf etwa ±1 dm genau zentriert werden, was völlig ausreicht. Das trifft insbesondere für Züge mit Sprungständen zu. Hier ist weder für Bussolenstand- noch Zielpunkt eine exakte Zentrierung erforderlich. Schließlich ist zu überlegen, wie genau Azimut und Strecke zu bestimmen sind und ob dabei jeweils die vom Instrument gegebene höchste Ablesegenauigkeit notwendig ist. Das wäre z. B. beim Theo 080A die Schätzgenauigkeit beider Skalenanzeigen von 10 mgon. Auf der Grundlage langjähriger Erfahrung ist die Ablesung der Winkel auf 0,5 gon und die für Entfernungen auf 1 dm ausreichend (lt. Betriebsregulungsanweisung der ostdeutschen Bundesländer). Zur Reduktion der Schrägentfernungen auf den Horizont sind bei Entfernungen ≤100 m erst Fernrohrneigungen >3° zu berücksichtigen (s. z. B. Bild 4.10 b unter diesem Aspekt). Derartige Überlegungen sind wichtig, um sowohl Qualitätsmängel infolge unzureichender Meßgenau

igkeit als auch vermeidbaren Arbeitsaufwand wegen überzogener Forderungen von vornherein auszuschließen.

4.3.4.1. Anlegen der Bussolenzüge

Zu beachten ist vor allem das folgende:
- Abhängig von der geringen Genauigkeit der Bussolenmessungen sollten die Strecken $s \leq 100$ m sein, um unzulässige Fehler, vor allem Verschwenkungsfehler, zu vermeiden.
- Anschluß der Züge (Pkt. *A*, *E*, Bild 4.8) an örtlich und in der Karte sicher identifizierbaren Punkten
- möglichst gestreckter Zugverlauf, wie in Bild 4.8, wegen der Fehlerwirkung
- Erfordert eine Aufgabe die Anlage und Messung mehrerer Bussolenzüge, bringt man diese miteinander in Verbindung. Diese Maßnahme erlaubt Rückschlüsse auf die Messungs- und Kartengenauigkeit.

4.3.4.2. Beobachtung der Bussolenzüge

Das Bussoleninstrument wird zunächst über einem Festpunkt *A* z. B. Bild 4.8 a aufgestellt, zentriert und horizontiert (s. Abschn. 4.3.2.). Steht ein Instrument mit Kreisbussole zur Verfügung, wird als Signalisierung von Bussolenpunkt *1* dort eine Nivellierlatte (Bild 4.9) vertikal aufgestellt und die Anzielung vorgenommen (s. Abschn. 4.3.2.). Einfache Nivellierlatten sind meist als hölzerne 4 m lange Klapplatten (2 m × 2 m) mit einer cm-Felder-Teilung ausgeführt. Der Vertikalstrich des Strichkreuzes wird auf Lattenmitte eingestellt. Damit wäre das Instrument meßbereit für die Beobachtung von
- Strecke s_1 und
- magnetischem Azimut a_1
- Höhenwinkel a_1 bzw. Zenitwinkel ζ_1.

Wird jedoch z. B. der Bussolentheodolit Theo 080A mit Orientierungs- oder Röhrenbussole benutzt, muß dessen Horizontalkreis zunächst nach magnetisch Nord orientiert werden. Wir gehen davon aus, daß die meisten Bussolenmessungen im Forst ohne Berücksichtigung von Deklination oder Nadelabweichung auskommen. Bei gelöster Repetitionsklemme *13* (Bild 4.3 d)

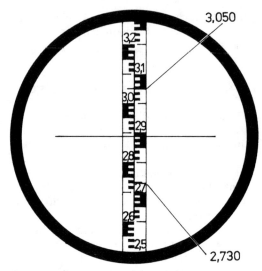

3,050

2,730

Bild 4.9
Nivellierlatte mit cm-Felder-Teilung
(Teilungsabschnitt im Fernrohrsehfeld; nach Firmen-
schrift Carl Zeiss JENA)
$l = 3,050$ m $- 2,730$ m $= 0,320$ m; $Kl = 10. 0,320$ m $= s = -$
32,0 m

wird das Oberteil soweit gedreht, daß sich exakt
die Ablesung 0,00 gon am Horizontalkreis ergibt. Darauf wird der Klemmhebel *13* niederge-
drückt, wodurch der Horizontalkreis fest mit
dem Oberteil verbunden wird. Das heißt, bei
unveränderter Einstellung 0,00 gon dreht man
das Oberteil mit der Bussole soweit, bis die
Koinzidenzeinstellung an der Bussole (s. Bild
4.4) erreicht ist. Unmittelbar vorher ist die Arretierung der Bussole zu lösen, damit die Nadel
frei schwingen kann. Die Koinzidenzeinstellung
zeigt die Orientierung nach magnetisch Nord
an, und es werden die Bussole arretiert sowie
der Rasthebel 12 erneut gedrückt und damit die
Repetitionsklemme gelöst. Hiernach entspricht
jede Ablesung am Horizontalkreis des Theodolits dem magnetischen Azimut. Jetzt wäre in
gleicher Weise, wie eingangs für eine Kreisbussole beschrieben, der Bussolentheodolit meßbe-
reit zur Beobachtung von a_1, s_1 sowie a_1 bzw. ζ_1.
Doch ehe wir uns diesen Beobachtungen zu-
wenden, noch ein Hinweis zur evtl. notwendigen Bestimmung von Deklination bzw. Nadelabweichung. Ist deren Größe bekannt, wird sie
in der soeben beschriebenen Weise anstatt
0,00 gon eingestellt. Andernfalls kann, wie in

Abschnitt 4.1. in Verbindung mit den Ausführungen zu den Gleichungen (4.1) und (4.2) ge-
schrieben, vorgegangen werden, um δ bzw. ν
von einer möglichen Berücksichtigung erst zu
bestimmen.
Damit beginnen die eigentlichen Beobachtungen. Unter Beachtung des bisher Gesagten wird
nun a_1 (vgl. Bild 4.8 a) am Nord- und Südende
(Kontrolle!) der Nadel am Kompaßkreis bzw.
am orientierten Horizontalkreis abgelesen und
notiert. Die Nadel ist sofort zu arretieren. Es
schließt sich, wenn erforderlich, die Beobachtung und Ablesung von Höhen- bzw. Zenitwinkel am Vertikalkreis an.

Im Regelfall wird der Neigungswinkel nur zur
Reduktion der gemessenen Schrägstrecken (Ablesung auf 0,5 gon) und nicht zur Höhenbestimmung benötigt. Dazu ist die Messung von In-
strumenten- und Zielhöhe (Nivellierlatte) nicht
erforderlich. Es genügt – ohne Zusatzberech-
nungen – die Latte etwa im mittleren Abschnitt
(1 m bis 3 m) anzuzielen, wenn nicht extrem
große Neigungen vorhanden sind.
Bei dem praktischen Messungsablauf empfiehlt
es sich, zuerst die Strecke zu messen. Dazu
muß die Nivellierlatte auf dem Zielpunkt stehen bleiben. Nach erfolgter Ablesung kann sie
zum nächsten Punkt gebracht werden, während
der Beobachter an der Bussole a und a (ζ) ab-
liest. Auf diese Weise kann Zeit eingespart werden.

Es kommen im wesentlichen folgende 4 Möglichkeiten der Streckenmessung in Betracht:

1. Stahlrollband
2. optische Streckenmessung mittels Distanzstrichen
3. optisches Prinzip mit konstantem parallakti-
   schen Winkel im Zielpunkt und veränderlicher Basis im Standpunkt (Teletop)
4. Schrittmaß.

Streckenmessung mit Stahlrollband

Dieses Meßverfahren ist aus Abschnitt 2, bekannt und kann auch hier angewendet werden.
Zwei Gesichtspunkte sprechen aber dagegen.
Erstens wird die hohe Genauigkeit praktisch
nur im Ausnahmefall benötigt, und zweitens ist
die optische Messung nicht nur bei der Über-
querung von Geländehindernissen bequemer.

Optische Streckenmessung mittels Distanzstrichen

Diesem Prinzip kommt in Verbindung mit dem Einsatz des Theo 080A und diesbezüglich gleichartigen Bussolen besondere Bedeutung zu. Man erhält die

– Horizontalstrecke bei horizontaler Zielung nach

$$s = k \cdot l + c \quad \text{und} \qquad (4.4)$$

– Horizontalstrecke bei geneigter Zielung nach

$$s = s' \cdot \cos a \approx (k \cdot l + c) \cdot \cos^2 a \cdot \qquad (4.5)$$

Das einfache Grundprinzip der Streckenreduktion ist in Bild 4.10 a dargestellt. k und c sind Instrumentenkonstanten, die bei modernen Fernrohren $k = 100$ und $c = 0$ sind. l ist der Lattenabschnitt, der von den zwei horizontalen Distanzstrichen im Sehfeld begrenzt wird (s. Beispiel Bild 4.9). Beim Theo 080A sind zwei solche Distanzstrichpaare im Sehfeld sichtbar (Bild 4.5 a): ein äußeres mit der Konstante $k = 50$ und ein inneres mit $k = 100$.

Damit vereinfachen sich obige Formeln zu

$$s = 100 \, l \quad \text{und} \qquad (4.4 \text{a})$$
$$s = 100 \, l \cdot \cos^2 a. \qquad (4.5 \text{a})$$

Zur Berechnung von s nach Gl. (4.5 a) oder der Reduktionsbeträge $s' - s$ benutzt man Tafeln (s. Tafel 4.1). Deren einfache Handhabung wird bei der Vorstellung typischer Praxisbeispiele in Abschnitt 4.7. demonstriert. Bei der Übernahme von neuen Instrumenten sollten zur Sicherheit die Multiplikationskonstanten k auf einer Vergleichsstrecke überprüft werden.

Bei der Bestimmung von l genügt nicht die Ablesung auf cm an den beiden Distanzstrichen, weil das bei $k = 100$ einem Betrag von 1 m entspräche. Man muß eine mm-Schätzung anstreben, um nicht ungerechtfertigt Genauigkeit zu verschenken. Vom Prinzip her ist eine Strecke von 100 m Länge auf ± 2 bis ± 3 dm genau zu bestimmen.

Zweckmäßig wird beim Anzielen der eine Distanzstrich auf einen runden m-Wert an der Latte eingestellt. Mit einem Blick erhält man den Lattenabschnitt l, wenn z. B. 1,000 oder 2,000 m von dem größeren Ablesewert am zwei-

ten Distanzstrich subtrahiert wird. So umgeht man das lästige Subtrahieren unrunder Werte und vermindert zugleich die Gefahr von Rechenfehlern.

Optische Streckenmessung mit veränderlicher Basis im Standpunkt (Teletop)

Im Sehfeld des Fernrohrokulars (s. Bild 4.7) nimmt der Beobachter zwei Halbbilder wahr (s. Bild 4.10 b). Sie werden als Schnittbilder an einer horizontalen Bildtrennungskante betrachtet.

Stehen die Halbbilder nicht vertikal übereinander, ist das bewegliche Pentaprisma (s. Bild 4.7) an der Meßschiene bis zum Erreichen von deren Koinzidenz zu verschieben. Mit der Ablesung b in mm an der Meßschiene erhält man die geneigte Strecke zu

$$s' = k \cdot b \qquad (4.6)$$

und die Horizontalstrecke nach Reduktion zu

$$s = s' \cdot \cos a. \qquad (4.7)$$

k ist der Nenner des verwendeten Meßkeiles. In der Praxis verwendet man vorzugsweise den Meßkeil 1:500. Er ist in einem Meßbereich von 8 bis 150 m einsetzbar, wobei hierfür die Meßgenauigkeit $\pm 0,5 \%$ der Entfernung beträgt. Zur Reduktion benutzt man auch eine Tafel oder Taschenrechner.

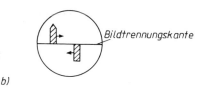

Bild 4.10
Optische Streckenmessung
a) Grundprinzip der Streckenreduktion auf die Horizontale;
b) Sehfeld beim Teletop (Schnittbilder)

Tafel 4.1
Tafel der Streckenreduktion für das Prinzip der Distanzstriche

Abzüge in m bei einem Neigungswinkel von:

Abgelesene Entfernung m	1°	2°	3°	4°	5°	6°	7°	8°	9°	10°	10,5°	11°	11,5°	12°	12,5°	13°	13,5°	14°	14,5°	15°	15,5°	16°	16,5°	17°	17,5°	18°	18,5°	19°	19,5°
10	—	—	—	—	0,1	0,1	0,1	0,2	0,2	0,3	0,3	0,4	0,4	0,4	0,5	0,5	0,5	0,6	0,6	0,7	0,7	0,8	0,8	0,9	0,9	1,0	1,0	1,1	1,1
15	—	—	—	0,1	0,1	0,2	0,2	0,3	0,4	0,5	0,5	0,5	0,6	0,6	0,7	0,8	0,8	0,9	0,9	1,0	1,1	1,1	1,2	1,3	1,4	1,4	1,5	1,6	1,7
20	—	—	0,1	0,1	0,2	0,2	0,3	0,4	0,5	0,6	0,7	0,7	0,8	0,9	0,9	1,0	1,1	1,2	1,3	1,3	1,4	1,5	1,6	1,7	1,8	1,9	2,0	2,1	2,2
25	—	—	0,1	0,1	0,2	0,3	0,4	0,5	0,6	0,8	0,8	0,9	1,0	1,1	1,2	1,3	1,4	1,5	1,6	1,7	1,8	1,9	2,0	2,1	2,3	2,4	2,5	2,6	2,8
30	—	—	0,1	0,1	0,2	0,3	0,4	0,6	0,7	0,9	1,0	1,1	1,2	1,3	1,4	1,5	1,6	1,8	1,9	2,0	2,1	2,3	2,4	2,6	2,7	2,9	3,0	3,2	3,3
35	—	—	0,1	0,2	0,3	0,4	0,5	0,7	0,9	1,1	1,2	1,3	1,4	1,5	1,6	1,8	1,9	2,0	2,2	2,3	2,5	2,7	2,8	3,0	3,2	3,3	3,5	3,7	3,9
40	—	—	0,1	0,2	0,3	0,4	0,6	0,8	1,0	1,2	1,3	1,5	1,6	1,7	1,9	2,0	2,2	2,3	2,5	2,7	2,9	3,0	3,2	3,4	3,6	3,8	4,0	4,2	4,5
45	—	0,1	0,1	0,2	0,3	0,5	0,7	0,9	1,1	1,4	1,5	1,6	1,8	1,9	2,1	2,3	2,5	2,6	2,8	3,0	3,2	3,4	3,6	3,8	4,1	4,3	4,5	4,8	5,0
50	—	0,1	0,1	0,2	0,4	0,5	0,7	1,0	1,2	1,5	1,7	1,8	2,0	2,2	2,3	2,5	2,7	2,9	3,1	3,3	3,6	3,8	4,0	4,3	4,5	4,8	5,0	5,3	5,6
55	—	0,1	0,2	0,3	0,4	0,6	0,8	1,1	1,3	1,7	1,8	2,0	2,2	2,4	2,6	2,8	3,0	3,2	3,4	3,7	3,9	4,2	4,4	4,7	5,0	5,3	5,5	5,8	6,1
60	—	0,1	0,2	0,3	0,5	0,7	0,9	1,2	1,5	1,8	2,0	2,2	2,4	2,6	2,8	3,0	3,3	3,5	3,8	4,0	4,3	4,6	4,8	5,1	5,4	5,7	6,0	6,4	6,7
65	—	0,1	0,2	0,3	0,5	0,7	1,0	1,3	1,6	2,0	2,2	2,4	2,6	2,8	3,0	3,3	3,5	3,8	4,1	4,4	4,6	4,9	5,2	5,6	5,9	6,2	6,5	6,9	7,2
70	—	0,1	0,2	0,3	0,5	0,8	1,0	1,4	1,7	2,1	2,3	2,5	2,8	3,0	3,3	3,5	3,8	4,1	4,4	4,7	5,0	5,3	5,6	6,0	6,3	6,7	7,0	7,4	7,8
75	—	0,1	0,2	0,4	0,6	0,8	1,1	1,5	1,8	2,3	2,5	2,7	3,0	3,2	3,5	3,8	4,1	4,4	4,7	5,0	5,4	5,7	6,0	6,4	6,8	7,2	7,6	7,9	8,4
80	—	0,1	0,2	0,4	0,6	0,9	1,2	1,5	2,0	2,4	2,7	2,9	3,2	3,5	3,7	4,0	4,4	4,7	5,0	5,4	5,7	6,1	6,5	6,8	7,2	7,6	8,1	8,5	8,9
85	—	0,1	0,2	0,4	0,6	0,9	1,3	1,6	2,1	2,6	2,8	3,1	3,4	3,7	4,0	4,3	4,6	5,0	5,3	5,7	6,1	6,5	6,9	7,3	7,7	8,1	8,6	9,0	9,5
90	—	0,1	0,2	0,4	0,7	1,0	1,3	1,7	2,2	2,7	3,0	3,3	3,6	3,9	4,2	4,6	4,9	5,3	5,6	6,0	6,4	6,8	7,3	7,7	8,1	8,6	9,1	9,5	10,0
95	—	0,1	0,3	0,5	0,7	1,0	1,4	1,8	2,3	2,9	3,2	3,5	3,8	4,1	4,5	4,8	5,2	5,6	6,0	6,4	6,8	7,2	7,7	8,1	8,6	9,1	9,6	10,1	10,6
100	—	0,1	0,3	0,5	0,8	1,1	1,5	1,9	2,4	3,0	3,3	3,6	4,0	4,3	4,7	5,1	5,4	5,9	6,3	6,7	7,1	7,6	8,1	8,5	9,0	9,5	10,1	10,6	11,1
105	—	0,1	0,3	0,5	0,8	1,1	1,6	2,0	2,6	3,2	3,5	3,8	4,2	4,5	4,9	5,3	5,7	6,1	6,6	7,0	7,5	8,0	8,5	9,0	9,5	10,0	10,6	11,1	11,7
110	—	0,1	0,3	0,5	0,8	1,2	1,6	2,1	2,7	3,3	3,7	4,0	4,4	4,8	5,2	5,6	6,0	6,4	6,9	7,4	7,9	8,4	8,9	9,4	9,9	10,5	11,1	11,7	12,3
115	—	0,1	0,3	0,6	0,9	1,3	1,7	2,2	2,8	3,5	3,8	4,2	4,6	5,0	5,4	5,8	6,3	6,7	7,2	7,7	8,2	8,7	9,3	9,8	10,4	11,0	11,6	12,2	12,8
120	—	0,1	0,3	0,6	0,9	1,3	1,8	2,3	2,9	3,6	4,0	4,4	4,8	5,2	5,6	6,1	6,5	7,0	7,5	8,0	8,6	9,1	9,7	10,3	10,9	11,5	12,1	12,7	13,4
125	—	0,2	0,3	0,6	0,9	1,4	1,9	2,4	3,1	3,8	4,2	4,6	5,0	5,4	5,9	6,3	6,8	7,3	7,8	8,4	8,9	9,5	10,1	10,7	11,3	11,9	12,6	13,2	13,9
130	—	0,2	0,4	0,6	1,0	1,4	1,9	2,5	3,2	3,9	4,3	4,7	5,2	5,6	6,1	6,6	7,1	7,6	8,1	8,7	9,3	9,9	10,5	11,1	11,8	12,4	13,1	13,8	14,5
135	—	0,2	0,4	0,7	1,0	1,5	2,0	2,6	3,3	4,1	4,5	4,9	5,4	5,8	6,3	6,8	7,4	7,9	8,5	9,0	9,6	10,3	10,9	11,5	12,2	12,9	13,6	14,3	15,0
140	—	0,2	0,4	0,7	1,1	1,5	2,1	2,7	3,4	4,2	4,6	5,1	5,6	6,1	6,6	7,1	7,6	8,2	8,8	9,4	10,0	10,6	11,3	12,0	12,7	13,4	14,1	14,8	15,6
145	—	0,2	0,4	0,7	1,1	1,6	2,2	2,8	3,5	4,4	4,8	5,3	5,8	6,3	6,8	7,3	7,9	8,5	9,1	9,7	10,4	11,0	11,7	12,4	13,1	13,8	14,6	15,4	16,2
150	—	0,2	0,4	0,7	1,1	1,6	2,2	2,9	3,7	4,5	5,0	5,5	6,0	6,5	7,0	7,6	8,2	8,8	9,4	10,0	10,7	11,4	12,1	12,8	13,5	14,3	15,1	15,9	16,7

Schrittmaß

Das Schrittmaß ist die einfachste Art der Streckenbestimmung. Rasch und in guter Näherung erhält man die gesuchten Streckenlängen, wenn einige wenige Randbedingungen Beachtung finden. Die Streckenlänge sollte 100 m nicht überschreiten und die Anwendung auf mäßig geneigtes Gelände beschränkt bleiben. Ermüdungserscheinungen bei längerem Abschreiten führen zu einer Verkürzung des Schrittmaßes. Nicht der „erzwungene" Meterschritt, sondern die bei ungezwungenem Gehen ermittelte Distanz ist das Schrittmaß. Am sichersten erhält man seine Größe durch Abschreiten einer mit Stahlrollband gemessenen Vergleichsstrecke von z. B. 100 m. Zählt man beim Abschreiten 128 S (Schritte) bzw. 64 DS (Doppelschritte), gelangt man zu $S = 0,78$ m und $DS = 1,56$ m. Streckenlängen können so auf etwa ± 2 % genau bestimmt werden. Tafel 4.2 zeigt die Abhängigkeit des Schrittmaßes von Körpergröße und Geländeneigung.

Wo sind in der Forstwirtschaft mögliche und nützliche Anwendungen zu sehen? Beim *Kompaßzug* (s. Abschn. 4.3.7.) für die Lösung z. B. folgender Aufgaben:

- Waldeinteilung zur Aufnahme der Teilflächengrenzen (1:5000)
- Holzvorratsinventur (Abschreiten der Netzpunkte des 50-m-Rasters)
- Grenzbegang im Rahmen von Inventuraufgaben (1:5000)
- Aufnahme bzw. Trassierung einfachster Wege, z. B. Rückewege (1:5000; 1:10000).

Weiter zum praktischen Messungsverlauf bei Bussolenzügen. Ausgangspunkt ist die Bussole noch auf dem ersten Standpunkt, dem Anschlußpunkt *A* und die Nivellierlatte auf Punkt *1* (s. Bild 4.8a). Nachdem nun alle Größen gemessen und zweckmäßig in einem geeigneten Formular (Übersichtlichkeit) niedergeschrieben wurden, wechseln Bussole und Nivellierlatte ihre Standpunkte. Alle notwendigen Handhabungen sind wiederholt in nunmehr bekannter Weise zu vollziehen, einschließlich der Orientierung des Horizontalkreises bei Verwendung des Theo 080A oder eines gleichartigen Bussoleninstrumentes. Gemessen werden vom Bussolenstandpunkt 1: s_1, s_2, a_1' und a_2. Hierbei muß folgende Kontrolle genutzt werden. Im Rahmen der Meßgenauigkeiten müssen die unabhängig

Tafel 4.2
Abhängigkeit des Schrittmaßes von Körpergröße und Geländeneigung (zusammengestellt von *W. Schulze*)

Anstieg x_1 $x_1 = S\,(1 - \sin\alpha)$

Körpergröße m	Schrittlänge in Abhängigkeit von der Geländeneigung in cm						
	0°	5°	10°	15°	20°	25°	30°
1,50	71,5	65,3	59,1	53,0	47,0	41,3	35,8
1,55	74,0	67,6	61,2	54,8	48,7	42,7	37,0
1,60	76,5	69,8	63,2	56,7	50,3	44,2	38,3
1,65	79,0	72,1	65,3	58,6	51,9	45,6	39,5
1,70	81,5	74,4	67,3	60,4	53,6	47,1	40,8
1,75	84,0	76,7	69,4	62,2	55,3	48,5	42,0
1,80	86,5	79,0	71,5	64,1	56,9	49,9	43,3
1,85	89,0	81,2	73,5	66,0	58,6	51,4	44,5
1,90	91,5	83,5	75,6	67,8	60,2	52,8	45,8

Abstieg x_2 $x_2 = S\left(1 - \sin\dfrac{\alpha}{2}\right)$

Körpergröße m	Schrittlänge in Abhängigkeit von der Geländeneigung in cm						
	0°	5°	10°	15°	20°	25°	30°
1,50	71,5	68,3	65,3	62,2	59,1	56,0	53,0
1,55	74,0	70,8	67,6	64,3	61,2	58,0	54,8
1,60	76,5	73,2	69,8	66,5	63,2	59,9	56,7
1,65	79,0	75,6	72,1	68,7	65,3	61,9	58,6
1,70	81,5	77,9	74,4	70,9	67,3	63,9	60,4
1,75	84,0	80,3	76,7	73,0	69,4	65,8	62,2
1,80	86,5	82,7	79,0	75,2	71,5	67,8	64,1
1,85	89,0	85,1	81,2	77,4	73,5	69,7	66,0
1,90	91,5	87,5	83,5	79,6	75,6	71,7	67,8

voneinander ermittelten Werte für s_1 übereinstimmen und analog Azimut und Gegenazimut der Strecke s_1 (s. Bild 4.8 a)

$$a_1' = a \pm 200 \text{ gon}. \tag{4.8}$$

Hiermit dürfte der weitere Verlauf der Bussolenzugmessung klar sein, auch für die beiden anderen Zugvarianten gemäß Bild 4.8b und c. Der Zug b, es sei noch einmal herausgehoben, bietet keinerlei Messungskontrollen und die Variante c evtl. Grobkontrollen, und zwar dann, wenn die je zwei Wechselpunkte (z. B. 1.1 und 1.2) so dicht beieinanderliegen, daß Azimute und Streckenlängen grob miteinander vergleichbar sind.

Gewissenhaft ist das *Feldbuch* während der Messungen zu führen. Neben allen Meßwerten sind Nordrichtung, exakte Bezeichnung der An= schlußpunkte, Abteilungs-, Unterabteilungs- und Teilflächenbezeichnungen sowie Angaben zum Forstwirtschaftsbetrieb und verwendetem Instrument, Messungsdatum und Name des Messenden einzutragen.

4.3.5. Kartierung der Aufnahme auf transparentem Polarkartierblatt (s. Bild 4.14 b)

Wie die Aufnahmearbeiten in Abschn. 3 dienen auch die beschriebenen Bussolenmessungen der Ergänzung, Aktualisierung oder Berichtigung vorhandener Karten. Das heißt, das Ergebnis der Bussolenmessung kann auf einfachste Weise exakt dargestellt werden, und der Aufwand von Tuschezeichnungen wäre völlig sinnlos. Hierzu hat sich in der Forstpraxis der früheren DDR folgendes Vorgehen bewährt. Ein transparentes Polarkartierblatt (Format A 4) mit aufgedrucktem Winkelteilung und Bezugsrichtung magnetisch Nord ist die Arbeitsgrundlage. Weiter werden ein Blatt Millimeterpapier (Format A 3), ein einfacher Maßstab, Kopiernadel und Bleistift (etwa H, 2 H) benötigt. Nach erfolgter Bleistiftkartierung wird das Polarkartierblatt mit Hilfe der verwendeten Anschluß-(Fest-)Punkte auf dem Kartenblatt „eingepaßt". Die kartierten Grenz- oder andere Punkte werden mit der Kopiernadel „durchgestochen". Damit ist der exakte Nachtrag in das Kartenoriginal vollzogen. Dieses Verfahren wurde Ende der 50er Jahre in der Forstprojektierung entwickelt und hat sich bestens bewährt. Abschließend noch einige Hinweise zur praktischen Durchführung der Kartierung:

Zunächst wird das A3-Blatt Millimeterpapier mit Reißzwecken auf dem Reißbrett oder einer anderen geeigneten Zeichenunterlage befestigt. In Blattmitte kennzeichnet man im Schnitt zweier cm-Linien den Pol mit einem kleinen o. Von ihm ausgehend, werden in Längsrichtung nach links und rechts mit Bleistift oder Tusche zwei Polstrahlen bis zum Blattrand gezogen. Zur Erleichterung der Kartierung werden die Polstrahlen entsprechend Bild 4.11 bezeichnet. Das Polarkartierblatt (s. Bild 4.14 b) trägt die Gon-Teilung (oder Grad-Teilung) für einen

Halbkreis, dessen Mittelpunkt der Pol ist. Um die Zeichenfläche optimal zu nutzen, ist die Winkelteilung am Blattrand aufgetragen. Mit einem Reißbrettstift wird nun das Polarkartierblatt mit seinem Pol exakt in dem Pol der Unterlage befestigt.

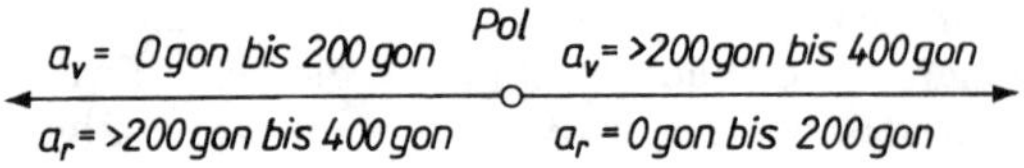

$$a_v = 0\,gon\ bis\ 200\,gon \qquad \overset{Pol}{} \qquad a_v = >200\,gon\ bis\ 400\,gon$$
$$a_r = >200\,gon\ bis\ 400\,gon \qquad\qquad a_r = 0\,gon\ bis\ 200\,gon$$

Bild 4.11
Beschriftung der Polstrahlen auf Millimeterpapier-Unterlage für Polarkartierblatt

Durch Drehen des Polarkartierblattes um seinen Pol kann jede gewünschte azimutale Verschwenkung zwischen 0 gon und 400 gon durch Einstellen ihres Betrages an den Polarstrahlen der Unterlage erreicht werden. Es wird also jedes gemessene Azimut a unter Beachtung der Beschriftung der Polarstrahlen auf die eben beschriebene Weise auf 0,5 gon genau abgetragen. a_v und a_r bezeichnen Vorblick (a_i)- und Rückblickazimut (a_i'). Mittels Maßstab und Kopiernadel wird dann die zugehörige Streckenlänge, grundsätzlich von rechts nach links, übertragen. Alle Strecken werden parallel zu den Millimeterlinien der Unterlage abgesetzt. Das ergibt sich aus der gewählten Anordnung und ist zu beachten.

4.3.6. Genauigkeit von Bussolenzügen

Dominierend ist der Fehler der magnetischen Azimutmessung im Vergleich zu den Streckenfehlern. Er bewirkt eine Verschwenkung der betreffenden Seite und die folgenden Bussolenzugseiten werden (als Linienzug) nur parallel versetzt, falls die nächsten Azimute fehlerfrei sind. Das wird praktisch kaum der Fall sein, aber damit wird die Fehlerfortpflanzung im Bussolenzug infolge Azimutfehler demonstriert: Ein einmaliger *Verschwenkungsbetrag* wird im weiteren Zugverlauf nicht vergrößert. Infolge des Richtungsbezuges auf magnetisch Nord ist jedes gemessene Azimut unabhängig vom vorhergehenden und dem dort begangenen Fehler. Deshalb bleibt auch eine weniger genaue Zentrierung ohne Einfluß. Dem vergleichsweise zum Winkelfehler der Theodolitmessung (z. B. im Polygonzug) wesentlich größeren Azimutfehler wird mit der schon erwähnten Maßgabe entgegengewirkt, die Seitenlängen möglichst kurz, so etwa 50 m zu halten. Keinesfalls sollten sie 100 m überschreiten.

Ausgangspunkt einer kurzen Fehlerbetrachtung sei die folgende Zusammenstellung der genannten mittleren Azimutfehler m_a;

Bussoleninstrument	m_a
Handkompaß	$< \pm 5°$, im idealen Fall $\pm 1°$
Theo 080A	
– mit Kreisbussole	$\pm 0,1$ gon
– mit Orientierungsbussole	± 20 mgon
– mit Röhrenbussole	± 60 mgon
Fernrohrbussolen	etwa $\pm 0,1$ gon

Nach der bekannten Fehlertheorie der Bussolenzüge (z. B. in *Jordan/Eggert/Kneißl,* Bd. III) ergibt sich bei einseitigem Anschluß und etwa gestrecktem Verlauf die Querverschiebung für den letzten Punkt am Zugende zu

$$q = \pm s \frac{m_a}{\varrho} \sqrt{n-1} \quad \text{oder} \qquad (4.9)$$

$$q = \pm \frac{m_a}{\varrho} \sqrt{L \cdot s}. \qquad (4.10)$$

Hierin bedeuten L die Zuglänge, s die angenommene gleiche Länge der Zugseiten und n die Anzahl der Bussolenpunkte. Für beiderseitigen Anschluß (wie nach Bild 4.8) erhalten wir die größte Querverschiebung in Zugmitte mit

$$q = \pm \frac{m_a}{\varrho} \cdot \frac{L}{\sqrt{2(n-1)}}. \qquad (4.11)$$

Tafel 4.3. vermittelt ein anschauliches Bild von der *Größenordnung* der zu erwartenden Fehler, d. h. der Querverschiebungen am Zugende bzw. in Zugmitte. Sehr deutlich ist der mehrfach zitierte Einfluß der Seitenlängen s_i erkennbar. Dabei ist zu beachten, daß es sich um optimale Werte handelt, da den Berechnungen die fehlertheoretisch günstigste Zugform – gestreckter Zug – zugrunde lag. Es ist also bei stark hiervon abweichenden Zugverläufen mit einer Vergrößerung der q-Werte zu rechnen. Zum anderen ist als selbstverständlich vorausgesetzt, daß grobe und systematische Fehler erkannt und eliminiert sind.

Tafel 4.3 Querabweichungen q in Bussolenzügen

	L = 300						L = 600						L = 900					
L Bussolenzuglänge in m	300						600						900					
S Seitenlänge in m	50			100			50			100			50			100		
m_a mittlerer Azimutfehler (gon)	±0,1	±0,06	±0,02	±0,1	±0,06	±0,02	±0,1	±0,06	±0,02	±0,1	±0,06	±0,02	±0,1	±0,06	±0,02	±0,1	±0,06	±0,02
q Querverschiebung in m gl. (4.10)	±0,19	±0,12	±0,04	±0,27	±0,16	±0,05	±0,27	±0,16	±0,05	±0,37	±0,23	±0,08	±0,33	±0,20	±0,07	±0,47	±0,28	±0,09
q Querverbindung in m gl. (4.11)	±0,14	±0,08	±0,03	±0,19	±0,12	±0,04	±0,19	±0,12	±0,04	±0,27	±0,16	±0,05	±0,24	±0,14	±0,05	±0,33	±0,20	±0,07

Abschließend wird eine einfache graphische Methode der Fehlerausgleichung für einen beidseitig angeschlossenen Bussolenzug nach *Brathuhn* (in [20]) vorgestellt (Bild 4.12):

Der Zug verlaufe von *A* nach *E*, und beide Punkte sind in der Karte eindeutig identifizierbar vorhanden. *A – B'-C'-D'-E'* ist der Auftrag des gemessenen Zuges, der nicht nach *E* führt, sondern in *E'* endet. Auf folgende Weise kann die plausible Lage der Punkte gefunden werden:

A und *E'* werden miteinander verbunden, und mit Hilfe von Zeichendreiecken fällt man die Lote von *B'*, *C'*, *D'* auf diese Linie. Nun werden Parallelen zu *EE'* durch die Lotfußpunkte abgesetzt, die Schnittpunkte mit der Verbindungsline AE ergeben. In diesen Schnittpunkten errichtet man Senkrechte von jeweils gleicher Länge, welche die gesuchten plausiblen Positionen *B*, *C* und *D* liefern.

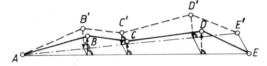

Bild 4.12
Graphische Fehlerausgleichung eines beidseitig angeschlossenen Bussolenzuges nach *Brathuhn*

4.3.7. Anwendungsbeispiele

Als Abschluß der Vorstellung von Bussolenmessungen sollen drei charakteristische Praxisanwendungen die Nützlichkeit dieser Messungen für den Forst demonstrieren.

Kompaßzug für Maßstab 1:5000

Im Rahmen einer Grenzbegehung (Forstgrundkarte) ist ein Waldgebiet im flachen bis mäßig geneigten Gelände mit Kompaß und Schrittmaß aufzunehmen. Das Ergebnis – Feldbuch und Feldkartierung – ist (z. T. auszugsweise) in Bild 4.13 enthalten.

Der Kompaßzug wurde entlang der Peripherie des aufzunehmenden Waldgebietes – Wege, Schneisen o. ä. – geführt. Mit der Rückkehr zum Ausgangspunkt ist eine wertvolle Kontrolle für die Kartierung gegeben. Bestandsgrenzen, Wege oder Gewässer, welche durch das Gebiet

verlaufen, werden bei der Aufnahme an Punkte des Umringes angeschlossen.

Im Beispiel haben drei Beobachter vor der Aufnahme auf einer Vergleichsstrecke (am *Cotta*-Bau in Tharandt) von 100 m Länge ihr Schrittmaß DS bestimmt. Beginnt die Messung im Punkt *1*, so schreitet Beobachter I bis zum nächsten aufzunehmenden Punkt und notiert s_1 = 37 DS = 67 m. Er bleibt in *2* als „Richtungsmann" stehen, und Beobachter II mißt das Azimut *a* = 90°, dann folgt er zum Punkt 2 wobei er s_1 = 38,5 DS = 68 m ermittelt. Auf diese einfache Weise läuft die Aufnahme weiter. Wenn es örtlich günstiger ist, kann anstelle des Vorblickazimutes das Rückblickazimut gemessen werden. Es ist z. B. bequemer, mit Kompaß einen höher gelegenen Punkt anzuzielen als einen tiefer gelegenen.
Aus Bild 4.13 ist die einfache Auswertung praktisch abzulesen. Anstelle der Feldkartierung mittels Kompaß, d. h. Winkelteilung und Anlegekante mit mm-Teilung, kann man natürlich auch den Auftrag häuslich vornehmen. Im ersten Falle hat man sofort in der Örtlichkeit eine Kontrolle, das sollte bedacht werden. Die erforderlichen Signaturen und Beschriftungen sind wichtiger Bestandteil der Kartierung und werden nach den gültigen Vorschriften verwendet.

Waldwegeaufnahme im Maßstab 1:5000

durch Bussolenzug mit Sprungständen und einfachen Wechselpunkten mit Theo 080A (Röhrenbussole)
Bild 4.14 ist zu entnehmen, daß die Bussolenstandpunkte und die Lattenstandpunkte so dem Wegeverlauf „anzupassen" sind, daß dieser maßstabsgerecht repräsentiert wird. Da über die Lattenstandpunkte beim Standpunktwechsel der Bussole die Verbindung zwischen jeweils vorhergehendem und nachfolgendem Instrumentenstandpunkt hergestellt wird, tragen sie die Bezeichnung *Wechselpunkte*. Zwischenpunkte (*1, 2, 3 ... 10 ... n*) wählt man zusätzlich dort aus, wo von einem Standpunkt nicht nur der vorangehende und der folgende Wechselpunkt beobachtet werden können. Das hilft Beobachtungszeit sparen.
Der in der Karte nicht vorhandene Wegeverlauf wird vom Polarkartierblatt (Bild 4.14 b) mittels der Grenzsteine 115 und 97 a „eingepaßt" und „durchgenadelt".

Revier Tharandt 4.02;
Abt. 235

Verm. Form. G5
Bussolenmessung

Seite ....

Datum: 20.10.1977 **Instrument:** Marschkompaß Nr.: **Beobachter:** Vierke **Rechner:** Schütze **Prüfer:** Decker

Stand-punkt	Ziel-punkt	S1 [DS]	S2 [DS]	S1 [m]	S2 [m]	Magnet. Azimut Nord a_N [°]	Magnet. Azimut Süd a_S	Strecke [m]	Höhenunterschied Δh [m]	Höhe H
2	3					8	9	10	11	12
1	1	37	38,5	67	68	90	—	68	—	—
2	2	32	33	58	58	90	—	58	—	—
3	3	40,5	42	74	74	111	—	74	—	—
5	4	55	57	100	100	339	—	100	—	—
6	6	48	48,5	87	86	340	—	86	—	—
7	7	45	43	75	76	340	—	76	—	—
8	8	34,5	35,5	63	63	339	—	63	—	—
9	9	I	III	III	II	—	—	III	—	—
10	10	36	38	64	65	230	—	64	—	—
11	11	14,5	15	26	26	257	—	26	—	—
15	15	8,5	9	15	15	260	—	15	—	—
16	16	10	10,5	18	18	234	—	18	—	—
20	21	50,5	52	89	89	219	—	89	—	—
		III	I	III	I	—	—	I	—	—
21	22	58,5	55,5	100	101	90	—	100	—	—
22	17	62	58	106	105	90	—	105	—	—
1	23	25,5	24	44	44	16	—	44	—	—
23	24	24	22	41	40	45	—	40	—	—
24	25	27	25,5	46	48	45	—	46	—	—
25	26	17	16	29	29	67	—	29	—	—
26	27	6	5,5	10	10	80	—	10	—	—
27	28	9	8	15	15	61	—	15	—	—
28	29	19	18,5	33	34	105	—	34	—	—
29	17	15,5	15	27	27	61	—	27	—	—

Skizze

I: 1DS = 1,82 m   II: 1DS = 1,77 m   III: 1DS = 1,71 m

Lageaufnahme in Abteil. 35
Feldkartierung 1:5000

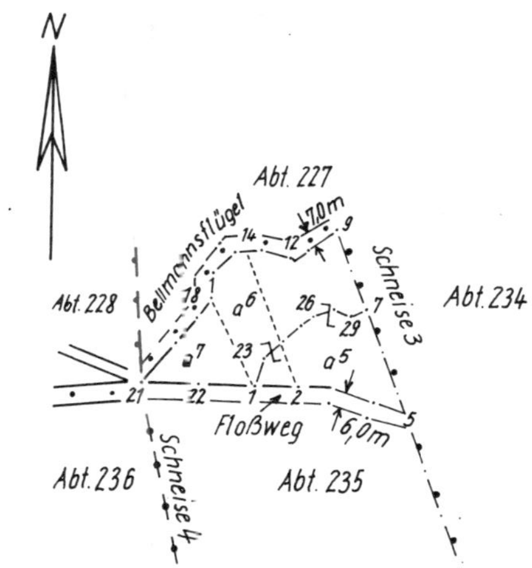

Flößweg   Schneise 3   Bellmannsflügel   Flößweg   Weg

Weg kreuzt   Bestandsgrenze   Bestandsgrenze

Abt. 234
Schneise 3
Abt. 227
Flößweg 16,0 m
Abt. 235
Abt. 228
Schneise 4
Abt. 236
N

Bild 4.13
Feldbuch und Feldkartierung eines Kompaßzuges für Grenzbegehung (Forstgrundkarte 1:5000)

Revier Tharandt
Abt. 220

Verm.-Form. G5
Bussolenmessung

Seite:

Datum: 13.10.1987   Instrument: Theo 080 A   Nr.: 100 32 44
mit Röhrenbussole

Beobachter: Vierke   Rechner: Schütze   Prüfer: Decker

Skizze	Standpunkt / Zielpunkt	Lattenablesung mal Konstante -I / z		Zenitwinkel S [°]	Höhenwinkel α [°]	Magnet. Nord a_N [°]	Azimut Süd a_S	Strecke s [m]	Höhenunterschied Δh [m]	Höhe H
		-I	k=½							
⊞ 125 = B1	B1									
	1	-0,5 / 73,0		101,0	-11,0	88,5		12,5		
	2	-8,6		102,0	-12,0	76,0		8,2		
	3	10,5 / -0,3		83,0	+7,0	278,0		18,5		
	B2.1	38,8 / -0,5		83,0	+7,0	282,0		38,3		
	B3	31,3 / -0,7		98,0	-8,0	141,0		33,5		
	B2.1	-0,5 / 34,2		97,0	-7,0	147,0		23,8		
	4	24,2 / -0,4		84,0	+6,0	296,0		34,1		
	5	34,6 / -1,0		82,0	+8,0	294,5		52,6		
	B4.1	53,7 / -1,7								
	B5	31,3 / -1,1		100,5	-10,5	102,5		30,3		
	B4.1	-0,5 / 15,2		99,0	9,0	96,5		15,1		
	6	75,2 / -1,0		85,5	+4,5	213,0		15,1		
	7	-1,0 / 38,7		80,5	+9,5	204,0		37,7		
	8	51,2 / -1,4		80,5	+9,5	207,5		49,8		
	B6.1									
⊞ 97a = B7	B7	32,6 / -1,1		100,5	-10,5	83,0		31,5		
	B6.1	21,0 / -1,0		103,0	-13,0	97,0		20,7		
	9	-1,0 / 12,0		106,0	-16,0	117,0		11,0		
	10									

Breiter Grund
B1 = 125

Abteil. 220
B2.1
B3
B4.1
B5
B6.1
B7 = 97a
Breiter Grund

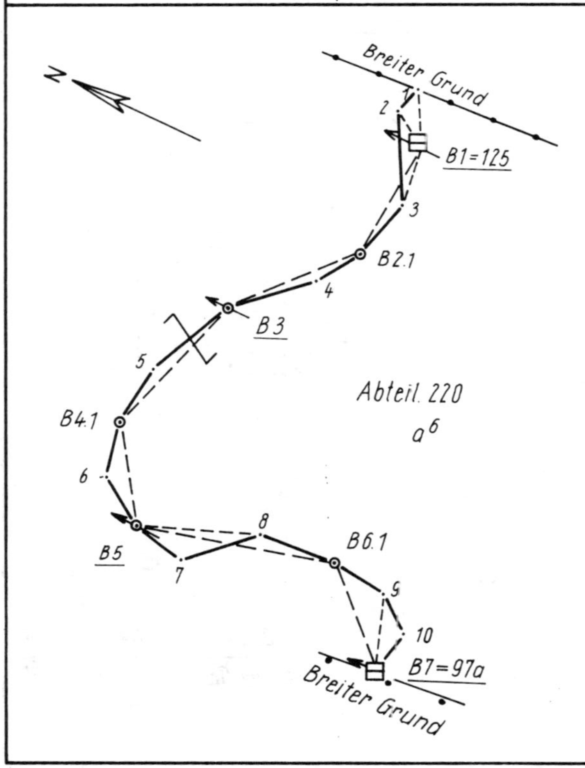

Bild 4.14
Waldwegeaufnahme im Maßstab 1 : 5000

a) Feldbuch;

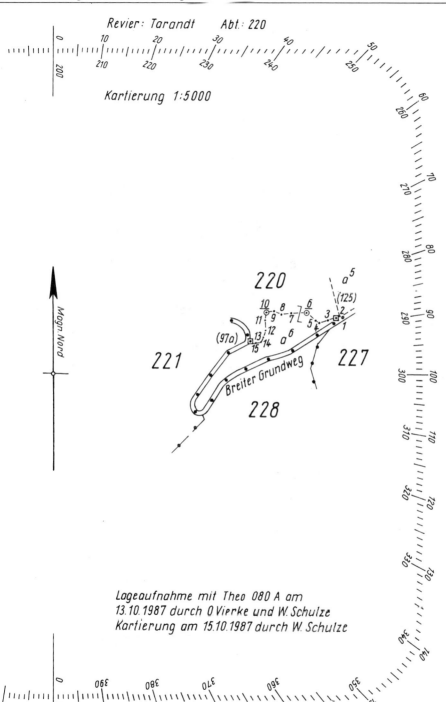

b) Kartierung (Polarkartierblatt)

Revier Tharandt
Abt. 222

Verm. Form. G5
Bussolenmessung

Datum: *12.4.1981* Instrument: *Theo 080 A mit* Nr.: *100 32 44* Beobachter: *Vierke* Rechner: *Schröder* Prüfer: *Schütze*

Skizze	Stand-punkt / Ziel-punkt	⊥ n	Lattenablesung mal Konstante (k·l·s) −(k·l−s) k·l	k ½	Zenit-winkel [gon]	Höhen-winkel [gon]	Magnet. Azimut Nord aN [gon]	Süd aS	Strecke s [m]	Höhen-unter-schied Δh	Höhe H
1	2	3	4	5	6	7	8	9	10	11	12
▣	81	--	--	--	--	--	--	--	--	--	--
	2.1	--	−0,0 20,6	--	99,0	+ 1,0	303,0	--	20,6	--	--
	2.2	--	−0,0 17,0	--	100,0	0 ± 0,0	325,0	--	17,0	--	--
□	3	--	--	--	--	--	--	--	--	--	--
	2.1	--	−0,0 19,7	--	100,0	0 ± 0,0	154,0	--	19,7	--	--
	2.2	--	−0,0 20,1	--	101,0	− 1,0	130,0	--	20,1	--	--
□	4.1	--	−0,0 15,2	--	98,0	+ 2,0	330,0	--	15,2	--	--
	4.2	--	−0,0 13,2	--	100,5	− 0,5	355,5	--	13,2	--	--
□	5	--	--	--	--	--	--	--	--	--	--
	4.1	--	−0,0 29,4	--	99,0	+ 1,0	179,0	--	29,4	--	--
	4.2	--	−0,0 27,8	--	100,5	− 0,5	163,5	--	27,8	--	--
	6.1	--	−0,0 32,4	--	100,0	0 ± 0,0	362,0	--	32,4	--	--
	6.2	--	−0,0 28,6	--	100,5	− 0,5	377,5	--	28,6	--	--
□	13	--	--	--	--	--	--	--	--	--	--
	12.1	--	−0,0 37,2	--	105,0	− 5,0	352,5	--	37,6	--	--
	12.2	--	−0,0 34,0	--	105,5	− 5,5	377,0	--	33,9	--	--
	14.1	--	−0,0 37,8	--	95,5	+ 4,5	151,0	--	37,6	--	--
	14.2	--	−0,0 36,6	--	95,0	+ 5,0	167,0	--	36,3	--	--
▣	78	--	--	--	--	--	--	--	--	--	--
	14.1	--	−0,0 31,2	--	101,0	− 1,0	357,0	--	31,2	--	--
	14.2	--	−0,0 33,9	--	100,5	− 0,5	340,0	--	33,7	--	--

Röhrenlibelle

Skizze

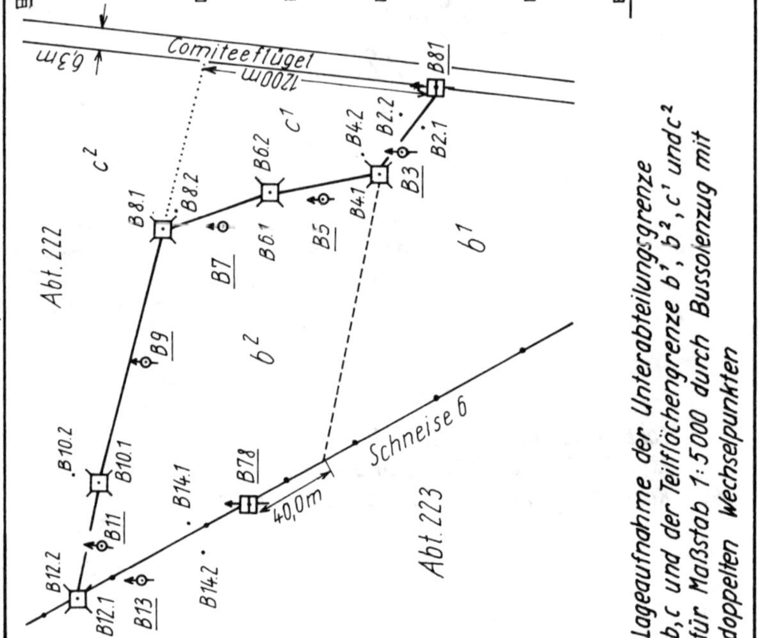

Bild 4.15
Feldbuch einer Bussolenaufnahme für den Maßstab 1 : 5000   *a)* Unterabteilungs- und Teilflächengrenzen;

St.F.B. Tharandt   Revier 4.02 Tharandt Abt. 210
aufgenommen 08.04.87 durch DFl Schulze   Instr. Nr. Theo 080A
Gehilfen Wolf, Grunert   mit Kreisbussole
Stunden

Stand-punkt	Ziel-punkt	Bussolenmessung					Bemerkungen
		Nord-winkel	Süd-winkel	Optische Länge	Neigungs-winkel	Red.-Länge	
103	1	332,8	132,8	70,0	—	70,0	Jagdweg
	2	340,0	140,0	67,5	—	67,5	Jagdweg
	3	88,9	288,9	32,5	—	32,5	Mauerhammer/Weg
	4	78,9	278,9	120,0	—	120,0	Mauerhammer
5	5	274,0	74,0	87,0	—	87,0	Stpkt.5 Mauerhammer
	6	283,3	83,3	35,0	—	35,0	
	7	327,2	127,2	53,0	—	53,0	
	8	356,7	156,7	55,0	—	55,0	
	9	37,2	237,2	37,5	—	37,5	Anteilflächengrenze
	10	65,0	265,0	37,0	—	37,0	
	11	31,0	231,0	60,0	—	60,0	
	12	46,7	246,7	100,0	—	100,0	
	13	70,0	270,0	97,5	—	97,5	
14	118 13	295,5	95,5	42,5	—	42,5	
	118	250,0	50,0	12,5	—	12,5	Sicherheitsstein
	15	161,0	361,0	100,0	4,0	98,2	Schneise 2
	16	250,0	50,0	122,0	6,0	121,3	Schneise 2
17	8	158,3	358,3	110,0	4,0	109,8	
	18	186,7	386,7	105,0	3,0	104,9	
	19	186,7	386,7	77,0	—	77,0	Wirtschaftsweg
	20	246,7	46,7	32,5	—	32,5	
	21	333,0	133,0	85,0	5,0	84,7	
	22	352,8	152,8	95,0	5,0	94,7	
	23	376,7	176,7	115,0	7,0	114,2	
	24	30,0	230,0	35,0	—	35,0	Anteilflächengrenze
	25	126,1	326,1	75,0	—	75,0	
	26	95,5	295,5	120,0	—	120,0	Anteilflächengrenze

Skizze

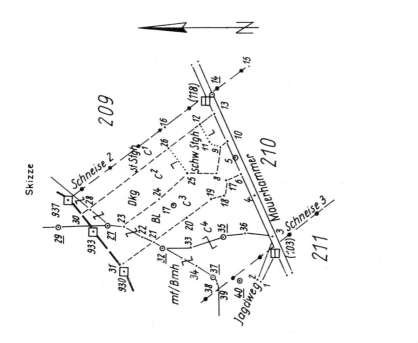

b) wie a), zusätzliche Ergänzung des topographischen Details mittels „Sternverfahren"

● **Aufnahmen von Unterabteilungs- und Teil-**
flächengrenzen für den Maßstab 1:5000

durch Bussolenzug mit Sprungständen und doppelten Wechselpunkten mit Theo 080A (Röhrenbussole).
Dieses Beispiel demonstriert (Bild 4.15 a) ohne nähere Erklärungen das Wesentliche. Selbstverständlich wählt man die aufzunehmenden Grenzpunkte jeweils als Wechselpunkt, damit sie kontrolliert kartiert werden können. Da es sich bei dem Aufnahmegebiet um weitestgehend ebenes Gelände handelt, sind zumeist keine Streckenreduktionen erforderlich. Es bestätigt sich damit die an früherer Stelle mitgeteilte Empfehlung der Forstprojektierung in der früheren DDR, bei kürzeren Strecken und Höhenwinkeln $< 3°$ ($\approx 3,5$ gon) grundsätzlich auf diese Reduktionen zu verzichten bzw. Höhenwinkel erst ab $> 3°$ zu notieren. Eine mit Bild 4.14 b vergleichbare Kartierung bringt keine neuen Erkenntnisse, weshalb darauf verzichtet wird.
In der Forstpraxis ist eine Kombination des Bussolenzuges mit einer polaren Aufnahme zur Ergänzung des topographischen und forstwirtschaftlich interessierenden Details verbreitet, das sogenannte „Sternverfahren" (Variante von „Tharandt"; entspricht dem „polaren Anhängen"). Bild 4.15 b zeigt ein solches Beispiel mit dem in der Forstpraxis meist verwendeten Formular, das sich unbedeutend von dem nach Bild 4.15 a unterscheidet.
Die beiden Messungsvarianten demonstrieren auch die zwei unvollständigen Bussolenzugsarten mit einfachen (Bild 4.15 b) und doppelten (Bild 4.15 a) Wechselpunkten. Zur Erhöhung von Sicherheit und Genauigkeit der Kartierung werden markante Details wie Schneisen- und Wegekreuzungen sowie zusätzliche Sicherheitssteine in die Aufnahme einbezogen.
Beim Bussolenzug nach Bild 4.15 a sind die Grenzpunkte ausschließlich als Wechselpunkte eingeordnet worden. Dagegen erhöht sich beim Sternverfahren durch polare „sternförmige" Aufmessung von Grenz- und anderen Punkten der Anteil der *Zwischenpunkte* beträchtlich. Das ist in Bild 4.15 b zu erkennen. Natürlich setzt diese Art der Aufnahme Sichtfreiheit voraus, wie sie z. B. bei Blößen, Kulturen und Nichtholzboden gegeben ist.
Als Vorteil der zweiten Messungsvariante ist si-

cher die geringe Zahl von Bussolenstandpunkten zu werten. Jedoch ist den Messungen nach den Zwischenpunkten erhöhte Aufmerksamkeit zu widmen, da diese im Zugverlauf bei der Kartierung unkontrolliert bleiben. Grobe Fehler werden natürlich hierbei nicht entdeckt.

● **Wegeaufnahme für den Maßstab 1:1000**
durch einen vollständigen Bussolenzug
mit Theo 080A (Röhrenbussole)

Dieses letzte Beispiel soll die obere Leistungsgrenze forstlicher Bussolenmessungen demonstrieren. Für ein durchzuführendes Wegebauprojekt ist der in Bild 4.16 dargestellte Wegeabschnitt von etwa 180 m so aufzunehmen, daß Grundriß und Aufriß (Längsprofil) im Maßstab 1:1000 kartiert werden können. Ein Blick in Tafel 4.2 zeigt als Orientierungsgröße für die zu erwartende Querabweichung in Zugmitte – wenn wir von $L = 300$ m und $s = 50$ m ausgehen – für $m_a = \pm 0,06$ gon (Röhrenbussole) ein $q = \pm 0,08$ m an. Das bedeutet in zulässiger Näherung die *Größenordnung* „dm" hinsichtlich der zu erwartenden Genauigkeit. Bei nicht zu strenger Betrachtung steht dies im Einklang mit der maßstabsabhängigen und bei Verwendung von Transversalmaßstab und Stechzirkel erreichbaren Kartiergenauigkeit von $\pm 0,1$ bis $0,2$ mm, d. h. ± 1 bis ± 2 dm im Maßstab 1:1000.
Bereits bei der Messung im Gelände muß vergleichsweise zum Vorgehen für den Maßstab 1:5000 mehr Sorgfalt aufgeboten werden. So ist die Instrumentenzentrierung auf etwa ± 5 cm genau mit Schnurlot vorzunehmen. Bei der Entfernungsbestimmung werden wie bisher die mm (Schätzung) an der Latte abgelesen, aber an *beiden* Distanzstrichpaaren. Die reduzierte Streckenlänge ist auf cm zu berechnen, damit ist das erreichbare „dm" gesichert. Dies setzt voraus, daß Höhen- bzw. Zenitwinkel und magnetisches Azimut auf ± 10 mgon abgelesen werden, was der Schätzbarkeit der Anzeige an beiden Teilkreisen des Theo 080A entspricht. Für $s = 50$ m ergibt sich mit $m_a = \pm 10$ mgon nach Gl. (2.2) eine Querverschwenkung von rd. 8 mm, die unbeachtet bleiben kann.
Zur Auswertung in Bild 4.16 nur soviel zur Erklärung. Die Reduktionstafel Tafel 4.1 ist nicht für diese höhere Genauigkeit angelegt. Deshalb kann man sich mit folgender zugeschnittenen

Revier *Tharandt*
Abt. *219 , Weißwangeweg*

Verm. Form. G5
Bussolenmessung   Seite ....

Datum: 20.5.1987   Instrument: *Theo 080 A*   Nr.: 100 32 44   Beobachter: *Wierke*   Rechner: *Schröder*   Prüfer: *Schöne*

mit Röhrenbussole

Skizze

Skizze	Standpunkt / Zielpunkt	⊥ n	Lattenablesung l"..l' / l"=l'-s [m]	(l"-s) [m]	Zenitwinkel ζ [gon]	Höhenwinkel α [gon]	Magnet Nord aN / Süd aS [gon]	Azimut	Strecke s [m]	Höhenunterschied Δh	Höhe H
1	2	3	4	5	6	7	8	9	10	11	12
WW 52 =	B1										
	B2		25.6 / 35.3	-.000 / 27.65	99.52+	0.48	308.19		29.65	Mittel	
							(308.20)		(29.67)		
WW 53 =	B2		24.7 / 51.4	-.001 / 29.90	101.34-	1.34	108.21		29.69		
	B1										
	B3		24.2 / 51.4	-.001 / 29.20	101.12-	1.12	227.83		29.19	Mittel	
							(227.95)		(29.17)		
WW 54 =	B3		24.1 / 51.0	-.000 / 29.95	99.42+	0.58	27.96		29.15		
	B2										
	B4		35.0	-.000 / 37.50	100.69-	0.69	187.27		37.50	Mittel	
							(187.26)		(37.52)		
WW 55 =	B4		37.5 / 53.1	-.005 / 37.60	97.77+	2.23	387.25		37.55		
	B3		32.1 / 65.0	-.002 / 32.00	101.42-	1.48	260.46		32.49	Mittel	
	B5						(260.44)		(32.48)		
WW 56 =	B5		32.5 / 65.0	-.003 / 33.30	98.12+	1.88	60.42		32.47		
	B4		44.7 / 44.0	-.003 / 44.20	98.44+	1.56	268.85		44.77	Mittel	
	B6						(268.84)		(44.78)		
WW 57 =	B6		44.7 / 44.5	-.006 / 44.75	102.28-	2.28	68.83		44.79		
	B5										

Lageaufnahme einer Teilstrecke vom Weißwangeweg für Maßstab 1:1000

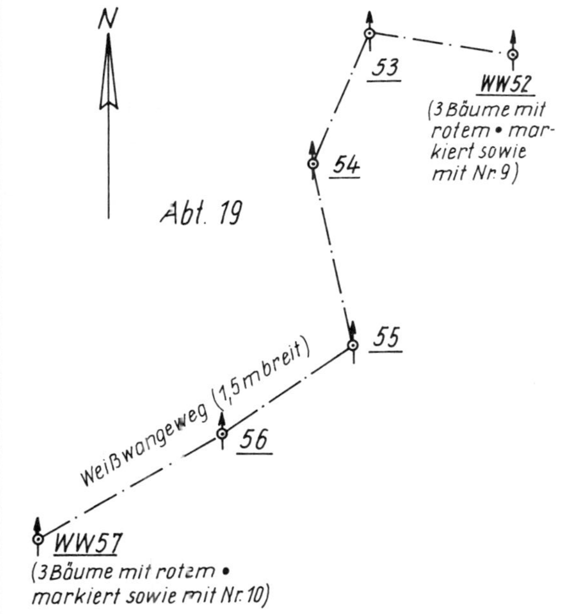

WW 52 (3 Bäume mit rotem • mar-kiert sowie mit Nr. 9)

53   54   55   56

Abt. 19

N

Weißwangeweg (1,5 m breit)

WW 57 (3 Bäume mit rotem • markiert sowie mit Nr. 10)

Bild 4.16
Feldbuch einer Wegeaufnahme für ein Wegebauprojekt im Maßstab 1 : 1000

Größengleichung zur Ermittlung der *Reduktionsbeträge* helfen:

$$s' - s = (k \cdot 1 - s) = \left(\frac{a}{63{,}7}\right)^2 \cdot k \cdot l. \qquad (4.12)$$

$kl - s$ ergibt sich in cm, wenn a in 10 mgon und $k \cdot l$ in hm eingesetzt werden.

Berechnungsbeispiel (aus Bild 4.16)

$$(k \cdot l - s) = \left(\frac{134}{63{,}7}\right)^2 \cdot 0{,}30 \approx 1 \text{ cm.}$$

Die Lageskizze in Bild 4.16 entspricht der maßstäblichen Kartierung und bildet die Grundlage für den Auftrag des Längsprofils. Bei der Behandlung geometrischer Höhenmessungen in Abschnitt 6., also auch des Längsprofiles als einer verbreiteten Anwendung von Nivellements, wird das hier begonnene Beispiel abgeschlossen (s. Bild 6.6).

5. Horizontalwinkelmessung

Nach der Aufstellung des Instrumentes, z. B. des Kleintheodolithen 080A, mittels Stativ, seiner Zentrierung und Horizontierung kann die Messung beginnen. Das zumeist angewandte Beobachtungsverfahren ist die *satzweise Richtungsmessung*. Durch die Messung in zwei Fernrohrlagen werden die Einflüsse von Achsen- und anderen Instrumentenfehlern weitestgehend ausgeschaltet. Der Stehachsenfehler muß gegebenenfalls berichtigt werden, da sein Einfluß nicht eliminiert werden kann.
Der Theodolit steht also meßbereit über dem Punkt S, und es sind die Richtungen bzw. Winkel nach den Zielpunkten P_1 bis P_5 in zwei Sätzen in Uhrzeigersinn zu beobachten (Bild 5.1). Da keine hohe Genauigkeit verlangt wird, dienen die zwei Sätze vor allem der Kontrolle, nicht der Genauigkeitssteigerung. Die folgende Beschreibung des Beobachtungsablaufes bezieht sich auf die Bilder 5.1 und 5.2:

- Teilkreisverstellung auf eine Ablesung zwischen 0,5 gon und 5 gon mittels Repetitionsvorrichtung in Fernrohrlage *1 (F1)* vornehmen
- P_1 anzielen, ablesen (0,38 gon)
- P_2 anzielen, ablesen (117,22 gon)
- P_3 bis P_5 anzielen, ablesen (P_5: 298,80 gon).

Damit ist der 1. Halbsatz beobachtet.

- Fernrohr durchschlagen (damit ist *F2* eingestellt) und Zielpunkt P_5 anzielen, ablesen (98,77 gon)
- P_4 anzielen, ablesen (21,96 gon)
- P_3 bis P_1 anzielen, ablesen (P_1: 200,40 gon).

Damit ist der 1. Satz beobachtet, und der gleiche Ablauf wiederholt sich, nachdem der Horizontalkreis um $\dfrac{200 \text{ gon}}{n}$, also rund 100 gon verstellt wurde, wobei n die Anzahl der Sätze ist. Grundsätzlich erfolgt die Drehung des Theodoliten durch Bewegen des Oberteiles.

Sofort *im Gelände* wird die Berechnung im Formular (Bild 5.2) durchgeführt, um erforderlichenfalls für eine Wiederholungsmessung am Ort zu sein. Zunächst werden die Mittelwerte aus den Beobachtungen in *F 1* und *F 2* gebildet und in Spalte *4* eingetragen. Diese Mittel der einzelnen Sätze sind nicht miteinander vergleichbar, weshalb die reduzierten Mittel (Spalte *5*) gebildet werden. Sie beziehen sich auf die in jedem Satz auf 0,0000 gon reduzierten Anfangsrichtungen. Schließlich trägt man die Gesamtmittel, hier von Satz *1* und *2*, in Spalte *6* ein.
Bei der Kontrolle der Beobachtungsergebnisse ist in Spalte *5* darauf zu achten, daß vergleichbare Werte zwischen zwei Sätzen maximal um den Betrag der kleinsten Teilungseinheit (*Deumlich*), beim Theo 080A also 0,1 gon, differieren dürfen. Ansonsten liegt ein *grober Beobachtungs- oder Rechenfehler* vor. Letztere können aber ausgeschlossen werden, wenn man sich der im Beispiel Bild 5.2 angewendeten Summenproben bedient:
Das Mittel der Summierung Spalte *2* und *3*, nämlich 4,83 muß der ersten Summe in Spalte *4* gleich sein. Subtrahiert man hiervon den n-maligen Betrag der Anfangsrichtung, hier also

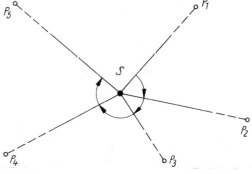

Bild 5.1
Skizze zur Messung von Horizontalwinkeln

Verm.-Form. A1

Richtungsmessung   · Seite ....

| Datum: 28.4.88 | Instr.: Theo 080A Nr.: 1003244 | Beobachter: Schütze | Protokolleur: Decker |

Standpunkt Zielpunkt	Ablesung FI	Ablesung FII	Mittel aus FI und FII oder red. Ablesung FI	Reduziertes Mittel oder red. Ablesung FII	Mittel aus allen Messungen	Bemerkungen
1	2	3	4	5	6	7
						Fehlerrechnung:
						d | dd
S						
P1	0 38	200 40	0 39 00	0 00 00	0 00 00	0,0 | –
P2	66 45	266 48	66 46 50	66 07 50	66 08 00	+0,50 | 0,25
P3	117 22	317 23	117 22 50	116 83 50	116 83 00	-0,50 | 0,25
P4	221 97	21 96	221 96 50	221 57 50	221 56 00	-1,50 | 2,25
P5	298 80	298 77	298 78 50	298 39 50	298 39 00	-0,50 | 0,25
Probe:	4 82	4 84	4 83 00	88 00	86 00	-2,0
			– 95 00			
		4 83	88 00			
S						
P1	100 66	300 64	100 65 00	0 00 00		0,0 | –
P2	166 73	366 74	166 73 50	66 08 50		-0,50 | 0,25
P3	217 48	17 47	217 47 50	116 82 50		+0,50 | 0,25
P4	322 18	122 21	322 19 50	221 54 50		+1,50 | 2,25
P5	399 04	199 03	399 03 50	298 38 50		+0,50 | 0,25
	6 09	6 09	6 09 00	84 00		+2,0 | 6,0
			– 25 00			
		6 09	84 00			

$$[vv] = 6{,}0 - \frac{1}{5}(2^2 + 2^2) = 4{,}4 \quad \text{nach Gl. (5-2)}$$

$$m_{r_0} = \pm \sqrt{\frac{4{,}4}{(2-1)(5-1)}} = \pm 1{,}05 \, [10 \, mgon] = \pm 1{,}05 \, mgon$$

nach Gl. (5-1)

$$m_{r_n} = \pm \frac{m_{r_0}}{\sqrt{n}} = \pm \frac{10{,}5 \, mgon}{\sqrt{2}} = \pm 7{,}4 \, mgon$$

(Mittl. Fehler des Mittels aus n = 2 Sätzen)

Bild 5.2
Beispiel für Beobachtung und Berechnung bei der satzweisen Richtungsmessung

5 · 0,3900 = 0,9500, so erhält man 88,00. Dieser Wert muß mit der Summe der reduzierten Mittel in Spalte 5 übereinstimmen. Schließlich bleibt die Summe von Spalte 6, die dem Mittel der Satzsummen in Spalte 5 gleich sein muß. Sicher wird nur im Ausnahmefall bei den hier zu behandelnden Richtungsbeobachtungen niederer oder mittlerer Genauigkeit ein Nachweis der Genauigkeit verlangt sein. Für diesen Fall sei am Beispiel der Messungsergebnisse in Bild 5.2 das notwendige Vorgehen gezeigt:
In Anlehnung z. B. an *Reißmann*, Die Ausglei-

chungsrechnung, erhält man den mittleren Fehler einer in einem Satz, d. h. in 2 Fernrohrlagen gemessenen Richtung nach

$$m_{r_0} = \pm \sqrt{\frac{[vv]}{(n-1)(s-1)}} \qquad (5.1)$$

mit n der Satzzahl und s Anzahl der Zielpunkte. In unserem Beispiel werden also $n = 2$ und $s = 5$. Die Größe $[vv]$ folgt aus

$$[vv] = [dd] - \frac{1}{s} \sum [d^2]. \qquad (5.2)$$

Im Zahlenbeispiel ist die Anwendung ausreichend demonstriert, und es wird auf die nähere Behandlung des theoretischen Hintergrundes verzichtet.
Das Resultat $m_{r_0} = \pm 10{,}5$ mgon (bzw. $m_{r_M} = \pm 7{,}4$ mgon) entspricht nicht der Erwartung, d. h. dem vom Hersteller genannten $m_{r_0} = \pm 4{,}5$ mgon. Sicher mangelte es bei der Beobachtung an der nötigen Sorgfalt. Zum anderen wird jedoch die erreichte Genauigkeit den meisten forstwirtschaftlichen Anwendungen genügen. Wenn nicht, ist die Messung mit größerer Sorgfalt zu wiederholen.
Dieses Ergebnis steht in einem gewissen Widerspruch zu der obigen Bemerkung, daß vergleichbare Werte (Spalte 5) um nicht mehr als die kleinste Teilungseinheit differieren sollen. Diese Empfehlung gestattet ebensowenig wie jene, die etwa die 3fache Ablesegenauigkeit (Zill) zuläßt, die Erreichung von m_{r_0}, beim Theo 080A also $\pm 4{,}5$ mgon. Die 3fache Ablesegenauigkeit beträgt hier 0,3 gon und die 3fache Schätzgenauigkeit 30 mgon. Im Beispiel Bild 5.2 werden 30 mgon nur einmal bei vier Werten erreicht (221,5750 gon, 221,5450 gon) und $m_{r_0} = \pm 10{,}5$ mgon $\rangle \pm 4{,}5$ mgon. Diese „kleine

Fehlerdiskussion am Rande" ist sicher für den weniger Geübten instruktiv. Muß oder will man die vom Instrumententyp her höchstmögliche Genauigkeit ausschöpfen, dann dürfen die bereits mehrfach zitierten vergleichbaren reduzierten Mittel um maximal den Betrag der Schätzgenauigkeit differieren. Wenn also im Beispiel Bild 5.2 der Richtungsbetrag für P_4 im 2. Satz 221,5650 gon wird, so fällt m_{r_0} auch noch zu groß aus mit dem Betrag $m_{r_0} = \pm 6{,}3$ mgon bzw. $m_{r_M} = \pm 4{,}5$ mgon. Es dürften also zur Einhaltung von $m_{r_0} = \pm 4{,}5$ mgon beim Theo 080A die Beträge höchstens um 10 mgon voneinander abweichen.
Je nach den Genauigkeitsansprüchen im jeweiligen Anwendungsfall kann also der Beobachter die „Schärfe seiner Kontrolle" steuern.
Abschließend sei die Richtungsmessung in Halbsätzen angeführt, die bei geringeren Genauigkeitsansprüchen, z. B. bei der Messung der Brechungswinkel im Polygonzug, Anwendung finden kann. Der Messungsablauf ist dem oben beschriebenen sehr ähnlich. Es wird lediglich nach dem Durchschlagen des Fernrohres der Horizontalkreis um wenige gon verstellt, um veränderte Ablesungen zur Kontrolle zu erhalten. Im Formular werden dann in den Spalten 4 und 5 die Ablesungen von F 1 und F 2 (Spalten 2 und 3) getrennt reduziert, so daß diese vergleichbar sind. Das Mittel wird ebenso wie bei der Messung in Vollsätzen in Spalte 6 eingetragen. Zwei Halbsätze bieten Sicherheit gegen grobe Ablese- und Rechenfehler.
Vergleichbare Theodolite (ähnliche Genauigkeit) wie z. B. Th 51 (Carl Zeiss Oberkochen), TEKAT (F. W. Breithaupt & Sohn Kassel) oder BTF (Ertel-Werk München) werden sinngemäß gehandhabt.

6. Höhenmessungen

Je nach Aufgabenstellung werden Höhen als absolute (NN, HN.) oder relative Höhen ermittelt (vgl. Abschn. 2.1.2). Diese erhält man – außer bei der barometrischen Höhenbestimmung – aus den gemessenen Höhenunterschieden.

In der Geodäsie sind folgende Meßverfahren bzw. -prinzipien zur Höhenmessung im Einsatz:

1. Geometrische Höhenmessung (Nivellement)

Es ist das gebräuchlichste Verfahren zur Höhenbestimmung *begehbarer Meß-* bzw. Objektpunkte. Benötigt werden eine horizontale optische Ziellinie (Nivellierinstrument) und ein vertikaler Maßstab (Nivellierlatte). Erreichbar sind je nach Instrumententyp und Meßverfahren Genauigkeiten von wenigen Zehntelmillimetern bis zu einigen Millimetern.

2. Trigonometrische Höhenbestimmung

Mittels Theodolit oder Bussole (mit Vertikalkreis) erhält man den Höhenunterschied zwischen Stand- und Zielpunkt (bezogen auf den Instrumentenhorizont) über die einfache Beziehung

$$\Delta h = s \cdot \tan a = s \cdot \cot \zeta. \qquad (6.1)$$

Gemessen werden der Höhenwinkel a bzw. Zenitwinkel ζ, und die Horizontalstrecke s ist je nach Aufgabensituation bekannt oder wird in geeigneter Weise ebenfalls gemessen. Bevorzugt wird dieses Verfahren bei unzugänglichen Punkten, meist Hochpunkten und bei tachymetrischen Geländeaufnahmen. Auch hier kann die Bestimmungsgenauigkeit in weiten Grenzen streuen, etwa zwischen der Größenordnung Zehntelmillimeter und Dezimeter (Baumhöhen z. B.).

Barometrische und mechanische Höhenbestimmungen sowie hydrostatische Präzisionshöhenunterschiedsmessungen sind für die Forstwirtschaft kaum von Bedeutung. Deshalb wird hierzu auf geodätische Standardliteratur verwiesen.

Mit dem Bezug auf forstwirtschaftliche Anwendungen wird vor allem das Nivellement behandelt. Mit gebotener Kürze werden auch noch einmal die trigonometrischen Höhenbestimmungen behandelt.

6.1. Geometrische Höhenmessung (Nivellement)

Jede absolute Höhenbestimmung muß an Festpunkte (Höhenbolzen HB) anschließen. Diese sind örtlich in der Hierarchie der staatlichen Nivellementsnetze verschiedener Ordnungen gegeben. Im städtischen und industriellen Bereich sind sie meist durch Höhenbolzen aus Gußeisen an Gebäudesockeln dauerhaft vermarkt. In unbebauten Gegenden werden Pfeiler mit Höhenbolzen angelegt, und im Forst sind Dränrohre (Oberkante) oder Grenzsteine beliebte und bewährte Höhenfestpunkte „für den täglichen Bedarf", nämlich für Detailmessungen.

Amtliche Höhenverzeichnisse enthalten die NN- bzw. HN.-Höhen, die der Anwender im Bedarfsfall bei den staatlichen Vermessungsdienststellen erhält.

6.1.1. Instrumente und Geräte

Nivellierinstrumente sind mit einer Vorrichtung zur horizontalen Ausrichtung ihrer Zielachse ausgestattet. Als solche Vorrichtung finden Libellen und Kompensatoren Anwendung. Letztere sind optische Bauelemente wie z. B. Linsen, Prismen oder Strichkreuze, die, pendelnd in den Strahlengang eingeordnet, infolge der Schwerkraftwirkung eine automatische Neigungskompensation bewirken. Im Vergleich zur früher beschriebenen Horizontierung von Theodolit und Bussole mittels Libelle, die nunmehr entfällt, ist die höhere Effektivität von Kompensatorinstrumenten erkennbar. Es ist, wie noch gezeigt wird, lediglich eine Grobhorizontierung mittels Dosenlibelle notwendig. Aus diesem Grunde gewinnen auf dem internationalen Instrumentenmarkt die Kompensatornivelliere gegenüber den Libellennivellieren zunehmend an Bedeutung. So enthielt das Angebot der Nivellierreihe von Carl Zeiss JENA vier Kompensator- und ein Libelleninstrument. Dieses ist, wohlüberlegt, für Nivellements z. B. auf Großbaustellen oder in Werkhallen, wo anhaltende Erschütterungen zu erwarten sind, vorgesehen. Vibrationen nahe dem Instrumentenstandort erschweren die Ablesungen bei Kompensatorinstrumenten.

Wie die Theodolite, so werden auch die Nivelliere hinsichtlich ihrer Meßgenauigkeit eingeteilt. So unterscheidet man (nach *Deumlich*):

Nivelliere
höchster Genauigkeit $\leq 0,5$ mm/km
sehr hoher Genauigkeit ≤ 1 mm/km
hoher Genauigkeit ≤ 3 mm/km
mittlerer Genauigkeit ≤ 10 mm/km
niederer Genauigkeit > 10 mm/km.

Als Genauigkeitsmaß wird international der für das Nivellement charakteristische „mittlere Fehler für 1 km Doppelnivellement" ausgewiesen. Das ist der mittlere Fehler des beliebig großen Höhenunterschiedes zweier 1 km voneinander entfernt gelegener Punkte, der zweimal (im Hin- und Rückgang) bestimmt wurde. Hiernach führte Carl Zeiss JENA die Bezeichnungen seiner Nivelliere, die als Orientierung für die unter normalen äußeren Bedingungen erreichbare Meßgenauigkeit aufzufassen sind:

Präzisionskompensatornivellier Ni 002
Kompensatornivellier Ni 005
Libellennivellier Ni 021A
Kompensatornivellier Ni 020A
Kompensatornivellier Ni 040A.

Diese Instrumentenbezeichnung drückt den bereits erwähnten mittleren Kilometerfehler in Zehntelmillimeter aus, d. h., mit dem Ni 040A kann ein solcher von ± 4 mm erreicht werden. Ist ein Nivellementsweg abweichend von der

Bezugslänge 1 km zu beobachten, so ergibt sich unter Beachtung des Fehlergesetzes der mittlere Fehler des doppelt beobachteten Höhenunterschiedes im Nivellement zu

$$m_{\Delta h} = m_{km}\sqrt{L}. \qquad (6.2)$$

Wird L in km eingesetzt, erhält man z. B. für einen Nivellementsweg von 400 m mit dem Ni 040A $m_{\Delta h} = \pm 4$ mm $\sqrt{0,4} = \pm 2,5$ mm als Erwartungswert.

Da hier keine geodätischen Grundlagenmessungen behandelt werden, stehen im wesentlichen Aufgaben mittlerer Genauigkeit im Blickfeld. Damit ist das Ni 040A (und Geräte etwa dieser Meßgenauigkeit, z. B. auch das nicht mehr gefertigte, aber noch verbreitet im Einsatz befindliche Kompensatornivellier Ni 050) für die weiteren Betrachtungen abgehoben. Auch die Nivelliere BNA (Ertel-Werk, München) und GK1 (Kern & Co AG, Aarau) können hier eingereiht werden.

- *Kompensatornivellier Ni 040A (Bild 6.1)*

Dieses Nivellier zeichnet sich durch seine Handlichkeit und Robustheit, schnelle Meßbereitschaft sowie Zuverlässigkeit im Einsatz (Kompensator!) aus. Bild 6.1 zeigt das Ni 040A auf Stativ, das dürfte in der Forstwirtschaft die ausschließliche Aufstellungsvariante sein. Erkennbar sind das Fernrohrobjektiv und zwei Bedienungsrändel am Instrument. Das obere ist der Triebknopf für die Fokussierung, die Scharfeinstellung des Zieles im Fernrohrsehfeld. Das untere ist einer von zwei Bedienungsknöpfen (der linke ist im Bild verdeckt) für den endlosen Seitenfeintrieb, die in Verbindung mit einer Rutschkupplung die schnelle Ausrichtung des Instrumentes auf die Latte bewirken. Zwei kleine strichförmige Wülste auf der Oberseite des Griffes dienen als Grobvisier. Anstelle der Fußschrauben ist das Instrument mit einem Keilscheibenpaar für die Vorhorizontierung ausgerüstet. Zwei Griffe, einer ist vorn rechts sichtbar, dienen der Drehung der Keilscheiben. Der verwendete Kompensator wird vom Hersteller als Vertreter „der neuen Generation bezeichnet, der robust und äußerst unempfindlich gegen Erschütterungen ist und in Sekundenbruchteilen die Feinhorizontierung übernimmt".

Abschließend noch einige wichtige Daten für den Anwender:

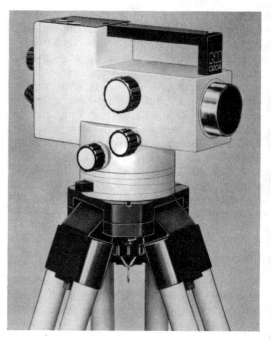

Bild 6.1
Kompensatornivellier Ni 040A von Carl Zeiss JENA
(Foto: Carl Zeiss JENA)

Bild 6.2
Kompensatornivellier Ni 020A von Carl Zeiss JENA
(Foto Carl Zeiss JENA)

• Fernrohr
- Bildlage   aufrecht und
                              seitenrichtig
- kürzeste Zielweite   0,4 m
- Multiplikationskonstante k 100
- Additionskonstante c 0
• Arbeitsbereich des Kompensators $\pm$ 30′
• Teilkreis (auf Wunsch)
- Teilungsintervall   1 gon (1°)
- Schätzung der Ablesung   0,1 gon (10′)
• Masse (kg)
- Instrument   1,5
- Stativ   5,0

Das Ni 020A (Bild 6.2) ist in seiner Handhabung dem Ni 040A nahezu gleich, jedoch von höherer Meßgenauigkeit ($\pm$ 2 mm/km). Im Bild wird eine Ausführungsvariante mit Teilkreis gezeigt. Das ist an dem unteren Triebknopf (Teilkreisverstellung) sowie dem geneigt angeordneten Mikroskopokular für die Teilkreisablesung erkennbar. Je nach Aufgabenstellung könnte auch dieses Instrument im Forst zum Einsatz gelangen.

• *Nivellierlatten und Zubehör*

Als Hilfsmittel zur Streckenmessung bei der Bussolenmessung wurde die einfache Holz-Nivellier-Klapplatte (4 m/2 m) bereits vorgestellt (s. Bild 4.9). Hinsichtlich Länge und zusätzlichen Teilungsangaben sind verschiedene Varianten im Lieferangebot. Zum Beispiel ist bei einer Variante von Carl Zeiss JENA der in Bild 4.9 gezeigten E-Teilung jeder cm beziffert, wodurch „das Abzählen" entfällt. Nicht nur aus Jena werden außerdem Latten in Leichtbauweise (Wabenform) angeboten, was jeder Nutzer dankbar zur Kenntnis nimmt.
Zum Senkrechtstellen der Latte wird, wie bei der Bussolenmessung, eine fest mit der Latte verbundene oder als „Lattenrichter" gefertigte, abnehmbare Dosenlibelle verwendet.
Lattenuntersätze dienen der sicheren Lattenaufstellung über Wechselpunkten (s. Abschnitte 4.3.4., 4.3.7. sowie 6.1.3.) auf weichem, nachgiebigem Untergrund. Die kurzen Spitzen dieser gußeisernen, schweren Platten werden in den Erdboden eingetreten. Auf der Oberseite befin-

det sich ein Bolzen mit halbkugelförmigem Abschluß zum sicheren Aufstellen der Latte.

6.1.2. Prüfung und Berichtigung eines Kompensatornivellieres vom Typ Ni 040A und Ni 020A

Prüfung und Berichtigung eines Nivellierinstrumentes sind in erster Linie von der konstruktiven Lagerung des Fernrohres (fest, kippbar, um Längsachse wälzbar) sowie der Vorrichtung zur Horizontierung (Libelle, Kompensator) abhängig. Die folgenden Erläuterungen gelten auch für das in der Praxis noch verbreitet anzutreffende Kompensatornivellier Ni 050 von Carl Zeiss JENA.
Der eigentlichen Prüfung geht natürlich die Instrumentenaufstellung auf dem Stativ voraus. Dabei ist äußerste Sorgfalt beim Herausnehmen des Instrumentes aus dem Transportbehälter zu wahren, und es sind alle Schutzarretierungen im Behälter vorher zu lösen. Nach dem Aufsetzen des Gerätes ist die Verbindung zwischen Stativ und Nivellier mit Hilfe der Anzugschraube sofort zu sichern. Bis auf das Horizontieren sind die bei Bussole und Theodolit gezeigten, der eigentlichen Messung vorausgehenden Handhabungen (Abschn. 4.3.2.) hier die gleichen.
Eine Zentrierung ist für das Nivellement nicht erforderlich.

Deshalb sind nur folgende Arbeitsschritte näher zu erläutern

– Horizontierung mittels Keilscheibenpaar
– Prüfung der Dosenlibelle und
– Prüfung der Ziellinie

• *Horizontierung mittels Keilscheibenpaar*

Die beiden Griffe werden in zueinander diametraler Stellung so lange gedreht, bis der Ausschlag der Dosenlibelle senkrecht zur Verbindung beider Griffe verläuft. Nun werden beide Griffe gegeneinander so weit gedreht, bis die Libellenblase einspielt. Damit ist rasch und einfach die Grobhorizontierung vollzogen. Innerhalb des Einspielbereiches der Dosenlibelle, der kleiner als der Arbeitsbereich des Kompensators sein muß, bewirkt dieser unverzüglich

selbsttätig die Feinhorizontierung der Zielachse.

• *Prüfung der Dosenlibelle*

Ist das Einspielen der Blase erreicht, dreht man das Instrumentenoberteil um 200 gon. Sollte sich wider Erwarten ein Ausschlag der Libelle zeigen, so wird dieser je zur Hälfte mit dem Keilscheibenpaar bzw. den Justierschrauben der Dosenlibelle beseitigt.
Achtung: Moderne Instrumente sind durch ihre geschlossene Bauweise und die präzise Fertigung wenig störanfällig gegen Dejustierung. Deshalb sollte, vor allem von Anfängern, sehr sorgfältig das Ergebnis der Prüfung kontrolliert werden, ehe eine Justierung vorgenommen wird.

• *Prüfung der Ziellinie*

Der horizontale Verlauf der Ziellinie wird auf folgende Weise geprüft (Bild 6.3): Man wählt zwei sichere Lattenstandpunkte A und B etwa im Abstand von 60 bis 70 m. „Sicher" heißt z. B. Kennzeichnung der Punkte mittels Signierkreide auf Bordstein oder Straßenpflaster bzw. Benutzung von zwei fest in den Boden eingetretenen Lattenuntersätzen. Mit dem Nivellier stellt man sich nun in der Mitte ($s_A \approx s_B$ in I_1 auf. Die Entfernung wird durch Abschreiten oder mittels Distanzstriche ausreichend genau ermittelt. Auf A wird nun die Latte gebracht und dort die Ablesung a_1 vogenommen. Sofort wechselt die Latte ihren Standort und wird nach Punkt B gebracht, wo b_1 abgelesen wird. Bild 6.3 verdeutlicht, daß bei *gleichen* Entfernungen $s_A \approx s_B$ mit der Differenz

$$a_1 - b_1 = \Delta h \qquad (6.3)$$

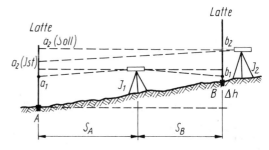

Bild 6.3
Prüfung eines Nivellierinstrumentes

stets der *fehlerfreie* Höhenunterschied erhalten wird, da durch die Differenzbildung der in a_1 und b_1 enthaltene gleichgroße Fehleranteil (Bild: Abstand von a_1 bzw. b_1 zur horizontalen fehlerfreien Ablesung) eliminiert wird.

Jetzt wechselt das Nivellier zum Standort I_2, möglichst nahe der Latte in B, damit man die Ablesung b_2 in B_2 auf jeden Fall fehlerfrei erhält. Dabei ist die kürzeste Zielweite zu beachten, beim Ni 040A sind es z. B. 0,4 m oder beim Ni 050 etwas mehr als 0,9 m. Es leuchtet wohl ein, daß der Höhenunterschied zwischen A und B Δh, von beiden Instrumentenstandorten I_1 und I_2 gleich groß sein muß. Also kann nach bisherigem Verlauf mit dem fehlerfreien Δh nach Gl. (6.3) und der fehlerfreien Ablesung b_2 die *fehlerfreie Soll-Ablesung a_2* aus dem einfachen Ansatz berechnet werden

$$a_1 - b_1 = a_2 - b_2$$
$$a_2 = (a_1 - b_1) + b_2 . \qquad (6.4)$$

Auf I_2 mit dem Instrument verbleibend, muß nun an der Latte in A abgelesen werden. Weicht dieser Wert um mehr als 2 mm von a_2 ab, wird das Instrument justiert. Dazu wird die Fernrohrstrichplatte (Verschlußkappe am Okular abschrauben) mit Hilfe der Justierschrauben vertikal von der Ist-Ablesung bis zum Erreichen der Ablesung a_2 verschoben. Zur Kontrolle wird die Prüfung wiederholt.

Hierzu ein Zahlenbeispiel:

$a_1 = 2,062$ m
$\underline{b_1 = 0,875\ \text{m}}$
$\overline{\Delta h = 1,187\ \text{m}}$
$\underline{b_2 = 1,963\ \text{m}}$
$a_2\ = 3,150$ m (Sollwert)
$a_2\ = 3,152$ m (Ablesung; Istwert),
d. h., es ist keine Justierung nötig.

6.1.3. Verfahren und Anwendungen der Höhenbestimmung mit dem Nivellierinstrument

Bild 6.3 demonstriert neben der Instrumentenprüfung auch das Grundprinzip des geometrischen Nivellements. Hier wird *ein einzelner* Höhenunterschied bestimmt. Eine solche Aufgabenstellung wird in der Praxis höchst selten vorliegen. In den meisten Fällen wird sich die Höhenbestimmung über einen längeren Weg erstrecken und somit die Beobachtung auf mehreren Instrumentenstandorten erfordern.

Von einem *Höhenanschluß* (vgl. Abschn. 6.1) ausgehend, müssen die der jeweiligen Aufgabenstellung angepaßten weiteren Höhenmessungen durchgeführt werden. Ein Beispiel für einen solchen Nivellementszug veranschaulicht Bild 6.4.

Unter Beachtung der Erstreckung des Nivellementszuges ergibt sich mit den Bezeichnungen in Bild 6.4 Gl. (6.3)

$$\Delta h = r - v \qquad (6.3a)$$

oder verbal ausgedrückt:
Höhenunterschied = Rückblick minus Vorblick

Nivellementszug (Bild 6.4)

Zwischen den Höhenfestpunkten A und B sind weitere Punkte höhenmäßig zu bestimmen. Dazu wird die „Grundaufgabe" (s. Bild 6.3.) so oft auseinandergefügt, wie es die Strecke des Nivellementsweges zwischen A und B erfordert. Dabei ist darauf zu achten, daß die Zielweiten keinesfalls 50 m überschreiten, wenn Millimeterschätzung an der Latte notwendig ist. Selbstverständlich setzen Geländeneigung und Sichtverhältnisse oft engere Grenzen. Wichtig ist

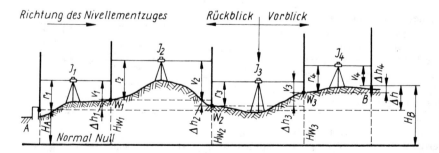

Bild 6.4
Prinzipskizze Nivellementszug (nach *Zill*)

welter, daß je Instrumentenstandpunkt *etwa gleiche* Zielweiten für den zugehörigen Vor- und Rückblick eingehalten werden, um Restfehlereinflüsse minimal zu halten (s. Abschn. 6.1.2.). Die Lattenbeobachtungen von allen Instrumentenstandpunkten I_i aus sind über die Wechselpunkte W_i verbunden, d. h. durch den Vorblick vom vorhergehenden sowie den Rückblick vom folgenden Instrumentenstandpunkt. Die Beobachtungen des Nivellementszuges laufen folgendermaßen ab:

- Nivellier auf I_1, Latte auf A: Ablesung r_1
-       I_1, W_1: v_1
-       I_2, W_1: r_2
-       I_2, W_2: v_2
- usw.

Geometrisch sind alle Beziehungen für die Berechnung der gesuchten Höhen in Bild 6.4. ablesbar:

$$\Delta h_1 = r_1 - v_1$$
$$\Delta h_2 = r_2 - v_2$$
$$\cdot \quad \cdot \quad \cdot$$
$$\cdot \quad \cdot \quad \cdot$$
$$\cdot \quad \cdot \quad \cdot$$
$$\Delta h_n = r_n - v_n$$

$$\Delta h = \Delta h_1 + \Delta h_2 + \Delta h_3 + \ldots \text{(Gesamthöhen-unterschied)}$$

oder

$$\Delta h = \sum_{i=1}^{i=n} r_i - \sum_{i=1}^{i=n} v_i \qquad (6.5)$$

Damit ergibt sich auch

$$H_B = H_A + \Delta h \text{ und weiter folgt für} \qquad (6.6)$$

die Höhen der Wechselpunkte

$$H_{W_1} = H_A + \Delta h_1$$
$$H_{W_2} = H_{W_1} + \Delta h_2 \qquad (6.7)$$
usw.

Sind schließlich die Höhen der Instrumentenhorizonte gefragt, erhält man sie ebenso auf einfache Weise nach

$$H_{I_1} = H_A + r_1$$
$$H_{I_2} = H_{W_1} + r_2 \qquad (6.8)$$
usw.

Die Meßwerte werden in ein Formular eingetragen, in dem sofort im Gelände zumindest die Messung nach Gl. (6.5) kontrolliert wird. Ein solches Messungs- und Berechnungsbeispiel ist im oberen Teil von Bild 6.5 enthalten. Außer der gestreckten Zugform – wie in Bild 6.4 – gibt es die Nivellementsschleife, bei welcher die Messung zum Ausgangspunkt zurückkehrt. Diese beiden Zugformen lassen sich grob mit den Polygonzügen nach Bild 3.1 vergleichen. Der Soll-Höhenunterschied der erstgenannten Zugform ist nach Umstellung von Gl. (6.6)

$$\Delta h = H_B - H_A \text{ und mit den Eintragungen in}$$
Bild 6.5
$$\Delta h = H_{(HB\ 648)} - H_{(HB\ 651)}$$
$$= 189{,}759 \text{ m} - 187{,}462 \text{ m} = +2{,}297 \text{ m}.$$

Aus den Beobachtungen folgt gemäß Gl. (6.5) der Ist-Höhenunterschied, in unserem Beispiel also

$$\Delta h = 12{,}218 \text{ m} - 9{,}913 \text{ m} = +2{,}305 \text{ m}.$$

Zur Kontrolle wird die Differenz „Soll- minus Ist-Höhenunterschied" mit einem *zulässigen Abschlußfehler* verglichen. Dieser ist als zulässige Abweichung des gemessenen Höhenunterschiedes vom Soll-Höhenunterschied definiert. In Abhängigkeit von der jeweiligen Aufgabenstellung gab es in der früheren DDR dafür verschiedene Genauigkeitsstufen (Gst.). Den forstwirtschaftlichen Belangen dürften i.d.R. folgende Forderungen auch heute noch genügen:

Gst.3: $v_{\Delta h_{[mm]}} = 15\sqrt{l_{[km]}}$ bzw.   (6.9a)

Gst.4: $v_{\Delta h_{[mm]}} = 30\sqrt{l_{[km]}}$ (6.9b)

Nach Gst. 3 ergibt sich hiermit im gegebenen Beispiel für die Zuglänge $L = 522$ m $\approx 0{,}5$ km ein $v_{\Delta h} = 15\sqrt{0{,}5} \approx 11$mm.

Ist, wie in diesem Falle, der tatsächliche Abschlußfehler mit $+ 2{,}305$ m $- 2{,}297$ m $= + 0{,}0008$ m kleiner als der entsprechende zulässige Wert (11 mm), wird er mit umgekehrten Vorzeichen als Verbesserung gleichmäßig auf die Rückblicke verteilt (ohne aber Zehntelmillimeter als Rechengröße einzuführen, Bild 6.5). Erst danach berechnet man unter Berücksichtigung der Verbesserung die Höhenunterschiede (Spalte *4*) und die endgültigen Höhen (Spalte *5*). Hierbei ergibt sich folgende Kontrolle für alle berechneten Punkthöhen: Am Schluß muß sich die bekannte Sollhöhe (HB 648: 189,759 m) ergeben.

Zur besseren Übersicht sind die Zahlenwerte für *r* und *v* zum gleichen Wechselpunkt nicht

Nivellementszug ....　　　Verm.–Form. F1
Nivellementsschleife ....　　**Nivellement**　　　　Seite ....

Datum:**3.3.88** Beobachter:*Vierke* Datum:**3.3.88** Rechner:*Vierke* Datum:**4.3.88** Prüfer:*Schütze*

Instr.:*Ni040A* Nr.:*000530*			Höhenunterschied Δh	Höhe über H.N.	Punkt		Bemerkungen
Ablesung					Nr.	Lagebeschreibung	Entfernung [m]
r	z	v					
1	2	3	4	5	6		7
2.419				187.462	HB651	Bonnewitz, Dorfstr.17	42
		0.546	+1.872	189.334	W₁		42
3.418					W₁		49
		0.214	+3.203	192.537	W₂		49
1.579					W₂		51
		1.436	+0.142	192.679	W₃		51
1.389					W₃		22
		1.643	−0.255	192.424	HB720	Robinienstr.8	22
1.564					HB720		19
		1.665	−0.102	192.322	W₄		19
0.985					W₄		52
		2.136	−1.153	191.169	W₅		52
0.864					W₅		26
		2.273	−1.410	189.759	HB648	Bergstr.37	26
12.218		9.913					522

$\sum r - \sum v = +2{,}305\,\mathrm{m}$
$\text{Soll} - \Delta h = +2{,}297\,\mathrm{m}$
$\text{Abschlußf.} = +0{,}008\,\mathrm{m} < V_{\Delta h\,zul.} = 11\,\mathrm{mm}$

r	z	v	Δh	H.N.	Nr.	Lagebeschreibung	Entf.
1.496				183.123	HB1865	Tannenweg 3 b	45
		2.387	−0.890	182.233	W₁		45
0.085					W₁		51
		1.994	−1.908	180.325	W₂		51
0.763					W₂		48
	0.94		−0.176	180.15		Einsteigschacht	
		2.076	−1.312	179.013	W₃		48
3.764					W₃		24
	2.055		+1.711	180.724	HB776	Berglehn 14	
	1.34		+2.426	181.44		Einsteigschacht	
		0.041	+3.725	182.738	W₄		24
3.901					W₄		36
		0.113	+3.789	186.527	W₅		36
0.148					W₅		41
		3.553	−3.404	183.123	HB1865		41
10.157		10.164					490

$\sum r - \sum v = \text{Abschlußfehler} = -0{,}007\,\mathrm{m} < V_{\Delta h\,zul.} = 10{,}5\,\mathrm{mm}$

Bild 6.5
Messungs- und Berechnungsbeispiel für Nivellementszug und Nivellementsschleife (mit Zwischenablesungen)

auf einer Zeile, sondern nacheinander aufgeschrieben. Darauf verzichtet der geübte Praktiker.
Ein zweites Beispiel in Bild 6.5 bezieht sich auf die Nivellementsschleife. Die einzige Besonderheit im Vergleich zum gestreckten Zug ist, daß die umgestellte Gl. (6.6) hier Null ergeben muß. Dieses Beispiel enthält auch einige Zwischenablesungen. Dies ist dann sinnvoll, wenn vom jeweiligen Instrumentenstandpunkt neben den Wechselpunkten weitere Punkte zur Höhenbestimmung erfaßt werden können. Auf diese

Weise werden keine zusätzlichen Instrumentenaufstellungen erforderlich. Allerdings bleibt die Berechnung der Zwischenpunkthöhen unkontrolliert. Rechnerisch werden die Zwischenblicke wie Vorblicke behandelt (s. Bild 6.5). Auch bei der Schleife ist der tatsächliche Abschlußfehler mit − 7 mm kleiner als der zulässige Betrag nach Gst. 3 mit 10,5 mm. Sollte $v_{\Delta h}$ (Ist) > $v_{\Delta h}$ (Soll) sein, muß die Beobachtung des Zuges wiederholt werden.

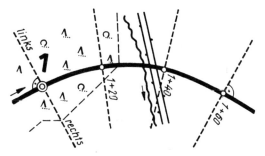

Bild 6.6
Anlage von Längsprofil mit Querprofilen

Profile

Es werden Längs- und Querprofile unterschieden. Vornehmlich für längserstreckte Objekte im Forst, wie Waldwege, Schneisen, Holzabfuhrstrecken u. ä., vermittelt eine großmaßstäbige Karte mit Höhenangaben nicht immer ein ausreichendes Bild der Geländegestaltung. Deshalb werden in solchen Fällen Profile als Längs- oder Querschnitte (deren Aufriß) durch die Geländeoberfläche bevorzugt. Zur Darstellung des Neigungsverlaufes erfüllt in vielen Fällen bereits das Längsprofil seinen Zweck. Ist jedoch z. B. der Ausbau einer Abfuhrstrecke oder eines Weges zu projektieren, ist gegebenenfalls zusätzlich eine Aufnahme von Querprofilen mit begrenzter seitlicher Ausdehnung rechtwinklig zum Längsprofil erforderlich.
Im Bogenverlauf sind die Querprofile in Normalenrichtung, also rechwinklig zur Tangente, anzulegen (s. Bild 6.6). Für ein Wegebauprojekt müssen auch die zu bewegenden Erdmengen ermittelt werden; das wohl meist angewandte Verfahren geht von Längs- und Querprofilen aus.

● *Längsprofilaufnahme*
Da im Ergebnis maßstabsabhängig und aufgabenbezogen das Geländerelief exakt dargestellt werden muß, ist bei den örtlichen Messungen der Profilverlauf der Geländeoberfläche ohne unzulässige Generalisierung anzupassen. Dazu sind die *Geländebrechpunkte*, in denen ein Neigungswechsel vorliegt, aufzunehmen. Selbstverständlich müssen auch alle überquerten Verkehrswege, Wasserläufe u. ä. erfaßt werden. Die örtlichen Messungen machen, um die eben skizzierte Zielstellung zu erreichen,

– Längenmessungen (Stationierungen) und
– Höhenmessungen

erforderlich.

Bei der *Stationierung* legt man in gleichen Abständen Stationspunkte an, die mit Pfählen vermarkt werden, welche am oberen, angelaschten Ende die Stationsbezeichnung tragen. Die Stationierungsabstände betragen im allgemeinen 20 m. Im einzelnen ist diese Entscheidung vom Aufnahmezweck, Geländeverlauf und Maßstab der Kartierung abhängig. Für die Eintragung der Stationierung in Feldbuch wie Kartierung ist die Hektometrierung üblich (100-m-Basis):

0+00, 0+20, 0+40 ... 1+00, 1+20
usw., bedeutet:

0 m   20 m   40 m   100 m 120 m

Bei langen Strecken wie Eisenbahnen und Straßen verwendet man die Kilometrierung (1-km-Basis). Von diesen Stationspunkten aus werden abschnittsweise Geländebrechpunkte und die anderen markanten Geländepunkte eingemessen. Das geschieht zumeist durch Staffelmessung mit Stahlrollband. Bei Messungen im Forst wird in Verbindung mit der Azimutmessung der Bussole der Vorzug gegeben, und die Strecken werden optisch ermittelt.
Eine Skizze mit den Ergebnissen der Streckenmessung ist das Feldbuch hierzu. Es entspricht den Kartierungsbeispielen in Bild 6.7, jedoch ist es nicht maßstäblich zu führen und enthält keine Höhenangaben. Stations- und andere feste Objektpunkte werden auf cm, alle anderen Punkte nur auf dm genau eingemessen. Bei Bögen wird die Stationierung auf den Bogenverlauf bezogen, die gemessenen Sehnen sind natürlich entsprechend kürzer.
Abweichend von dem beschriebenen Stationierungsmodus ist die in Abschnitt 4.3.7., Bild 4.16 vorgestellte Lageaufnahme zu sehen. Eine Reihe von Gründen, vor allem der abschnitts-

weise sehr starke Schlängelverlauf des Waldweges, sprachen dagegen. Entsprechend wurden die Lage- wie Höhenhauptbrechpunkte durch Dränrohre als Stationierungspunkte vermarkt (s. Bild 6.7b).

Die Höhen im Längsprofil werden mittels *Nivellement* ermittelt. Dazu sind nur noch geringfügige Ergänzungen nötig: Um wirtschaftlich zu arbeiten, werden von jedem Instrumentenstandpunkt möglichst viele Profilpunkte mit Zwi-

Gemeinde Schönfeld Verm.-Form. F1

Nivellement Seite ....

Datum: 4.2.88 Beobachter: Schöne Datum: 4.2.88 Rechner: Schöne Datum: 5.2.88 Prüfer: Vierke

Instr.: Ni 040A Nr.: 000 530

Ablesung r	Ablesung z	Ablesung v	Höhenunterschied Δh	Höhe über H.N.	Punkt Nr.	Punkt Lagebeschreibung	Bemerkungen Entfernung [m]
1	2	3	4	5		6	7
				166 012	HB 36	Hauptstr. 36a Schönfeld	
3 423				166 617	0+60		
	1 621		+1 802	168 419	1+00		
	1 784		+1 639	168 256	1+20		
	2 42		+1 00	167 62	1+27	kleiner Bach	
	1 69		+1 73	168 35	1+32	Landstraße	
	1 68		+1 74	168 36	1+36	"	
	2 44		+0 98	167 60	1+37,5		
		2 281	+1 142	167 759	1+40		
1 802					1+40		
	1 181		+0 621	168 380	1+60		

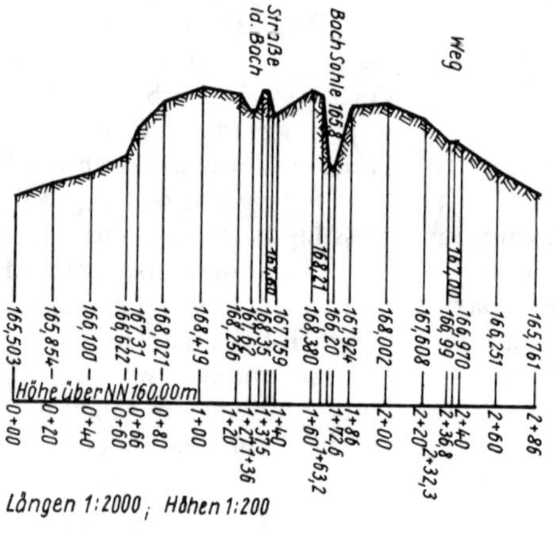

Bild 6.7
Messung und Darstellung von Längsprofilen

a) Feldbuch des Nivellements und Kartierung des Längsprofiles in Bild 6.5;

schenablesungen erfaßt. Auch beim Nivellement ist eine differenzierte Ablesegenauigkeit sinnvoll. Die Lattenablesungen für feste Punkte werden meist auf mm, die für Geländepunkte auf cm genau vorgenommen. Als anschauliches Ergebnis der Längsprofilaufnahme sind in Bild 6.7 zwei Beispiele dargestellt. Im ersten Falle ist, bezogen auf die Situation in Bild 6.6, ein Feldbuch des Nivellements mit der zugehörigen Kartierung zu sehen (Bild 6.7 a). Das zweite Beispiel bringt die Ausführungen zu Bild 4.16, der Bussolenaufnahme eines Abschnittes vom Weißwangeweg in Tharandt, ebenfalls mit der Kartierung zum Abschluß (Bild 6.7 b).
Im Normalfall wird die Längserstreckung im Vergleich zur vorhandenen Höhenbewegung wesentlich größer sein. Man würde deshalb in einer Kartierung bei gleichem Maßstab für Längen und Höhen den Oberflächenverlauf nur sehr unsicher erkennen. Aber gerade das soll ja vermieden werden. Als Konsequenz hieraus werden grundsätzlich die Maßstäbe für die Längen und Höhen unterrschiedlich gewählt (5fache oder 10fache Überhöhung; Bild 6.7).
Kartiert wird in der Praxis meist auf transparentem Millimeterpapier (Bild 6.7 b), davon können schnell und billig Lichtpausen angefertigt werden. Für die Aufnahmen kleinen Umfanges wird dies genügen. Bei Anwendungen im Bauwesen, vor allem im Verkehrswegebau, wird die digitale Datenerfassung und -weiterverarbeitung stärker in den Vordergrund rücken.
Damit die Kartierung anschaulich und übersichtlich ist, wird für die Höhenkartierung ein geeigneter Horizont als Bezug gewählt. Zwischen ihm und dem kartierten Geländeverlauf soll der Abstand weder zu klein noch unnötig groß sein.
Ein letzter Hinweis gilt Bild 6.7 b. Für die Profilaufnahme des Weißwangeweges genügte beim Nivellement das cm vollauf.

● *Querprofilaufnahme*

Genügt der Achsverlauf eines Waldweges allein in der Längsprofildarstellung den Anforderungen z. B. für eine kleine Projektierung einschließlich Massenermittlung nicht, so werden zusätzlich Querprofile örtlich aufgemessen (s Bild 6.6). Zusammen mit dem Längsprofil geben sie nicht nur über den Verlauf einer Linie, sondern eines – von der seitlichen Ausdehnung der Querprofile abhängigen – mehr oder weniger breiten Streifens Auskunft. Abhängig von Geländeform und Aufgabenbestimmung, beträgt dieser seitliche Abstand von der Längsprofilachse 5 bis 100 m.
Auch bei der Querprofilaufnahme sind zwischen den Stationierungspunkten zusätzliche Querprofile vorzusehen, wenn im Unterlassungsfall Geländeunebenheiten die anschließende Massenermittlung verfälschen würden. Die Richtung der Querprofile wird mit dem Doppelpentagon abgesteckt. Bei gleichen Profilabständen im Kreisbogen gibt die Senkrechte in Sehnenmitte zwischen zwei Stationspunkten die gesuchte Querprofilrichtung an.
Beim Querprofil können die örtlichen Messungen unterschiedlich ablaufen, was auch von der jeweiligen Aufgabe und der damit verbundenen Genauigkeitsforderung abhängt. Herkömmlich werden für die Längenmessung das Stahlrollband und zur Höhenbestimmung das Nivellement als getrennte Aufnahmeverfahren angewendet. Es ist aber auch der Einsatz von optischen oder elektronischen Tachymetern (s. Abschn. 3.6.3) möglich, wobei die Aufnahme hier in einem Arbeitsgang erfolgt. *In der Forstwirtschaft* kann auch ein Bussoleninstrument sowohl für die Lageaufnahme (s. Abschn. 4.3.7.) als auch die Höhenaufnahme (Abschn. 6.2.) genutzt werden. Natürlich kann man sich auch

Aufgenommen am 29.4.1987 durch Meßtrupp O.Vierke
Aufgetragen am 30.4.1987 durch Heinz Schultz

Längsprofil zwischen den Festpunkten 52 und 57 auf dem Weißwangeweg

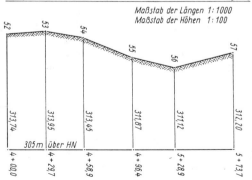

b) Kartierung des Längsprofiles eines Waldweges

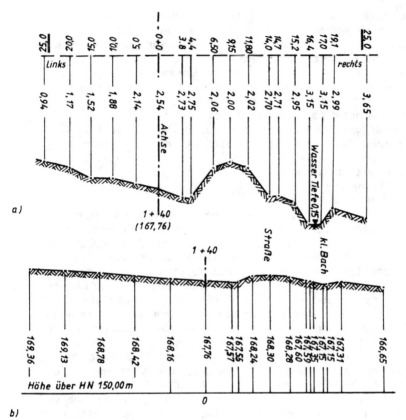

Bild 6.8
Feldbuch (a) und Kartierung (b) eines Querprofiles

der erstgenannten Variante bedienen, zumal es sich bei forstwirtschaftlichen Wegeprojekten nur um geringe seitliche Erstreckungen von wenigen Metern handeln wird und dabei Meßband und Nivellier unkompliziert zu handhaben sind. In Bild 6.8 ist ein Feldbuch- und ein Kartierungsbeispiel angegeben.

Im Gegensatz zum Längsprofil werden beim Querprofil Längen und Höhen *im gleichen Maßstab* kartiert, da dessen Flächengröße graphisch ermittelt und zur Massenermittlung verwendet wird.

Bei größeren Objekterstreckungen vor allem ist die digitale Variante zu empfehlen (für den Geodäten). Im durchgehenden Datenfluß können die Aufnahmeergebnisse des Tachymeterautomaten RECOTA z. B. bis zur abgeschlossenen Massenermittlung geführt werden.

● *Massenermittlung*

Abschließend soll die meist verbreitete Methode der Massenermittlung aus Längs- und Querprofilen kurz vorgestellt werden, weil deren Anwendung auch für den Waldwegebau von Nutzen sein kann. Sind A_i und A_{i+1} die Flächengrößen von zwei mit dem Abstand l benachbarten Querprofilen, so ergibt sich das Volumen M des von ihnen begrenzten Erdkörpers zu

$$M = \frac{A_i + A_{i+1}}{2} \cdot l. \tag{6.10}$$

Die Flächen A_i und A_{i+1} werden graphisch mit dem Planimeter oder analytisch bei digitaler Datenerfassung bestimmt (Abschn. 7).

6.2. Trigonometrische Höhenbestimmung

Zumeist wird das geometrische Nivellement bei forstwirtschaftlichen Aufgaben eingesetzt. Sollte dennoch einmal die trigonometrische Variante gefragt sein, kann jedes Bussoleninstrument, das über einen Vertikalkreis verfügt, dazu genutzt werden. Bild 6.9 stellt das einfache Prinzip vor. Ausgehend von der zumeist bekannten bzw. angenommenen absoluten oder relativen Höhe H_A des Instrumentenstandpunktes, erhält man die gesuchte Höhe des Objektpunktes mittels der Vertikal-(a) bzw. Zenitwinkelmessung (ζ) nach

$$H_B = H_A + i + \Delta h - z. \qquad (6.11)$$

Durch Umstellung ergibt sich der Höhenunterschied zwischen A und B zu

$$\Delta H = H_B - H_A = i + \Delta h - z. \qquad (6.11a)$$

Hierin bezeichnet i die Instrumentenhöhe (Oberfläche Pfahl, Grenzstein oder Dränrohr, z. B. Höhe Kippachse Bussole) und z die Zielhöhe. Letztere erhält man unmittelbar mit der Ablesung (auf cm ausreichend) an der Nivellierlatte. Die Instrumentenhöhe i mißt man mit dem Gliedermaßstab oder dem Stahlrollband auf cm genau. Gl. (6.1) demonstrierte, mit welcher Beziehung der Höhenunterschied Δh zwischen der Kippachse des Beobachtungsinstrumentes und dem Zielpunkt berechnet wird. Das Verfahren der Tachymetrie zur Lage- und Höhenbestimmung benutzt die „Tachymeterformeln" zur Berechnung von s nach Gl. (4.5) und zur Ermittlung von Δh (Multiplikation Gl. (4.5) mit $\tan a$ bzw. $\cot \zeta$

$$\Delta h = (k \cdot l + c) \cdot \sin a \cdot \cos a \text{ bzw.} \qquad (6.12a)$$
$$\Delta h = (k \cdot l + c) \cdot \sin \zeta \cdot \cos \zeta \cdot \qquad (6.12b)$$

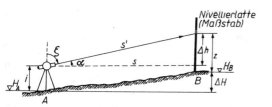

Bild 6.9
Prinzip der trigonometrischen Höhenmessung

Da heute anstelle von sogenannten Tachymetertafeln der Taschenrechner genutzt wird, ist es zweckmäßig, Δh nach Gl. (6.1) zu berechnen und nicht nach Gl. (6.12).
Erläuterungen zur Bestimmung und evtl. Berichtigung des Höhenindexfehlers wurden bereits in Abschnitt 4.3.2 gegeben. Die Messung der Winkel a bzw. ζ ist unkompliziert und kann – je nach Genauigkeitsansprüchen – in nur einer Fernrohrlage bzw. in zwei Fernrohrlagen ausgeführt werden.

Zahlenbeispiel für die Zenit- bzw. Vertikalwinkelmessung (Bild 6.10)

Die Spalten 2 und 3 in Bild 6.10 enthalten die Ablesungen in beiden Fernrohrlagen FI und FII. Zenitwinkel ζ und Indexverbesserung $k\zeta$ berechnet man nach

$$\zeta = \frac{FI - FII}{2} + 200 \text{ gon sowie} \qquad (6.13)$$
$$k\zeta = \frac{FI + FII}{2} - 200 \text{ gon} \qquad (6.14)$$

Spalte 5 weist die endgültigen, verbesserten Zenitwinkel aus, z. B. 98,46 gon (Spalte 2) plus 0,019 gon (Hälfte der Ergänzung zu 400 gon in Spalte 4) gibt 98,47 gon. Ein letztes Wort noch zur Probe. Da gegenüber den Werten FI in Spalte 2 eine Verbesserung von jeweils + 1 (0,01 gon) in Spalte 5 wirksam wird, muß die Summe 07 (Spalte 2) um 03 erhöht werden und in Spalte 5 den Wert 10 ergeben.

6.3. Höhenlinien

Ein Lageplan mit Höhenangaben – siehe z. B. Bild 6.11 – vermittelt kein anschauliches, plastisches Bild der Geländeformen. Deshalb greift man zur Reliefdarstellung mittels Höhenlinien, die das Gelände gewissermaßen „modelliert", aber auch exakt meßbar darzustellen gestattet. Eine Höhenlinie ergibt sich als Schnittlinie des Geländes mit einer gedachten Horizontalebene. Sie ist also die Verbindungslinie von Punkten gleicher Höhe im Grundriß. Eine Schar solcher Höhenlinien bewirkt nun die plastische Vorstellung des Reliefs und bietet gleichzeitig die Möglichkeit des exakten Eintrages bzw. der genauen Entnahme von Höheninformationen. Der vertikale Abstand, die *Äquidistanz*, der Hö-

Verm.-Form. A1

Richtungsmessung   Seite ....

Datum: *12.5.88*		Instr.: *Theo 010* Nr.: *1003244*		Beobachter: *Vierke*		Protokolleur: *Schöne*	
Standpunkt Zielpunkt	Ablesung FI	Ablesung FII	Mittel aus FI und FII oder red. Ablesung FI	Reduziertes Mittel oder red. Ablesung FII	Mittel aus allen Messungen	Bemerkungen
1	2	3	4	5	6	7
			Zenitwinkelmessung			
A						*bewölkt*
1	98 46	301 52	399 98^{+2}	98 47		*gute Sicht*
2	100 48	299 50	399 98^{+2}	100 49		
3	101 13	298 85	399 98^{+2}	101 14		
	07	87	94	10		
+ 87						
94						

Bild 6.10
Messungs- und Berechnungsbeispiel für Zenitwinkelmessung

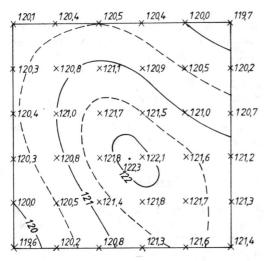

Bild 6.11
Höhenlinienplan aus einem Flächennivellement, Quadratnetz (siehe *Zill*)

henlinien ist maßstabs- und geländeabhängig und beträgt in mäßig geneigtem Gelände in einer großmaßstäbigen Karte meist 1 m, evtl. auch 0,5 m. Ist auf einem Kartenblatt eine stark unterschiedliche Höhenbewegung abzubilden, muß die Äquidistanz unterschiedliche Größen

aufweisen. Das ist vom Kartennutzer unbedingt zu beachten.
Aus den digitalen Höhenangaben erhält man die gewünschte Analog-Darstellung mittels Höhenlinien durch Konstruktion oder Interpolation.

Konstruktion/Interpolation von Höhenlinien

Die Güte bzw. Exaktheit der Höhendarstellung hängt ursächlich von der Auswahl der Geländepunkte ab. Zwischen benachbarten Punkten muß das Gelände höhenmäßig gleichmäßig verlaufen. „Geländebrechpunkte" müssen erfaßt werden, andernfalls wird die nachfolgende Konstruktion der Höhenlinien verfälscht.
Wie Bild 6.11 ausweist, ergeben sich die örtlich bestimmten Geländehöhen aus der Form des Reliefs, es sind dabei im Ausnahmefall „runde Meterwerte" bzw. andere gerundete Höhen. In der Karte wird jedoch der besseren Anschaulichkeit wegen die Konstruktion von Höhenlinien z. B. im Abstand von 0,25 m, 0,50 m, 1m, 2m usw. vorgenommen. Grundsätzlich ist in Richtung des stärksten Gefälles zu interpolieren. Im anderen Falle führen schleifende Schnitte zu Ungenauigkeiten. Die stärkste Gefällerichtung ergibt sich aus der Betrachtung der digitalen Höhenangaben.

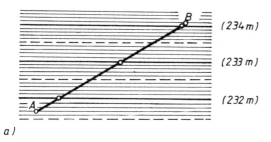

a)

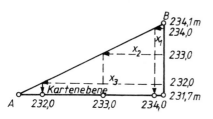

b)

Bild 6.12
Interpolation von Höhenlinien
a) mittels Parallelendiagramm, b) Schnittdreieck für rechnerische Interpolation

Die Interpolation ist einfach durchzuführen mit dem *Parallelendiagramm*, ein graphisches Verfahren. Das ist ein Stück Transparentmillimeterpapier etwa im Format A6. Es wird davon nur eine Parallelenschar benötigt, erspart aber andererseits die Konstruktion dieses Hilfsmittels. Bild 6.12a soll die einfache Anwendung demonstrieren.
Auf der Karte sind die beiden Punkte B und A, in der stärksten Gefällrichtung gelegen, mit ihren Höhen 234,10 m und 231,70 m Ausgangspunkt für die Interpolation der Höhen 232 m, 233 m und 234 m. Bei einer Äquidistanz von 1 m bietet sich an, den cm-Linien volle m-Werte zuzuordnen.
Nunmehr bringt man die mm-Linie 7 nach der gewählten cm-Linie 231 m über den Punkt A. Mit einer Kopiernadel als Drehpunkt wird das Diagramm solange gedreht, bis Punkt B (243,10 m) auf der entsprechenden Linie erscheint. Der Höhenunterschied A − B von 2,40 m entspricht also dem Parallelenabstand 2,40 cm. A und B werden in dieser Stellung mit einem Lineal verbunden, und die Schnittpunkte mit den cm-Linien 232 m, 233 m und 234 m werden durchgestochen.
Systematisch verfährt man auf diese Weise weiter. Am besten verbindet man danach mit freier Hand zunächst die Punkte gleicher Höhenli-

nien. Zeigt sich ein abgerundeter Verlauf, der nicht auf Messungs- und Interpolationsfehler schließen läßt, wird die endgültige Darstellung mit Kurvenlineal vorgenommen. Die Bezeichnung der Höhen erfolgt stets so, daß die Zahlen mit dem Fuß nach unten zeigen. (vgl. Bild 6.11)
Der „Maßstab" für die Zuordnung der Geländehöhen zu den mm- und cm-Linien hängt natürlich von der Geländeneigung ab.
Anschaulicher ist das Prinzip sicher in Bild 6.12 b zu erkennen. Das Schnittdreieck liefert ohne ausführlichen Kommentar die notwendige Kenntnis vom Vorgehen:

Gegeben

$$H_A = 231,7 \text{ m} \atop H_B = 234,1 \text{ m}\} \Delta h = 2,4 \text{ m}$$

$\overline{AB} = 63$ mm (in Kartenebene)

Es ist $\dfrac{2,4 \text{ m}}{63 \text{ mm}} = \dfrac{0,1 \text{ m}}{x_1} = \dfrac{1,1 \text{ m}}{x_2} = \dfrac{2,1 \text{ m}}{x_3}$;
hieraus folgt

$x_1 = 2,6$ mm (Höhenlinie 234 m)
$x_2 = 28,9$ mm (Höhenlinie 233 m)
$x_3 = 55,1$ mm (Höhenlinie 232 m).

Je dichter die aufgenommenen Punkte beieinander liegen, desto exakter läßt sich ein Höhenlinienplan entwickeln. Das macht sich besonders in nur schwachgeneigtem Gelände bemerkbar. Schließlich sei noch darauf aufmerksam gemacht, daß im von Menschenhand nicht veränderten Gelände Höhenlinien i. d. R. keinen kantigen Verlauf und keine Spitzen zeigen dürfen. Ebensowenig sind Verzweigungen der gleichen Höhenlinie oder ist ein Sichschneiden möglich.
Müssen exakte Höhenangaben einem Lageplan mit Höhenlinien entnommen werden, so ist dies bei Einzelpunkten durch Umkehrung der Interpolation mit Paralleldiagramm (Bild 6.12a) bzw. Kartierung eines „Kleinstprofils" nach Bild 6.12 b möglich. Ebenso kann man durch exakten Abgriff Lage und Höhe von Profilverläufen auftragen. Dabei muß die maßstabsabhängige Genauigkeit beachtet werden.
Forstwirtschaftliche Bedeutung haben auch die *Linien stärksten Gefälles* (von A nach B) sowie *Linien gleicher Steigung* (von C nach D; vgl. Bild 6.13). Erstere schneiden die Höhenlinien senkrecht. Für Linien gleicher Steigung ist in Gleichung (6.1) a bzw. ζ konstant sowie auch die

Äquidistanz Δh. Folglich ist die letzte Größe, die Streckenlänge s unter gleichen Bedingungen auch konstant, und sie wird am einfachsten mit dem Zirkel abgetragen.
Lage- und Höhenpläne größeren Umfangs wer-

den zunehmend mit Hilfe der elektronischen Tachymetrie oder auch der Photogrammetrie (s. Abschn. 3.6.3) örtlich aufgenommen und bei durchgehendem Datenfluß automatisch kartiert.

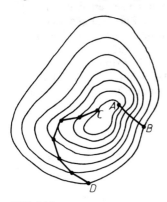

Bild 6.13
Linie gleicher Steigung sowie Linie stärksten Gefälles
im Höhenlinienplan

7. Flächenberechnung und Flächenteilung

Lage, Form und Größe von Flächen sind wohl die wichtigsten Informationen für zahlreiche Aufgaben der Forsteinrichtung (Landesforsteinrichtungsämter) bzw. der Forstämter. Lage und Form sind der Karte zu entnehmen, und die Flächengröße kann *grundsätzlich* auf folgende Weise ermittelt werden:
- aus Feldmaßen einer örtlichen Aufnahme bzw. aus Koordinaten
- mechanisch, mittels Planimeter und Karte und
- graphisch, mittels besonderer, einfacher Hilfsmittel und Karte.

In der Betriebsregelungsanweisung BRA V (Vermessung – Kartographie) des früheren VEB Forstprojektierung Potsdam von 1982 sind einige Hinweise zur Flächenberechnung und Herstellung des forstlichen Flächenverzeichnisses enthalten (s. Abschn. 12.). Diese sind auch heute noch von Nutzen. Dabei geht es um Abteilungs-, Unterabteilungs-, Teil-, Nichtholzboden- und nichteingerichtete Flächen. Für diese Wirtschaftsflächen wird revierweise das forstliche Flächenverzeichnis aufgestellt.
Für die Flächenbestimmung in der Karte werden in der Forstwirtschaft bevorzugt Planimeter, Planimeterharfe und Punktraster verwendet. Auch im forstwirtschaftlichen Bereich werden im Prinzip wie bei Katasterflächen neu berechnete Wirtschaftsflächen z. B. nach Teilung oder Grenzbegradigung auf die Sollflächen (Abteilung, Unterabteilung) abgestimmt.
Grundsätzlich werden alle Flächengrößen in Hektar (ha) auf 2 Dezimalen angegeben. In Anlehnung an die Betriebsregelungsanweisung ein Wort zu den „Genauigkeitskriterien des Forstkartenwerkes" der ehemaligen DDR: Für die Detailaufnahmen im Forst wird danach ein mittlerer Lagefehler $m_p = \pm 7$ m gefordert – und auch eingehalten. Das gilt für den Grundkartenmaßstab 1:5000. Untersuchungen hierzu erbrachten den Nachweis, daß m_p praktisch kleiner ist. So liegt im Staatswald (s. Abschn. 11. und 12.) m_p zwischen ± 2 und $\pm 4,5$ m und im Körperschafts- und Privatwald zwischen ± 4 und $\pm 6,5$ m.
G. Müller fordert für eine Teilfläche, die in den neuen deutschen Bundesländern durchschnittlich 3 ha groß ist, einen größtzulässigen mittleren prozentualen Flächenfehler $m_A = 7,7$ %.
Auf diese heute gültige Genauigkeitsforderung kommen wir nochmals im Abschnitt 7.1.5. zurück. An dieser Stelle werden die möglichen Fehler von Flächenbestimmungen sowie Fehlergrenzen dafür aus der Sicht des Bearbeiters forstwirtschaftlicher Aufgaben kurz dargestellt.

7.1. Flächenberechnungen

Eingangs wurden die drei *grundsätzlichen* Möglichkeiten der Flächenermittlung genannt. Es wäre nicht sinnvoll, hier eine umfassende Behandlung der zahlreichen Vorgehensweisen, Hilfsmittel und Planimetertypen anzustreben. Vielmehr wurde eine Auswahl getroffen, die auf die Lösung forstwirtschaftlicher Flächenbestimmungen orientiert und dabei auch die Forstpraxis den neuen deutschen Bundesländern berücksichtigt, wobei dies durchaus keine Einschränkung der Allgemeingültigkeit der Ausführungen beinhaltet. Mit den ausgewählten Verfahren wird für jede Praxissituation (örtliche Aufnahme, Koordinatenverzeichnis, Karte und erforderliche Geräte und Hilfsmittel) eine Lösung aufgezeigt.
Selbstverständlich sind die Berechnungsverfahren am genauesten, die Originalmaße verwenden (Abschnitte 7.1.1., 7.1.4.). Mechanische wie graphische Bestimmungen sind grundsätzlich ungenauer, denn zu den Fehlern des Bestimmungsverfahrens kommen jene von Aufnahme, Kartierung und Maßbeständigkeit des Zeichenträgers hinzu.

Im Regelfall ist stets die auf die Bezugsfläche projizierte Fläche hinsichtlich ihrer Größe zu bestimmen und nicht die örtlich beliebig geneigt und gewellt verlaufende Flächenform.

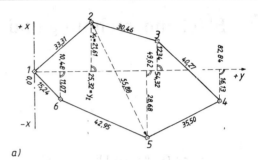

a)

7.1.1. Flächenberechnung aus Feldmaßen und Koordinaten

Bereits bei den örtlichen Messungen sollte deren Anlage und Ausführung auf eine spätere Flächenberechnung abgestimmt sein. Besonders geeignet, weil einfach zu handhaben, ist hierfür das Orthogonalverfahren (Abschn. 3.6.1.). Deshalb wird es als Optimalvariante für die Verwendung von Feldmaßen vorgestellt.

• **Flächenberechnung mit Feldmaßen einer Orthogonalaufnahme**

Bild 7.1a ist zu entnehmen, daß sich die Berechnung der gesuchten Gesamtfläche auf die Ermittlung von Teilflächen, nämlich rechtwinklige Dreiecke und Trapeze stützt. Diese haben ihre Grundlinie in der Messungslinie der Aufnahme (y-Achse) und die Eck(Grenz-)punkte der Fläche sind hierauf orthogonal bezogen. Man vermeidet den Faktor $^1/_2$ in den Berechnungsformeln für die Flächen von Dreiecken und Trapezen durch Berechnung der doppelten Fläche und erhält für Bild 7.1a

$$2A = x_2 \cdot y_2 + (x_2 + x_3)(y_3 - y_2) +$$
$$(x_3 - x_4)(y_4 - y_3) + (x_4 + x_5)(y_4 - y_5) +$$
$$(x_5 + x_6)(y_5 - y_6) + x_6 \cdot y_6. \qquad (7.1)$$

Der dritte Ausdruck der Gl. (7.1) bezieht sich auf das „verschränkte Trapez" mit den Eckpunkten *3* und *4*, deren Verbindung (Grenzlinie) von der Messungslinie geschnitten wird (s. auch Bild 7.1b), und man erhält die Differenzfläche sofort mit richtigem Vorzeichen, wenn die außerhalb liegende Ordinate ein negatives Vorzeichen erhält:

$$2A = (-x_a + x_i)(y_a - y_i). \qquad (7.2)$$

Zweckmäßig wird zur Flächenberechnung der Taschenrechner benutzt, zur Erleichterung der Übersicht evtl. in Tabellenform. Vor der Berechnung empfiehlt sich, sofern noch nicht erfolgt, die Pythagorasprobe der Aufmessung (Abschn. 3.6.1.).

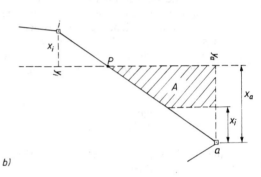

b)

Bild 7.1
Flächenberechnung aus Feldmaßen
a) Orthogonalaufnahme als Berechnungsgrundlage (siehe *Zill*); b) Verschränktes Trapez

Die Berechnung der Fläche in Bild 7.1a ergibt $A = 2292$ m² $\approx 0{,}23$ ha.

• **Flächenberechnung aus Koordinaten**

Liegen von den Eckpunkten der zu bestimmenden Fläche ebene rechtwinklige Koordinaten vor, so bieten die Flächenformeln nach *Gauß* eine einfache Berechnungsgrundlage. Mit zunehmender Digitalisierung, d. h. elektronisch gesteuerter Entnahme und Speicherung, von Kartenelementen und Nutzung der EDV gewinnen Berechnungsverfahren wie dieses an Bedeutung.

Die Eckpunkte werden rechtwinklig auf die y-Achse (Bild 7.2) oder die x-Achse bezogen, wodurch *Trapeze* als Teilfiguren entstehen. Damit ergibt sich die gesuchte Fläche des 5ecks zu

$A =$ Trapez 1–2 plus Trapez 2–3 minus Trapez 3–4 minus Trapez 4–5 minus Trapez 5–1

und mit den Koordinatenbezeichnungen in Bild 7.2 wird

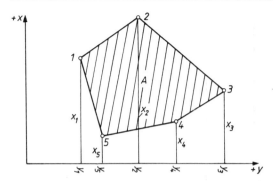

Bild 7.2
Flächenberechnung aus Koordinaten

$$2A = (y_2 - y_1)(x_1 + x_2) + (y_3 - y_2)(x_2 + x_3) -$$
$$- (y_3 - y_4)(x_3 + x_4) - (y_4 - y_5)(x_4 + x_5) -$$
$$- (y_5 - y_1)(x_5 + x_1).$$

Schließlich gelangt man nach Ausmultiplizieren und Ordnung nach x und y zu den *Gauß*schen Flächenformeln

$$2A = \sum_{i=1}^{i=n} x_i(y_{i+1} - y_{i-1}) \quad \text{und} \quad (7.3a)$$

$$-2A = \sum_{i=1}^{i=n} y_i(x_{i+1} - x_{i-1}). \quad (7.3b)$$

Große, die Rechnung nur belastende Ordinaten- und Abszissenwerte können um gleiche, zweckmäßig um runde Beträge vermindert werden. Das entspricht lediglich einer Parallelverschiebung der Koordinatenachsen und verfälscht die Flächengröße nicht. Das Berechnungsbeispiel in Tafel 7.1 illustriert das Vorgehen und macht gleichzeitig zwei Rechenproben sichtbar. Die y- und x-Differenzen müssen jeweils gleiche positive und negative Beträge ergeben, und die Summen nach Gl. (7.3a) und (7.3b) müssen im Absolutbetrag ebenfalls gleich sein.

7.1.2. Flächenbestimmung aus Feld- und Kartenmaßen

Diese *halbgraphische* Methode bietet sich an, wenn von langgestreckten, schmalen Flurstücken oder Wirtschaftsflächen die Flächengrößen

zu ermitteln sind. Weiter sollten sich diese Flächen in Dreiecke zerlegen lassen. Effektiv wird aber dieses Vorgehen erst dann, wenn die *kurzen* Seiten, z. B. als *Grenzlängen* örtlich gemessen sind. Die langen Seiten greift man mit Zirkel und Maßstab auf der Karte ab. Diese Variante ist also eine *Kombination* der Flächenberechnung aus Feld- und Kartenmaßen.

Fehlertheoretisch stützt sich dieses Anwendungsprinzip auf die Tatsache, daß kurze Seiten mit geringem Aufwand genauer gemessen als abgegriffen werden können, was sich günstig auf den Flächenfehler auswirkt (Abschn. 7.1.5.).

7.1.3. Einfache Verfahren der graphischen Flächenermittlung

Die hier vorgestellten Möglichkeiten sind einfach anwendbar und für kleinere Flächen empfehlenswert, wenn die Genauigkeitsforderungen nicht hoch gestellt sind, wie im Regelfall, bei Flächenberechnungen für den Maßstab der Forstgrundkarte 1:5000.
Auch hier ist ein Hinweis auf den Abschnitt 7.1.5. erforderlich, denn bei *allen* Flächenbestimmungsverfahren, die sich auf eine *Karte* stützen (gilt also auch für die Anwendung des Planimeters!), *können* Veränderungen der Maßbeständigkeit des Zeichenträgers die Flächenberechnungen verfälschen.

Planimeterharfe

Dieses einfache Hilfsmittel (Bild 7.3a), eine *Parallelenschar auf transparentem Zeichenträger*, eignet sich für die Flächenbestimmung langgestreckter, krummlinig begrenzter Objekte. Flächen werden auf diese Weise in schmale Streifen zerlegt, die in ausreichender Näherung als Trapeze behandelt werden können (Bild 7.3b), da der Parallelenabstand h nur 3 mm, 4 mm oder 5 mm beträgt. Mit Zirkel werden die Mittellinien m der Trapeze graphisch addiert, und die gesuchte Fläche des Objektes wird

$$A = h \cdot \sum m. \quad (7.4)$$

Im Maßstab 1:1000 bedeuten die Abstände h 3 bis 5 m, bei 1:5000 sind es bereits 15 bis 25 m.

Tafel 7.1
Flächenberechnung aus Koordinaten nach *Gauß*

Punkt	x_i m	y_i m	$y_{i+1}-y_{i-1}$ +	$y_{i+1}-y_{i-1}$ −	$x_{i+1}-x_{i-1}$ +	$x_{i+1}-x_{i-1}$ −	$x_i(y_{i+1}-y_{i-1})$ +	$x_i(y_{i+1}-y_{i-1})$ −	$y_i(x_{i+1}-x_{i-1})$ −	$y_i(x_{i+1}-x_{i-1})$ +	Punkt
5	+ 87,73	− 85,25									5
1	+ 26,17	− 98,16		20,45		24,67		535,18		2421,61	1
2	+ 63,06	− 105,70		17,83	47,94			1124,36	5067,26		2
3	+ 74,11	− 115,99		2,93	33,49			217,14	3884,50		3
4	+ 96,55	− 108,63	30,74		13,62		2967,95		1479,54		4
5	+ 87,73	− 85,25	10,47			70,38	918,53			5999,90	5
1	+ 26,17	− 98,16									1
			41,21	41,21	95,05	95,05	+ 2009,80		− 2009,79		

$$A = \underline{\underline{1004,90 \text{ m}^2}}$$

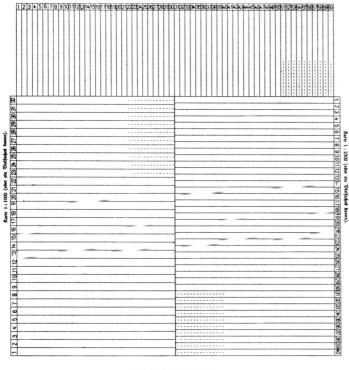

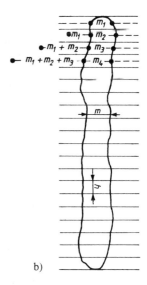

a)   b)

Bild 7.3
Planimeterharfe
a) Vordruck mit drei Maßstabsbereichen; *b)* Beispiel für Flächenermittlung

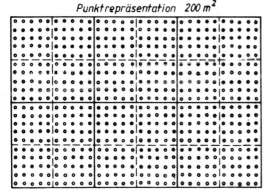

Bild 7.4
Punktraster

Punktraster

Speziell für Flächenberechnungen in der Forstgrundkarte 1 : 5000 steht dieses Hilfsmittel zur Verfügung. In geometrisch regelmäßiger Anordnung sind in quadratischen Teilflächen je 5 × 5 Punkte angeordnet, wobei jeder eine bestimmte Flächengröße repräsentiert. Im Beispiel Bild 7.4

beträgt diese *„Punktrepräsentation"* 200 m² bei einer Seitenlänge der Quadrate von 14 mm. Für eine Punktrepräsentation von 500 m² ist eine Quadratseite 22,5 mm groß. Natürlich ist das Punktraster auf transparente Folie aufgedruckt, welche auf die zu bestimmende Fläche in der Karte aufgelegt wird. Vom sorgfältigen Auflegen hängt praktisch die Genauigkeit der Flächenberechnung ab: Die Quadratseiten müssen „ausgleichend" an den zumeist unregelmäßigen Grenzverlauf angepaßt werden, damit systematische Fehler vermieden werden. Eine größere Sicherheit bietet die wiederholte Flächenbestimmung und Mittelung der Ergebnisse.

Die gesuchte Fläche ergibt sich aus der Summierung der ausgezählten Punkte (volle Quadrate je 25 Punkte separat), multipliziert mit der angegebenen Punktrepräsentation.

Ein praktisches Beispiel widerspiegelt die erreichbare gute Genauigkeit (Bild 7.6.).

• **Quadratnetztafel**

Vergleichbar in der Handhabung mit dem Punktraster wird dieses Hilfsmittel – ein Quadratmillimeternetz auf Klarsichtfolie – auch noch für forstwirtschaftliche Belange eingesetzt. Die Summe der cm² und mm² liefert unter Beachtung des Maßstabes den Flächeninhalt. Es entsprechen folgende Beziehungen den Maßstäben 1 : 1000 und 1 : 5000:

1 : 1000 1 mm² ≙   1 m²
         1 cm² ≙   100 m²
1 : 5000 1 mm² ≙   25 m²
         1 cm² ≙ 2500 m²

Auch hierzu wird in Bild 7.6 im Vergleich mit Punktraster und Planimeter Anwendung und Genauigkeit demonstriert.

Handhabung und Genauigkeit von Punktraster und Quadratnetztafel sind – großzügig betrachtet – etwa gleich einzuschätzen.

• **Zerlegen in Dreiecke**

Sollte im Ausnahmefall keines der insgesamt vorgestellten Verfahren anwendbar sein, so kann eine geradlinig begrenzte Figur mit nicht mehr als vielleicht 6 bis 8 Eckpunkten (Genauigkeit) von einem Eckpunkt aus in Dreiecke zerlegt werden. Mit Maßstab werden die Grund-

linien g und die Höhen h abgegriffen. Man erhält die Fläche nach

$$2\,A = \sum g_i \cdot h_i \qquad (7.5).$$

Von Nachteil ist der Eintrag der Dreiecke ins Kartenoriginal.

7.1.4. Mechanische Flächenbestimmung mit Planimeter in der Karte

Jedes Planimeter, auch das in Bild 7.5a, b gezeigte, beruht auf dem Prinzip der mechanischen Integration. Hiernach greift man keine Maße ab, vielmehr wird mit dem Fahrstift (austauschbar gegen eine Fahrlupe) des Planimeters der Umriß der jeweiligen Fläche umfahren. Die sich hierbei zeigende Abwicklung einer Meßrolle wird am Zählwerk abgelesen und ist der gesuchten Flächengröße proportional.

Aus diesem Grundprinzip läßt sich folgende allgemeingültige Überlegung ableiten. Die abgelesenen Werte der Meßrollenabwicklung bei Umfahrung einer Fläche *bekannter* Größe A_{bek} (ΔU_{bek}) sind denen einer Umfahrung jeder beliebigen, *unbekannten* Flächengröße A_{u} (ΔU_{u}) direkt proportional:

$$A_{\text{u}} = \frac{A_{\text{bek}}}{\Delta U_{\text{bek}}} \cdot \Delta U_{\text{u}}. \qquad (7.6)$$

Hiernach kann aus den Ablesungen vor (U_{a}) sowie nach den Umfahrungen beider Flächen (U_{e}) die unbekannte Fläche A_{u} ermittelt werden. Dies ist natürlich nicht der normale Weg einer Flächenbestimmung, aber man sollte sich im „Notfall" dieser Möglichkeit erinnern.

Vorgegebene Soll-Flächen (z. B. Kreis, beigefügtes „Probelineal" als mechanisches Normal oder Gitternetzquadrate) dienen der Überprüfung der Fahrarmeinstellung und ermöglichen die Eliminierung systematischer Fehlereinflüsse wie z. B. Papiereingang.

• **Beschreibung des Kompensationspolarplanimeters**

Hier werden nicht die zahlreichen Planimetertypen vorgestellt. Nur soviel sei grundsätzlich gesagt: In Abhängigkeit des Weges, den das Gelenk als Verbindung zwischen Fahr- und Polarm (Bild 7.5a, b) beschreibt, werden Polar-,

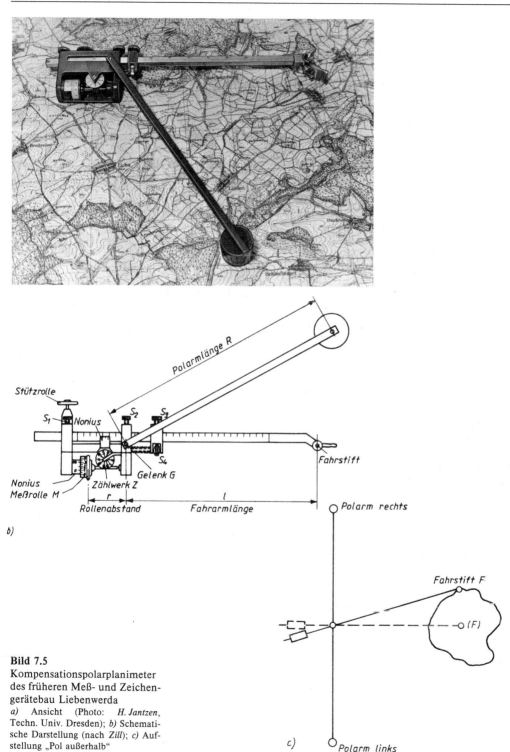

Bild 7.5
Kompensationspolarplanimeter
des früheren Meß- und Zeichen-
gerätebau Liebenwerda
a) Ansicht (Photo: *H. Jantzen*,
Techn. Univ. Dresden); *b)* Schematische Darstellung (nach *Zill*); *c)* Aufstellung „Pol außerhalb"

Linear- oder Universalplanimeter unterschieden. Der zuletzt genannte Typ ist eine Kombination. Wird die Abwicklung der Meßrolle von der Karte auf eine Scheibe oder eine Kugelkalotte zwecks Genauigkeitssteigerung verlegt, spricht man vom Scheiben- oder Kugelplanimeter. Zwischen beiden Unterscheidungsmerkmalen kann man kombinieren, so gibt es z. B. Scheibenpolar- oder Kugelrollplanimeter.

Doch zurück zum Kompensationspolarplanimeter (Bild 7.5a, b). Der Polarm von konstanter Länge ist mit dem Fahrarm von veränderlicher Länge mittels eines Gelenkes verbunden. Der Pol besitzt an seiner Unterseite eine feine Nadelspitze, die vor den Umfahrungen in die Karte eingedrückt wird. Dann beschreibt das Planimeter mit seinem Gelenk einen Kreisbogen um den Pol. Abhängig vom Kartenmaßstab ist die Fahrarmlänge vorgegeben. Deshalb ist sie veränderlich und wird mittels Nonius an der Teilung des Fahrarmes eingestellt. Dazu müssen die Klemmschrauben s_1, s_2 und s_3 gelöst werden, um das Meßwerk grob zu verschieben. Die Feineinstellung erfolgt mit der Schraube s_4 (s_3 fest, s_1 und s_2 gelockert).

Die „Seele" des Planimeters ist die Meßrolle, die in 100 Intervalle unterteilt ist. Volle Umdrehungen werden an der Zählscheibe registriert, Zehntel und Hundertstel an der Teilung der Meßrolle und die Tausendstel am zugehörigen Nonius angezeigt und abgelesen. So ergibt sich eine Ablesung (Anfangsablesung U_a bzw. Endablesung U_e) als Folge von vier Ziffern ohne Komma, z. B. 7419.

Bei allen neuen Polarplanimetern ist die Gelenkverbindung nicht mehr fest wie beim ursprünglichen Typ, sondern der Polarm mit dem

Gelenkzapfen ist abnehmbar. Dadurch kann der Polarm in den zwei zum Fahrarm symmetrischen Polstellungen links und rechts angeordnet werden (Bild 7.5c). Diese zwei Polstellungen bewirken nach Umfahrung und Mittelbildung der Umfahrungsdifferenzen die Kompensation des Einflusses eines Gerätefehlers, der Rollenschiefe. Dieser Umstand führte zur Bezeichnung „Kompensations"polarplanimeter. Rollenschiefe ist die Abweichung der erforderlichen rechtwinkligen Stellung der Meßrollenebene gegenüber dem Fahrarm.

• **Anwendung des Kompensationspolarplanimeters**

Je nach Flächengröße kann das Gerät mit seinem Pol innerhalb oder außerhalb der zu bestimmenden Fläche aufgestellt werden (s. Bild 7.5c). Die zweite Möglichkeit wird jeder Aufgabenstellung gerecht und ist formelmäßig einfacher zu handhaben. Daraus erhält man für beide Fälle die Flächengröße zu

$$A = k(U_e - U_a) \text{ Pol außerhalb} \qquad (7.7a)$$
bzw.
$$A = k\{(U_e - U_a) + C\} \text{ Pol innerhalb} \qquad (7.7b)$$

bei rechtsläufiger Umfahrung, also *im Uhrzeigersinn*. k und C sind Gerätekonstanten, die von der Herstellerfirma jedem Gerät beigegeben sind. (Beispiel: Tafel 7.2). Die Konstante k als „Wert der Noniuseinheit", d. h., die letzte Stelle einer Ablesung U ist sowohl für den Kartenmaßstab als auch das Verhältnis 1:1 gegeben und hat Flächendimension, die dadurch A in den Gl. (7.7) erhält, da die Ablesewerte U_e, U_a dimensionslos sind. Das heißt, wenn k der Flä-

Tafel 7.2:
Angaben zur Nutzung eines Polarplanimeters

Maßstab	Einstellung d. Nonius am Fahrarm	Wert der Noniuseinheit		Konstante
		(1:1)		
1:1000	100,00	10 m²	10 mm²	
1:1500	88,95	20 m²	8 8/9 mm²	$C = 23\,169$
1: 500	80,10	2 m²	8 mm²	
1:2500	64,20	40 m²	6,4 mm²	
1:2000	50,30	20 m²	5 mm²	
1:3000	44,75	40 m²	4 4/9 mm²	
1:5000	40,35	100 m²	4 mm²	

Nr.: 359552

chengröße der letzten Stelle entspricht, muß der gesamte Ausdruck mit k multipliziert werden.

Flächenbestimmung mit Polstellung außerhalb

Als erstes wird die erforderliche Fahrarmlänge für den vorliegenden Kartenmaßstab eingestellt (Tafel 7.2). Bei der Arbeit mit älteren Maßstäben könnte es vorkommen, daß diese nicht in den Herstellerangaben enthalten ist. In einem solchen Falle umfährt und berechnet man die Fläche mit den Angaben für den Maßstab 1:1000 und berechnet die gesuchte Fläche für 1:m (z. B. 1:2730) nach

$$A_m = A_{1000} \cdot \left(\frac{m}{1000}\right)^2. \qquad (7.8)$$

Eine große Fahrarmlänge ist fehlertheoretisch gesehen günstiger, deshalb bevorzuge man diese. Nun wird der Fahrstift etwa in den Mittel-(Schwer-)punkt der Fläche gesetzt und rechtwinklig zum Fahrarm der Polarm, z. B. in Stellung „Polarm rechts", eingesetzt (s. Bild 7.5c). Dann drückt man den Pol auf der Kartenunterlage leicht ein und nimmt ohne abzulesen eine Probeumfahrung vor. Hierbei wird überprüft, ob die Unterlage ausreichend plan liegt, die Umfahrung der gesamten Peripherie möglich ist und daß Pol- und Fahrarm dabei keine zu spitzen oder zu stumpfen Winkel bilden.

Als Anfangspunkt wähle man einen eindeutig definierten Punkt in der Karte oder markiere einen solchen mit einem dünnen Bleistiftstrich. Dabei sollte auf folgenden Umstand geachtet werden. In Abhängigkeit von der Bewegungsrichtung des Fahrstiftes, bezogen auf Fahrarm oder Meßrollenebene, zeigt diese eine sehr unterschiedliche „Abwicklungsgeschwindigkeit" an. Sie ist bei Fahrrichtung senkrecht zur Meßrollenebene, also in Richtung des Fahrarmes, am kleinsten. Deshalb sollte beim (mehrmaligen) „Anfahren" und „Anhalten", also für den Anfangspunkt diese Vorzugsrichtung gewählt werden. Dadurch können Fehler der Führung des Planimeters in ihrem Einfluß gering gehalten werden. Jetzt wird U_a abgelesen. Langsam und sorgfältig wird nun die erste Umfahrung im Uhrzeigersinn vorgenommen und nach Beendigung, also Rückkehr zum Anfangspunkt, U_e registriert. Zur Kontrolle wird in jeder Polstellung (links und rechts) mindestens eine zweite Umfahrung auf gleiche Weise durchgeführt. Dabei

soll die Differenz zwischen beiden Umfahrungen vier Einheiten der letzten, vierten Stelle nicht überschreiten. Im Beispiel Bild 7.6 ist diese Forderung erfüllt, maximal finden wir Differenzen von zwei Einheiten (178, 176 und 170, 172). Gemäß Gl. (7.7a) wurde mit dem arithmetischen Mittel für $U_e - U_a$ die gesuchte Fläche berechnet.

Geradlinige Grenzverläufe verführen, ein Lineal zu nehmen und daran sehr schnell „entlangzufahren". Das sollte man besser nicht tun. Vom Bearbeiter unbemerkte systematische Abweichungen führen zu beträchtlichen Fehlern.

In der Praxis wird man grundsätzlich in der *zweiten* Polstellung wiederum, wie schon erwähnt, zwei Umfahrungen vornehmen. Zwei Beispiele hierfür enthält Bild 7.6., Flächenermittlung der Teilflächen 44a^1 und 44a^2 (vgl. auch Bild 7.7). Die eigentlichen *planimetrischen Flächenbestimmungen* ergeben

$$A_{44a}^1 = 100 \text{ m}^2 \cdot 176{,}75 = 1{,}76_8 \text{ ha und}$$
$$A_{44a}^2 = 100 \text{ m}^2 \cdot 170{,}25 = 1{,}70_2 \text{ ha}.$$

Für die Forstgrundkarte 1 : 5000 werden die Flächenangaben grundsätzlich in Hektar auf zwei Dezimalen vorgenommen. Da hier noch die Abstimmung auf die Soll-Flächen aussteht (siehe Ende des Abschnittes), wird zur Vermeidung von Rundungsfehlern bei den „errechneten Flächen" zunächst noch die 3. Dezimale angegeben. Bei den „endgültigen Flächen" erscheinen nur noch zwei Dezimalen.

Sind Flächenbestimmungen für größere Kartenmaßstäbe mit höheren Genauigkeitsforderungen gefragt, so sind je vier Umfahrungen maximal, in beiden Polstellungen links und rechts zu erwägen. Allerdings sind so in begrenztem Maße *nur die Verfahrensgenauigkeit,* nicht aber die Fehler von Aufnahme und Karte zu beeinflussen. Für forstwirtschaftliche Belange ist im Regelfall die zweimalige Umfahrung einer Fläche in den Polstellungen links und rechts optimal, so wie in Bild 7.6 gezeigt.

Zur Verfahrensgenauigkeit: Nach Auswahl einer für die Aufgabenstellung hinsichtlich Größe und Form charakteristischen Figur wird diese mit dem vorgesehenen Verfahren einige Male – am besten zehnmal – größenmäßig bestimmt. Mit Hilfe von Gl. (2.8) kann der mittlere Fehler einer *Einzel*bestimmung als Genauigkeitsmaß der Verfahrensgenauigkeit berechnet werden. Ist die Sollfläche wie im Beispiel Bild 7.6 gege-

Revier *Tharandt 4.02*   Blatt _____

Flächenbestimmung mit Polarplanimeter

Abt. U.Abt. Teilfl.	Ansatz	Ergebnis	Errechnete Fläche ha	a	Endgültige Fläche ha	a
	(Nr. 359552)					
	Pol links					
440¹	4923					
	5100	177				
	5276	176				
	Pol rechts					
	5782					
	5960	178				
	6136	176				
	Summe:	707	+1,0			
	Mittel:	176,75	1	76,8	1	78
440²	Pol links					
	5276					
	5445	169				
	5615	170				
	Pol rechts					
	6136					
	6306	170				
	6478	172				
	Summe:	681	+1,0			
	Mittel:	170,25	1	70,2	1	71
		ist	3	47,0	3	49
	Sollfläche 440 = 3,49 ha					
	k = 100 m² für 1:5000					

Berechnung mit Quadratnetztafeln (Bei 1:5000 1mm² = 25m²)

Abt U.Abt. Teilfl.	Ansatz	Ergebnis	Errechnete Fläche ha	a	Endgültige Fläche ha	a
440¹	6cm²	600				
	28mm²	28				
	25mm²	25				
	12mm²	12				
	32mm²	32	+0,8			
	13mm²	13	1	77,5	1	78
	Summe:	710·25m²				
440²	5,5cm²	550				
	23mm²	23				
	11mm²	11				
	16mm²	16				
	39mm²	39				
	41mm²	41	+0,7			
	Summe:	680·25m²	1	70,0	1	71
		ist	3	47,5	3	49

Berechnung mit Punktraster (P = 200m²)

Abt U.Abt. Teilfl.	Ansatz	Ergebnis	Errechnete Fläche ha	a	Endgültige Fläche ha	a
440¹	n·P					
	23					
	20,5					
	24,5					
	20,5		+0,5			
	n=88,5 · 200m²		1	77,0	1	78
440²	29					
	30					
	22					
	4,5		+0,5			
	n 85,5 · 200m²		1	71,0	1	71
	ist		3	48,0	3	49

Berechnung mit Punktraster (P = 500m²)

Abt U.Abt. Teilfl.	Ansatz	Ergebnis	Errechnete Fläche ha	a	Endgültige Fläche ha	a
440¹	14,5					
	15,5					
	5,5		+0,8			
	n=35,5 · 500m²		1	77,5	1	78
440²	18,5					
	15,5		+0,7			
	n 34,0 · 500m²		1	70,0	1	71
			3	47,5	3	49

Bild 7.6
Flächenbestimmung von zwei Teilflächen mit Planimeter, Punktraster und Quadratnetztafel in der Forstgrundkarte 1:5000

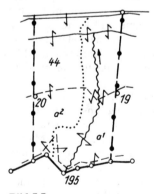

Bild 7.7
Teilflächen 44a¹ und 44a², Revier Tharandt 4.02

ben, so wird der mittlere Fehler nach Gl. (2.7) ermittelt. Auf diese Weise kann der Bearbeiter seine Verfahrensauswahl sowie auch die Anordnung der planimetrischen Bestimmung (je 2 oder 4 Umfahrungen) beeinflussen.

Nach der Verfahrensgenauigkeit können die drei Grundvarianten für Flächenberechnungen nach folgender Rangfolge geordnet werden:

1. analytische Flächenbestimmung (Feldmaße, Koordinaten)
2. mechanische Bestimmung (Planimeter)
3. graphische Verfahren.

Eine abschließende Betrachtung zur Genauigkeit von Flächenbestimmungen, soweit sie für forstwirtschaftliche Bearbeitungen nützlich ist, enthält Abschnitt 7.1.5.

Wenden wir uns ein weiteres Mal Bild 7.6 zu. In der Forstwirtschaft ist eine Abstimmung auf Soll-Flächengrößen üblich und in manchen Bundesländern verbindlich gefordert. Ausgehend von der Erkenntnis, daß die Flächenfehler proportional der Flächengröße sind, gilt somit für die *Verbesserung der Teilflächen* v_T der Ansatz

$$v_T = \frac{v_G \cdot A_T}{A_G}. \qquad (7.9)$$

v_G Gesamtverbesserung

= Gesamtsollfläche − Gesamtistfläche A_G

A_T Ist-Teilfläche.

Jedes der vier Berechnungsbeispiele in Bild 7.6 verdeutlicht das einfache Vorgehen. Für die Berechnung (Taschenrechner, Rechenstab) der zwei Teilflächen 44a^1 und 44a^2 mittels Quadratnetz sei dies im einzelnen gezeigt:

$$v_{44a^1} = \frac{+\,0{,}015\ \text{ha} \cdot 1{,}775\ \text{ha}}{3{,}475\ \text{ha}} = +0{,}008\ \text{ha}$$

und

$$v_{44a^2} = \frac{+\,0{,}015\ \text{ha} \cdot 1{,}700\ \text{ha}}{3{,}475\ \text{ha}} = +0{,}007\ \text{ha}\ .$$

Nach Addition dieser Verbesserungen zu den „errechneten Flächen" wird die endgültige Fläche auf zwei Dezimalen abgerundet angegeben. Diese Abstimmung ist unabhängig vom angewendeten Verfahren der Flächenbestimmung.

Zwei letzte Bemerkungen zur planimetrischen Flächenbestimmung. Ein Planimeter ist nahezu universell einsetzbar. Eine Einschränkung betrifft die Flächenberechnung langgestreckter, schmaler Forstgrundstücke oder anderer Objekte. Wenn nämlich die Länge der Umgrenzung einer Fläche sehr groß ist im Verhältnis zu ihrer Größe, so wirkt dies genauigkeitsmindernd. Für solche Fälle ist die Anwendung der Planimeterharfe (s. Abschn. 7.1.3.) zu empfehlen.

Große Figuren, die nicht mit einer „Polstellung außerhalb" bestimmt werden könnten, werden durch dünne Bleistiftlinien in kleinere Figuren unterteilt und einzeln umfahren. Als einer der neuesten Vertreter elektronischer Planimeter sei X-Plan 360d (8-stelliges Display) bzw. X-Plan

360i (16-stelliger Display) von Gebrüder HAFF, Pfronten, erwähnt. Es werden Längen und Flächen bzw. auch Koordinaten und Radien (360i) berechnet.

7.1.5. Genauigkeit der Flächenbestimmungen

Die in Abschnitt 7.1.4. nicht näher begründete Rangfolge der Verfahren zur Flächenbestimmung geht von folgenden grundsätzlichen Fehlereinflüssen aus:

1. Fehler bei der örtlichen Aufmessung
2. Fehler der Kartierung der Aufnahme
3. Instabilität des Zeichenträgers und Maßstab
4. verfahrensabhängige Fehler
5. persönliche Fehler des Bearbeiters (Sorgfalt und Geschick).

Damit wird die gegebene Reihenfolge der Bestimmungsverfahren verständlich, wobei die verfahrensabhängigen Einflüsse dem Planimeter gegenüber den graphischen Hilfsmitteln einen vorderen Platz sichern.

Bereits zu Beginn von Abschnitt 7. wurde der speziell für Bearbeitungen mit der Forstgrundkarte 1:5000 geforderte relative Flächenfehler $m_A = \pm 7{,}7\ \%$ zitiert. Spezielle fehlertheoretische Probleme, die dem Vermessungsingenieur vertraut sein müssen, aber hier nicht im Vordergrund stehen, bleiben außerhalb der Betrachtungen. Der hierfür interessierte Leser wird auf *Jordan* Bd. II, *Großmann* Bd. I und *Zill* (siehe Literaturübersicht) sowie *Özgen* (Über die Fehlergrenzen bei Flächenberechnungen, Vermess.-techn. Rundschau, Bonn **28**) (1966), (H. 3, S. 87−91) und *Rodig* (Zu den Fehlergrenzen für Flächenbestimmungen, Vermess.-Technik, Berlin **30** (1982), (H. 9, S. 302) verwiesen.

Eine *unabhängige* Kontrolle von Flächenberechnungen durch Anwendung zumindest zweier Verfahren ist normal. Sind diese gleichwertig, so können die beiden Ergebnisse gemittelt werden. Im anderen Falle zählt das Resultat des genaueren Verfahrens, das andere wird lediglich als Kontrolle zum Erkennen grober Fehler gewertet. Von den vielen möglichen speziellen Fehlereinflüssen sollen zwei von grundsätzlicher Bedeutung zunächst betrachtet werden, nämlich ein *fehlertheoretisches Grundprinzip* und die *Maßbeständigkeit* des Zeichenträgers.

Fehlertheoretisches Grundprinzip der Flächenbestimmung

Dieses kann anschaulich an geometrischen Grundfiguren wie Dreieck, Trapez oder Rechteck gezeigt werden. Die Fläche eines Rechtecks wird nach

$$A = a \cdot b \qquad (7.10)$$

berechnet. Sind beide Seiten, das ist durchaus normal, fehlerbehaftet, ausgewiesen durch die mittleren Fehler $\pm m_a$ und $\pm m_b$, so wird nach Gl. (7.10) der mittlere Flächenfehler

$$m_A = \pm \sqrt{a^2 \cdot m_b^2 + b^2 \, m_a^2}. \qquad (7.11)$$

Wenn beide Fehler etwa gleichgroß sind, aber z. B. a wesentlich größer als b ist, so folgt hieraus die elementare Erkenntnis bzw. auch die Forderung, daß grundsätzlich die kürzere Seite, hier b im Rechteck, genauer zu messen ist als die längere.

Das gilt in gleicher Weise für Dreieck und Trapez. Hierauf stützt sich auch die Empfehlung zum Vorgehen bei der halbgraphischen Flächenbestimmung (s. Abschn. 7.1.2.). In diesem Zusammenhang sei daran erinnert, daß kurze Strecken bis zu etwa 50 m Länge auf ± 1 bis ± 2 cm genau gemessen und Entfernungen in der Karte auf $\pm 0,1$ bis $\pm 0,2$ mm genau abgegriffen werden können.

Hierzu ein Zahlenbeispiel: Die Seitenlängen eines Rechteckes sind $a = 100$ m und $b = 20$ m, deren zugehörige mittlere Fehler $m_a = \pm 0,2$ mm (das ist im Maßstab 1 : 5000 1 m) sowie $m_b = \pm 3$ cm. Nach Gl. (7.11) folgt mit diesen Werten ein Flächenfehler von

$$m_A$$
$$= \pm \sqrt{(100 \text{ m} \cdot 0,03 \text{ m})^2 + (20 \text{ m} \cdot 1 \text{ m})^2}$$
$$\approx \pm 20 \text{ m}^2.$$

Maßbeständigkeit des Zeichenträgers

Infolge der Einflüsse von Temperatur und Feuchtigkeitsgehalt der Luft verändern Offsetpapier und Zeichenkarton, weniger Folienmaterial, ihre Abmessungen, oft unterschiedlich in Längs- und Querrichtung. Hiernach und nach Erfahrungswerten der kartographischen Praxis können zumeist Schrumpfungen (Papiereingang) etwa in der Größenordnung von 0,3 % auftreten (Orientierungswert). Das sind beim Format der

Forstgrundkarte 1 : 5000 rund 3 mm × 2 mm. Eine Flächengröße A muß infolge Papiereingang theoretisch um $(x + y)$ % vergrößert werden, wenn x und y die prozentualen Veränderungen in Längs- und Querrichtung sind.

Auf Karten, die ein Koordinatengitter haben, greift man an zwei oder drei Stellen die Abstandsmaße zwischen den Koordinatennetzpunkten ab und vergleicht sie mit den Sollmaßen, meist 1000 mm oder 500 mm. Auftretende Differenzen sind die prozentualen Angaben x und y der Papierveränderung.

Bei großzügiger Betrachtung bedeuten die oben genannten 0,3 % einen Flächenfehler von $2 \times 0,3$ %, also maximal 1 %. Für Arbeiten mit der Forstgrundkarte in den neuen Bundesländern kann dieser Betrag grundsätzlich unberücksichtigt bleiben, da er weit innerhalb der Forderung $m_A = \pm 7,7$ % liegt. Sind Aufgaben für andere, größere Kartenmaßstäbe zu lösen, muß man unter Beachtung der vorliegenden Bedingungen entscheiden, ob eine Verbesserung anzubringen ist oder nicht.

Genauigkeit planimetrischer Flächenbestimmungen

Für das *Polarplanimeter* gibt *Jordan* als „mittleren Fehler einer Flächenbestimmung" die Beziehung

$$m_A = \pm 0,0002 \cdot M \cdot \sqrt{A} \qquad (7.12)$$

an. Nach Bild 7.6. ergibt sich

$$m_A \approx \pm 0,0002 \cdot 5000 \sqrt{17\,000 \text{ m}^2} \approx \pm 130 \text{ m}^2.$$

Unter diesem Aspekt ist die für planimetrische Bearbeitungen in der Forstkarte vorgegebene zulässige Abweichung von 4 Einheiten der letzten Stelle (s. Abschn. 7.1.4.) als *äußerstes Maximum* aufzufassen, vor allem *für kleinere Flächen*. Diese 4 Einheiten entsprechen nämlich bereits 400 m² (s. Tafel 7.2). Da der Mittelwert verwendet wird, bleibt die Abweichung hiervon 200 m². Bei der durchschnittlichen Teilflächengröße bedeutet diese Abweichung einen Flächenfehler von etwa 0,7 %.

Die vom Verfahren unabhängige Festlegung, bei Flächenermittlungen in der Forstgrundkarte 1 : 5000 die Resultate auf zwei Dezimalen der Größenordnung Hektar anzugeben, ist akzeptabel. Das entspricht bei einer Teilfläche von 3 ha einem Fehler von maximal 0,3 % und bleibt weit innerhalb der Forderung $m_A = \pm 7,7$ %.

Fehlergrenzen

Zum Abschluß sollen einige in der Geodäsie *übliche Fehlergrenzen* vorgestellt werden. Sie geben Höchstabweichungen für zwei voneinander unabhängig durchgeführte Flächenbestimmungen derselben Konfiguration vor. Im Sinne der Fehlertheorie (Abschn. 2.) entsprechen sie dem dreifachen mittleren Fehler. Die nachfolgende Übersicht geht selbstverständlich vom Bestimmungsverfahren aus.

Fehlergrenzen für die Flächenbestimmung

– *aus Feldmaßen:*

- $\Delta = 0,35 \sqrt{A} + 0,0005 A$ (7.13a)

  für normalwertiges Gelände
  (nach *Özgen*)

- $\Delta = 0,20 A + 0,0003 A$ (7.13b)
  für hochwertiges Gelände
  (nach *Großmann* und *Özgen*)

- $\Delta = 0,3 \sqrt{A}$ (7.13c)
  nach *Rodig*

– *aus Feldmaßen und Karten*

- 1:1000 $\Delta = 0,4 \sqrt{A} + 0,0003 A$
  (7.13d)
  (nach *Großmann*)

- 1:2000 $\Delta = 0,6 \sqrt{A} + 0,0003 A$
  (7.13e)
  (nach *Großmann*)

- halbgraphisch $\Delta = 0,014 \sqrt{M A}$ (7.13f)
  (nach *Özgen*)

– *mit graphischen Verfahren*

- 1:2000 (*Großmann*)
  $\Delta = 1,2 \sqrt{A} + 0,0003 A$
  (7.13g)

- „rein graphisch"$\Delta = 0,0005 M \cdot \sqrt{A}$ (7.13h)
  (nach *Özgen*)

- Planimeter $\Delta = 0,0006 M \cdot \sqrt{A}$ (7.13i)
  (nach *Özgen*)

- Flurkarte 1:1000
  $\Delta = 0,00075 \cdot M \cdot \sqrt{A}$ (7.13j)
  und 1:2000 (*Rodig*)

- Maßstäbe $\geq$ 1:1000
  $\Delta = 1,2 \sqrt{A}$ (7.13k)

- Maßstäbe $<$ 1:1000
  $\Delta = 0,0012 \cdot M \cdot \sqrt{A}$ (7.13l)

Die letzten beiden Vorgaben entstammen der Liegenschaftsvermessungsordnung der ehemaligen DDR und waren seit 1983 verbindlich. Sie kommen den Belangen der Forstwirtschaft sicher auch heute noch am nächsten und werden deshalb als *Orientierungswerte* empfohlen. Für eine Teilfläche von 3 ha im Maßstab 1:5000 ergibt sich nach Gl. (7.13l)

$$\Delta = 0,0012 \cdot 5000 \sqrt{30000} = 1045 \text{ m}^2,$$

das sind rd. 3,5 % der Fläche, und Δ liegt damit innerhalb der Forderung $m_A = \pm 7,7 \%$.
Ein Vergleich der Werte in Bild 7.6 läßt maximale Abweichungen von 0,01 ha zwischen den vier Bestimmungen der zwei Teilflächen erkennen. Damit ist die zulässige Abweichung nach Gl. (7.13l) von 794 m^2 eingehalten. Auch die schärferen Forderungen nach Gl. (7.13i) und (7.13h) bleiben mit 397 m^2 und 331 m^2 weit unterboten.

7.2. Flächenteilungen und Grenzbegradigung

Nicht selten ergibt sich aus forstwirtschaftlicher Sicht die Notwendigkeit zur Unterteilung von Wirtschaftsflächen. Dabei werden meist bezüglich der Größe der vorgesehenen Teilflächen wie des Verlaufes der neuen Grenze bestimmte Forderungen erhoben. In der Praxis sind solche Aufgaben vielfach im Zuge der Regulierung, d. h. Begradigung gebrochener oder gewundener Grenzverläufe (z. B. Bachläufe) zu lösen.

Grundsätzlich bestehen zwei Möglichkeiten, nämlich

- die streng analytische Lösung nach vorgegebenen mathematischen Algorithmen und örtlicher Messung sowie
- eine sukzessive Approximation, unterstützt durch Karte, auch durch örtliche Messungen.

Strebt man eine Lösung auf dem ersten Wege an, so muß der Algorithmus überschaubar sein, um effektiv zum Ergebnis zu gelangen. Nur dann, wenn eine zusammengesetzte Flächenteilung auf geometrische Grundfiguren wie Dreieck und Viereck (einschließlich wichtigem Spezialfall: Trapez!) sowie deren mögliche Zerlegung zurückgeführt werden kann, ist diese Variante zu empfehlen. Andernfalls leistet eine sukzessive Approximation mit Hilfe von Karte und örtlichen Messungen bessere Dienste, weil man einfacher zum Ziel gelangt. Stellen wir dabei die Forstgrundkarte 1:5000 als wichtigstes Arbeitsmittel in den Vordergrund, erhält dieser zweite Lösungsweg besonderes Gewicht, zumal wenn wir die nicht hohe Genauigkeitsforderung $m_A = \pm 7,7\,\%$ gebührend beachten.

Deshalb werden im folgenden zunächst nur kurz einige Hinweise zum analytischen Lösungsweg gegeben und danach charakteristische Approximationsbeispiele vorgestellt. Diese Ausführungen werden in Anlehnung an *Jordan* (Bd. 2), *Volquardts* und *Schewior* vorgenommen.

• *Zur analytischen Flächenteilung*

Wesentlicher Ausgangspunkt hierfür sind Flächenberechnungsformeln für Drei- und Vierecke sowie Sätze der Planimetrie, insbesondere zur Ähnlichkeit. Diese können einschlägigen Lehrbüchern entnommen werden. Folgende drei *Sätze zum Dreieck* seien dennoch genannt

1. In ähnlichen Dreiecken verhalten sich die Flächen zueinander wie die Quadrate einander entsprechender Seiten (Grundlinien, Höhen).
2. Flächen von Dreiecken mit Höhen gleicher Länge verhalten sich wie die zu diesen Höhen gehörenden Grundlinien.
3. Flächen von Dreiecken mit gleich langen Grundlinien verhalten sich wie die zu diesen Grundlinien gehörenden Höhen.

In den oben genannten Büchern sind zahlreiche Beispiele zur ein- und mehrfachen Flächenteilung von Drei- und Vierecken, vor allem Trapezen, beschrieben. *Nissen* (Zeitschr. f. Vermess.-Wesen, Stuttgart <u>90</u> (1965), H. 6, S. 200–203) gibt ein strenges Verfahren zur Teilung von Trapezen in n gleich große Teile parallel zu den Parallelseiten an.

Bei sicherer Kenntnis der geometrisch-planimetrischen Grundlagen und Zusammenhänge führt die logische Überlegung jeden Bearbeiter zum gewünschten Ergebnis, wenn ihm die notwendige geometrische Zerlegung in die „Grundfiguren" gelingt. In gewissem Sinne ist dies ein zielgerichtetes „Knobeln". Zahlreiche analytisch strenge Lösungen wurden von keinem Geringeren als *C. F. Gauß* ausführlich in seinem Buch „Die Teilung der Grundstücke", Berlin

1909, behandelt. Zwei Beispiele sollen das grundsätzliche Herangehen veranschaulichen:

Ein erstes Beispiel stützt sich auf den oben genannten 2. Satz zum Dreieck. Gefordert wird die Abtrennung eines Flächenstückes der Größe $0,4\,A$ von dem Dreieck ABC mit der Fläche A, und zwar von einem vorgegebenen Punkt P_1 (Bild 7.8a) aus:

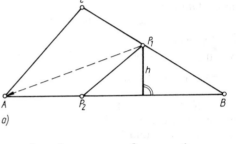

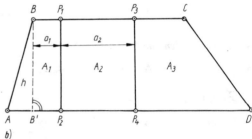

Bild 7.8
Strenge Flächenteilung
a) Dreiecksteilung von einem bestimmten Punkt auf einer Dreiecksseite aus; *b)* Dreifache Unterteilung eines Trapezes mit der Fläche A im Verhältnis $\frac{1}{6}A : \frac{2}{6}A : \frac{3}{6}A$

– Das Dreieck P_1BP_2 muß die Flächenvorgabe $0,4\,A$ erfüllen.
– Die Verbindung $\overline{P_1A}$ trennt das Dreieck ACP_1 mit der Fläche $0,4\,A$ ab. Damit verbleiben folgende Flächengrößen:
   für Dreieck AP_1P_2 $0,2\,A$ und
   für Dreieck P_1BP_2 $0,4\,A$ (Soll-Fläche).
– Gesucht wird Punkt P_2, der auf der Grundlinie $\overline{AB}$ liegt.
   Nach Satz 2 gilt
   $A_{P_1P_2A} : A_{AP_1B} : A_{P_2P_1B} = \overline{AP_2} : \overline{AB} : \overline{P_2B}$.
   Werden die Flächenanteile von A eingesetzt, folgt
   $0,2\,A : 0,6\,A : 0,4\,A = \overline{AP_2} : \overline{AB} : \overline{P_2B}$,

und schließlich ergibt sich hieraus

$$\overline{AP_2} = \frac{0,2\,A}{0,6\,A} \cdot \overline{AB} = \frac{1}{3} \cdot \overline{AB} \text{ bzw.}$$

$$\overline{P_2B} = \frac{0,4\,A}{0,6\,A} \cdot \overline{AB} = \frac{2}{3} \cdot \overline{AB}.$$

Beim zweiten Beispiel ist ein Trapez dreifach im Verhältnis 1:2:3 zur Gesamtfläche A zu unterteilen (Bild 7.8b). Es sind die parallelen Seiten $\overline{BC}$ und $\overline{AD}$ sowie die Höhe h gemessen, womit die Gesamtfläche A gegeben ist. Folgende Bearbeitungsschritte sind zu gehen, wenn die drei Teilflächen $A_1 = \frac{A}{6}$, $A_2 = \frac{A}{3}$ und $A_3 = \frac{A}{2}$ von links nach rechts vorzusehen sind:

– Abtrennung des rechtwinkligen Dreiecks ABB' und Ermittlung seiner Fläche A_D
– Differenz $A_1 - A_D$ wird durch h dividiert und liefert den Betrag $a_1 = \overline{B'P_2} = \overline{BP_1}$
– $\dfrac{A_2}{h} = a_2 = \overline{P_1P_3} = \overline{P_2P_4}$
– Kontrollrechnung: $A_3 = h \cdot \dfrac{\overline{P_3C} + \overline{P_4D}}{2}$.

Für die Berechnungen benötigte Maße sind durch örtliche Messungen oder Abgriff von großmaßstäbigen Kartierungen (Maßstab 1:500 oder 1:1000) zu ermitteln.

• **Approximationsbeispiele**

Bearbeitungen in der Forstgrundkarte 1:5000 sind aus zwei Gründen sicher effektiver durch schrittweise Näherung zu lösen. Erstens erfordert die Genauigkeit $m_A = \pm 7,7\,\%$ nicht die strenge analytische Lösung. Zum anderen wird die Konfiguration der Wirtschaftsflächen oft keine Zerlegung in die geometrischen Grundfiguren Dreieck, Viereck (Trapez) erlauben. In jedem Falle wird man den ersten Näherungsschritt, d. h. eine neue Grenzziehung, in der Karte vollziehen. Dabei leistet ein Quadratnetz wertvolle, einfache wie schnelle Hilfe, wenn man mit dessen Hilfe die vorgegebenen Flächengrößen der Unterteilung „einstellt":

• *Beispiel 1 (Bild 7.9a)*

Als Ergebnis einer Orthogonalaufnahme liegt ein Vieleck mit der Fläche A vor. Diese Konfiguration soll in zwei flächengleiche Teile zerlegt werden. Nach Abschnitt 7.1.1. wurde A be-

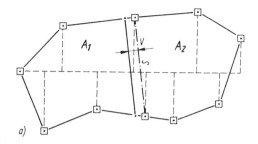

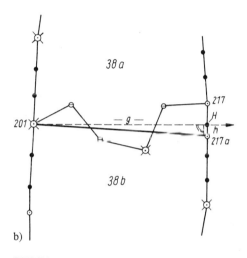

Bild 7.9
Beispiele für schrittweise Flächenteilung
a) Teilung einer Vieleckfläche in zwei flächengleiche Abschnitte; *b)* Begradigung einer Unterabteilungsgrenze

rechnet und die Figur in großem Maßstab kartiert. Gestützt auf die Flächenberechnung wird nun der abgeschätzte Verlauf der neuen Grenze eingetragen. Aus der Berechnung und ergänzenden planimetrischen oder graphischen Flächenbestimmung werden die Teilflächen A_1 und A_2 ermittelt. Aus der Beziehung $\dfrac{A_1 - A_2}{s} = v$ erhalten wir den Verschiebungsbetrag v für den ersten Grenzeintrag. Eine Kontrolle ist nach Eintrag der neuen Grenze zumindest in der Karte vorzunehmen. Je nach den Forderungen und einzuhaltenden Genauigkeiten muß evtl. nach Vermarkung der zwei neuen Grenzpunkte die Kontrolle auch durch örtliche Messung erfolgen.

- *Beispiel 2 (Bild 7.9b)*

Im Zuge der Forsteinrichtung soll die Unterabteilungsgrenze, die von 201 gebrochen nach 217 verläuft, unter Einhaltung der Größe der Unterabteilungsflächen 38a und 38b begradigt werden. Ausgehend vom Grenzpunkt 201, der als solcher erhalten bleiben soll, wird mittels Quadratnetztafel der näherungsweise Verlauf der Grenz- (Hilfs-) linie nach Punkt H (Hilfspunkt) eingetragen. Nun werden die Flächen zu beiden Seiten der Linie $\overline{201-H}$ planimetrisch bestimmt. Wird $\overline{201-H}$ als Grundlinie g eines Dreieckes aufgefaßt, läßt sich näherungsweise als Verschiebungsbetrag die Höhe $h = \dfrac{2\,\Delta A}{g}$ berechnen. Hierin ist $+$ oder $-$ ΔA die Differenz der zu beiden Seiten von g gelegenen Flächenanteile. Nach Verschwenkung der Grundlinie um h ergibt sich die neue Grenze mit dem Punkt 217 a. Auch hier wird man nicht auf eine nochmalige planimetrische Kontrolle verzichten.

- *Beispiel 3*

Ist ein mäanderartig verlaufendes Bachbett oder ein eng gewundener Wegeverlauf zu begradigen, wird im Prinzip wie beim vorangegangenen Beispiel verfahren, wenn die angrenzenden Flächengrößen nicht verändert werden sollen. Nach Augenmaß oder besser mit Quadratnetztafel wird in erster Näherung die Achse das Baches oder des Weges eingezeichnet. Die anschließende planimetrische Ermittlung gibt Aufschluß über notwendige Veränderungen. Gewöhnlich wird der dritte oder vierte Entwurf die endgültige Lösung bringen. Abschließend wird der neue Verlauf z. B. mit Hilfe des Orthogonalverfahrens in die Örtlichkeit übertragen.

8. Maßstabsänderung und Vervielfältigung von Karten

In diesem Abschnitt wird der Akzent auf eine *Überblicksdarstellung* gesetzt. Der Nutzer soll auf die grundsätzlichen Möglichkeiten der Vergrößerung und Verkleinerung sowie Vervielfältigung von Karten orientiert werden. Dies soll ihm, unterstützt durch aufgezeigte Vor- und Nachteile sowie angeführte Anwendungskriterien, die Entscheidung für das richtige Verfahren im speziellen Fall erleichtern.

Es werden *einzelne einfache Hilfsmittel* wie Pantograph und Quadratnetztafel ausführlich beschrieben werden. Nicht in jeder Dienststelle steht z. B. eine Reprokamera zur Herstellung von Vergrößerungen oder Verkleinerungen zur Verfügung. Beherrscht jedoch der Praktiker einige Hilfsmittel zur Lösung einfacher Aufgaben in ausreichendem Maße, so ist er zu seinem Vorteil unabhängig von zentralen technischen Einrichtungen.

8.1. Vergrößerung und Verkleinerung von Karten

Hinsichtlich des Informationsgehaltes, der „Aussagekraft" einer Karte besteht eine starke Abhängigkeit vom jeweiligen Maßstab. In der Praxis ergibt sich gelegentlich die Situation, daß der Maßstab einer vorliegenden Karte für das spezielle Bearbeitungsziel nicht geeignet ist. Hier ist zu entscheiden zwischen Maßstabsänderung, d. h. Vergrößerung oder Verkleinerung des Maßstabes der Originalkarte oder Neukartierung bzw. Neuaufnahme.

Folgendes ist hierbei grundsätzlich zu beachten:

– Erste Forderung ist die nach Erhaltung der Lagerichtigkeit. Wie wir gleich sehen, ist die *Lagegenauigkeit* maßstababhängig nicht grundsätzlich zu garantieren.

– Eine exakte Vergrößerung ist nur durch Neukartierung möglich, wenn eine *digitale Karte* (hinsichtlich ihrer Aufnahme) vorliegt. Die auf Datenträger abgespeicherten Größen sind *maßstabsunabhängig* weiter zur Karte beliebigen Maßstabes zu verarbeiten. „Beliebig" muß insofern eingeschränkt werden, daß natürlich eine für den vorgesehenen Zweck ausreichende Dichte der gespeicherten Daten vorauszusetzen ist. Eine graphisch entstandene Karte (Abschn. 3.6.3.) kann nur mittels spezieller optischer, mechanischer oder graphischer Verfahren vergrößert oder verkleinert werden.

– Dabei werden zwangsläufig bei Vergrößerungen alle Fehler der Originalkarte mit vergrößert. Das umgekehrte gilt natürlich für Verkleinerungen. Hierzu folgendes Beispiel. Es ist eine Vergrößerung vom Maßstab 1:5000 auf 1:1000 gefordert. Für die Forstgrundkarte 1:5000 können wir bekanntlich ein $m_p \approx \pm 5$ m annehmen. Dieser Fehler bleibt natürlich in der Vergrößerung erhalten und entspricht dort einem mittleren Punktfehler in der Karte von ± 5 mm. Aber der Kartiergenauigkeit von $\pm 0,1$ bis $\pm 0,2$ mm im Maßstab 1:1000 entspricht ein Lagefehler von ± 1 bis ± 2 dm. Diese Wechselbeziehung muß dem Bearbeiter bekannt sein. Andernfalls stellt er unberechtigt unreal höhere Anforderungen. Deshalb muß jede durch Vergrößerung entstandene Karte einen entsprechenden Vermerk tragen. Mit anderen Worten: Ein durch Vergrößerung erhaltener Kartenmaßstab kann nicht die maßstabsabhängige Genauigkeit repräsentieren, welche der Originalkarte gleichen Maßstabes zukommt.

– Vergrößerte Karten enthalten naturgemäß zu wenig Detaildarstellungen. Deshalb sind meist Ergänzungsmessungen notwendig. Umgekehrt wird man verkleinerte Darstellungen entsprechend generalisieren müssen.

Eine detailgetreue und lagerichtige Vergrößerung oder Verkleinerung ist nur auf optischem Wege möglich. Bei nicht zu umfangreichem und zergliedertem Karteninhalt kommt dem die Anwendung des Pantographen am nächsten. Schließlich können die gezeigten graphischen Verfahren als Notlösungen für kleinere und weitestgehend geradlinig begrenzte Objekte vom Bearbeiter in der Forstpraxis angewendet werden.

8.1.1.   Photographisches Verfahren

Schnell und für den Fachmann, den Photographen, relativ einfach gelangt man mit Hilfe einer Spezialkamera, der Reproduktionskamera (Reprokamera) zum Ziel. Mit einer solchen großformatigen Kamera können Negative bis zu $1{,}20\ \text{m} \times 1{,}20\ \text{m}$ hergestellt werden. Bei der Aufnahme des Kartenoriginals mit einer Kamera dieses Typs wird an der Mattscheibe der Maßstab der Vergrößerung bzw. Verkleinerung eingestellt. Das Aufnahmeergebnis, ein Negativ oder auch Positiv auf Film bzw. Glasplatte, dient als Vorlage zur Vervielfältigung mittels Druckverfahren (Abschn. 8.2.).
Ein zunächst unausbleiblicher Nachteil des photographischen Verfahrens ist die Vergrößerung bzw. Verkleinerung aller Strichstärken. Sie erscheinen in der Karte des abgeleiteten Maßstabes unangemessen stark bzw. dünn. Dem wird mit einem Zusatzgerät, z. B. dem Optischen Umformer OU 1, abgeholfen. Eine planparallele Platte in diesem Objektivvorsatz bewirkt durch regelbare Taumelbewegung den erwünschten Effekt, die dem neuen Maßstab angemessene Wiedergabe der Strichstärken.
Eine Reprokamera ist nicht billig und steht deshalb nicht jeder kleinen Einrichtung zur Verfügung. Aber man sollte informiert sein, wo ein diesbezüglicher Auftrag erledigt werden kann. Eine Auswahlentscheidung muß sich auf die Erkenntnis stützen, daß die komplette Vergrößerung oder Verkleinerung einer Forstkarte nur auf optischem Wege effektiv möglich ist. Dies

ist insbesondere dann der Fall, wenn nachfolgende Vervielfältigungen in hoher Stückzahl verlangt werden.

8.1.2.   Mechanisches Verfahren mit dem Pantograph

Bereits aus dem 17. Jahrhundert ist der *Storchschnabel* als Vorläufer des Pantographen bekannt. Für exakte Maßstabsänderungen nutzt man heute einen Pantographen, wie er in Bild 8.1 gezeigt wird. Ein solches Gerät steht hinsichtlich seiner effektiven Anwendung der Reprokamera am nächsten.

Wann ist die Anwendung des Pantographen sinnvoll?
Die Antwort hierauf ist unschwer zu finden. Ähnlich dem Planimeter (s. Abschn. 7.1.4.) wird die Originalfläche umfahren. Das Gerät kann leicht jeder Konfiguration, auch einer krummlinigen wie z. B. Höhenlinien, nachgeführt werden. Ist der Karteninhalt nicht zu sehr mit Details belastet und wird zunächst nur ein Original (höchstens wenige Kopien davon) im neuen Maßstab gefordert, so wird der Einsatz eines Pantographen effektiv sein.
Bild 8.2 zeigt das Anwendungsprinzip des in Bild 8.1 gezeigten Geräts. Es besteht aus vier Metallstäben von normalerweise 72 oder 96 cm Länge. Sie tragen Millimeterteilung und sind in den Punkten B und C durch verschiebbare Gelenke miteinander verbunden. Ein mit Gewichten belasteter Pol P ist Drehpunkt für alle Bewegungsabläufe. Damit diese möglichst wenig durch Reibung beeinträchtigt werden, sind die Stäbe vom Pol aus an dünnen Drähten aufgehängt (s. Bild 8.1).
Mit dem Fahrstift F wird nun die Ausgangsfläche im Maßstab $1{:}m_1$ umfahren. Die Aufstellung nach den Bildern 8.1 und 8.2a liefert mit den Bewegungsabläufen des Zeichenstiftes eine Verkleinerung im Maßstab $1{:}m_2$. Wenn eine punktweise Bearbeitung zweckmäßiger als eine linienweise ist, wird der Fahrstift gegen eine Kopiernadel ausgetauscht. Diese kann vom Fahrstift aus mittels Schnurzug angehoben und gesenkt (Markierung!) werden. Die Punkte F und Z beschreiben ähnliche Figuren, wenn $PACB$ bzw. $ZACB$ ein Parallelogramm bilden und Pol, Fahr- und Zeichenstift stets auf einer

Geraden liegen. Das Maßstabsverhältnis der Bewegungen von Fahr- und Zeichenstift ergibt sich nach Bild 8.2 aus ähnlichen Dreiecken je nach Aufstellung (Pol am Ende sowie Pol in der Mitte) zu

$$x = \overline{AF}\frac{m_1}{m_2} \text{ und } y = \overline{BC}\frac{m_1}{m_2} \text{ Pol am Ende} \quad (8.1)$$

bzw.

$$x = \overline{AF}\frac{m_1}{m_1 + m_2} \text{ und } y = \overline{BC}\frac{m_1}{m_1 + m_2} \text{ Pol i. d. Mitte} \quad (8.2)$$

x und y sind die notwendigen Einstellungen an den Stäben. Bei gleichen Stablängen wird natürlich $x = y$. Bei *Vergrößerungen* nach Bild 8.2a werden Fahr- und Zeichenstift ausgetauscht.

Bild 8.1
Präzisionspantograph (Foto: *H. Jantzen*, Technische Universität Dresden)

Diese Aufstellung ist für große Maßstabsunterschiede zu empfehlen. Sind diese dagegen klein, sollte besser mit Pol in der Mitte (Bild 8.2 b) gearbeitet werden.
Normalerweise entfällt die Berechnung der Einstellwerte, da diese jedem Gerät für bestimmte Maßstabsverhältnisse beigegeben sind.
Abschließend muß noch ein wesentlicher Vorteil des Pantographen betont werden: Gleichmäßige Papierveränderungen können mittels der Relation $m_1 : m_2$ berücksichtigt werden. In diesem Falle müssen natürlich x und y nach Gl. (8.1) bzw. (8.2) berechnet werden.

8.1.3. Einfache graphische Verfahren

Stehen weder Reprokamera noch Pantograph zur Verfügung oder ist deren Einsatz nicht vertretbar, so können dem Bearbeiter in der Forstpraxis noch zwei graphische Verfahren empfohlen werden. Wesentliche Voraussetzung ist lediglich, daß das Kartenoriginal, d. h. vor allem die Informationsdichte und -menge des Karteninhaltes sowie die Konfigurationen geeignet sind.

● *Konstruktion von Quadratnetzen*

Dieses Verfahren ist vom Aufwand her für Originale etwa bis zur Größe A 3 empfehlenswert. Krummlinige Verläufe können praktisch ohne nennenswerten Meßaufwand ebenso wie geradlinige erfaßt werden. Auf Transparentpapier, besser auf transparenter Zeichenfolie, wird ein Quadratnetz aufgetragen. Dessen Maschenweite ist der Informationsdichte des Originals anzupassen. Dieses Netz wird unverrückbar über das

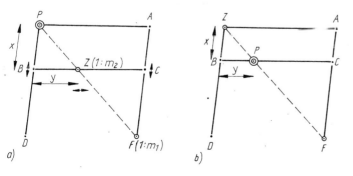

Bild 8.2
Aufstellung des Pantographen
a) Pol am Ende; *b)* Pol in der Mitte

Kartenoriginal gelegt. Auf einem zweiten Zeichenträger, evtl. Karton, wird ebenfalls ein Quadratnetz konstruiert. Seine Bemessung ist entsprechend dem geforderten Maßstabsverhältnis zu wählen. Vergleichbare Netzlinien in beiden Darstellungen sind der Bezug für die Übertragung des Originals ins vergrößerte bzw. verkleinerte Netz. Je nach Genauigkeitsforderung geschieht dieser Übertrag nach Schätzung oder mit Maßstab (s. Bild 2.2) und Kopiernadel. Ein Reduktionszirkel (Bild 8.3) erleichtert diese Übertragung wesentlich.

Mittels des verschiebbaren Gelenkes wird das erforderliche Maßstabsverhältnis an den *beiden Zirkelöffnungen* eingestellt. Somit kann in beiden Maßstäben gearbeitet, d. h. abgegriffen und übertragen werden.

● *Anwendung der Zentralperspektive*

Sind kleinere, geradlinig begrenzte Figuren im Maßstab zu wandeln, kann die Zentralperspektive genutzt werden. Von einem geeignet zu wählenden Zentralpunkt *0* im Inneren oder auch außerhalb der Figur werden Hilfslinien nach allen Begrenzungs- (Eck-) punkten gezogen (Bild 8.4). Auf ihnen trägt man im gegebenen Maßstabsverhältnis die Entfernungen zu den Punkten der Vergrößerung oder Verkleine-

rung auf. Nach dem Strahlensatz stehen dann Ausgangs- und abgeleitete Figur zueinander im Verhältnis $m_1 : m_2$. Auch hierbei kann mit Vorteil ein Reduktionszirkel benutzt werden.

8.2.   Vervielfältigung von Karten

Es ist normal, daß von der gleichen Karte mehrere Exemplare für unterschiedliche Bearbeitungszwecke benötigt werden. Welches Verfahren im Einzelfall gewählt wird, hängt sowohl von der Beschaffenheit des Originals (transparent oder undurchsichtig; Informationsdichte des Karteninhaltes) als auch der benötigten Anzahl der vervielfältigten Kopien und damit nicht zuletzt von ökonomischen Erwägungen ab.

Auflagenhöhen ab etwa 50 Karten werden durch *Druckverfahren* realisiert. Dabei ist das Offsetdruckverfahren das meistangewandte Flachdruckverfahren. Wegen seiner Eignung für den Mehrfarbendruck ist es gerade für Kartenvervielfältigungen beliebt. Hierbei spielt die *Reproduktionsphotographie* eine wichtige Rolle. Mit ihrer Hilfe gewinnt man die erforderlichen Druckkopiervorlagen.

Für kleinere Auflagenumfänge stehen *Reflex-* oder *Kopierverfahren* zur Verfügung. Sie befinden sich in ständiger Weiter- und Neuentwicklung und können von transparenten wie undurchsichtigen Originalen ausgehen. Man spricht hierbei auch von photographischen Kopierverfahren.

Von einiger Bedeutung ist die Xerographie oder *Xerokopie*, ein elektrostatisches Trockendruck- oder elektrophotographisches Verfahren. Als Positivkopierverfahren liefert es Kopien ohne Tonwertumkehr.

Als Arbeitsmittel im Gelände leisten vielfach Lichtpausen wertvolle Dienste. Sie sollten geringen Stückzahlen um zehn vorbehalten bleiben. Erinnert sei an die geringe Maßbeständigkeit des Lichtpauspapiers und das zeitabhängige „Bleichen".

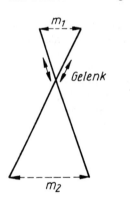

Bild 8.3
Prinzip des Reduktionszirkels

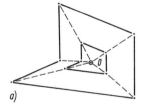

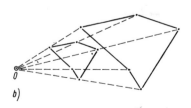

Bild 8.4
Anwendung der Zentralperspektive
a) Zentralpunkt innerhalb (Vergrößerung 1 : 2); *b)* Zentralpunkt außerhalb (Verkleinerung 3 : 1)

Wird von einem Kartenoriginal ein kleiner Ausschnitt für einen anderen Zweck benötigt, so ist *ein* Zweitoriginal schnell und billig durch *Hochzeichnen* auf transparenten Zeichenträger oder *Nadelkopie* zu schaffen. Gewissermaßen im „Umkehrsinn" wurde die Nadelkopie bereits beim Karteneintrag von Bussolenaufnahmen in Abschnitt 4.3.5. und 4.3.7. beschrieben.

9. Anwendung von Freihandneigungsmessern

9.1. Grundsätzliches zur Freihandneigungsmessung

Freihandmeßgeräte werden in der Forstvermessung zur Bestimmung von Baumhöhen, Gelände- und Wegeneigungen genutzt. Für die Freihandmessung stehen verschiedene Instrumente zur Verfügung, die entweder nach dem geometrischen oder dem trigonometrischen Prinzip arbeiten. Alle Freihandgeräte sind einfach zu bedienen und gestatten ein schnelles Arbeiten. Ihre Anwendung erfordert vom Messenden eine ruhige Hand; das Gerät ist lotrecht zu halten.

Beim geometrischen Prinzip wird die Höhe mit Hilfe der Beziehungen zwischen ähnlichen Dreiecken, beim trigonometrischen durch die Bestimmung von Höhenwinkeln berechnet.

Die gebräuchlichen Instrumente werden im folgenden beschrieben.

9.2. Geometrische Verfahren

Nach dem geometrischen Prinzip wurden u. a. die Höhenmesser von *Christen*, *Vorkampf-Laue* und *Weise* konstruiert. Sie nutzen die *Ähnlichkeit der Dreiecke* bzw. sind im Strahlensatz begründet.

Der *Baumhöhenmesser von Christen*, Bild 9.1 ist ein einfaches Metall-Lineal mit einer 30 cm langen Aussparung, auf dem Höhenmarken eingraviert sind. Die Standlinie muß nicht gemessen werden. An dem Baum muß jedoch als Vergleichsmaß eine 4 m lange Meßlatte aufgestellt werden. Aus Bild 9.2 ist die Beziehung der Messung ersichtlich.

Es ist:

$$\frac{B^1\,C^1}{B\,C} = \frac{C^1\,D^1}{C\,D} \qquad (9.1)$$

Durch die Konstruktion des Instrumentes ergeben sich folgende Konstanten:

$B^1\,C^1 = 0{,}30$ m, $C\,D = 4{,}00$ m.

Die am Höhenmesser erscheinende Länge der Latte ist also eine Funktion der Baumhöhe.

Bei einer Gerätelänge von 0,30 m und einer Meßlattenlänge von 4,00 m lassen sich folgende x-Werte für die verschiedenen Baumhöhen berechnen:

Höhe in m
4 5 6 8 10 12 15 20 25 30 35 40
x in cm
30 24 20 15 12 10 8 6 4,8 4 3,4 3

Die Teilung der Linealaussparung spiegelt diese Verhältnisse wieder und ermöglicht eine direkte Ablesung der Baumhöhe.

In Bild 9.1 zeigt ein Beispiel diese Ablesung nach der Visur zur 4,00-m-Latte. An der Skala des Lineals wird als Baumhöhe 15,00 m abgelesen.

Der Vorteil des *Christen*-Baumhöhenmessers besteht darin, daß keine zusätzliche Entfernungsmessung notwendig ist, nur eine Ablesung am Instrument erfolgt und der volle Gesichtswinkel genutzt wird. Nachteilig sind die ungünstigen Sichtbeziehungen im geschlossenen Bestand und die Unsicherheit bei Messungen größerer Höhen (>20 m) wegen Abnahme der Teilungsintervalle. Selbst bei sorgfältiger Messung beträgt der Fehler ±6% der Höhe.

Der *Baumhöhenmesser Vorkampf-Laue* beruht auf demselben Prinzip wie der von *Christen*. Der Unterschied ergibt sich aus einem anderen Verhältnis der Konstanten. Wird ein konstantes Verhältnis angenommen:

$$\frac{B^1\,C^1}{D^1\,C^1} = \frac{10}{1} \quad \text{z. B.} \quad B^1\,C^1 = 80 \text{ cm}$$
$$D^1\,C^1 = 8 \text{ cm,}$$

so ist

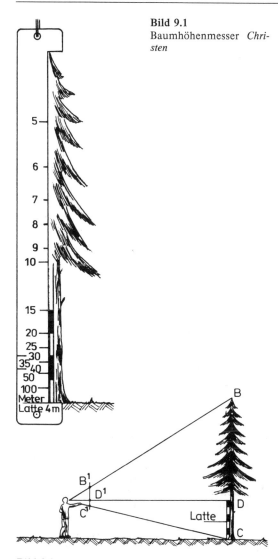

Bild 9.1
Baumhöhenmesser *Christen*

Bild 9.2
Prinzip der geometrischen Baumhöhenmessung

$$\frac{B^1 C^1}{D^1 C^1} = \frac{BC}{DC} \text{ oder } \frac{10}{1} = \frac{H}{l}, \; H = 10 \, l.$$

Die Größe $DC = l$ kann am Baum anvisiert und nachher gemessen oder auch mit Hilfe einer Meßlatte sofort abgelesen werden. Der gemessene Wert wird mit 10 multipliziert, um die Baumhöhe zu finden. (Analog: *Dendrometer* von *Kramer*)

Gleiche Dienste leisten auch ein beliebiger Stock mit drei Meßmarken oder ein Zollstock. Wählt man andere Abmessungen als die meist bevorzugten 80 und 8 cm, so ist man in der Wahl des Standpunktes weniger abhängig. Die Vor- und Nachteile sind die gleichen wie beim Höhenmesser *Christen*.

9.3. Trigonometrische Verfahren

Nach diesem Verfahren kann die Baumhöhe mittels *Neigungsmesser, Bussole, Theodolit, Relaskop* oder anderen *Fernrohrinstrumenten*, an denen die Winkel am Höhenkreis abgelesen werden können, gemessen werden. Die trigonometrische Höhenbestimmung wurde bereits in Abschnitt 6.2. näher erläutert, so daß hier auf die Theorie des Verfahrens nicht noch einmal eingegangen wird.

Die wichtigsten anderen speziellen Geräte und Instrumente sollen noch vorgestellt werden.

Ein bequemes, leicht handbares Höhenmeßgerät ist der *Baumhöhenmesser Blume-Leiss*. Er trägt auf der Oberkante eine Zielvorrichtung. Im Innern einer Leichtmetallkapsel, durch eine Glasscheibe geschützt, gleitet ein Pendel über die Höhenskalen, die auf vier Kreisbögen für die Standlinien von 15, 20, 30 und 40 m angeordnet sind. Eine weitere Skala gestattet das Ablesen von Höhenwinkeln, z. B. zur Messung von Hang- und Wegeneigungen.

Die für die Höhenmessung erforderliche Distanzmessung kann mit dem optischen Entfernungsmesser und der zum Gerät gehörenden Meßlatte erfolgen.

Als Arbeitsweise mit dem Baumhöhenmesser *Blume-Leiss* hat sich bewährt, zunächst die Meßlatte am Baum zu befestigen, die Standlinie abzuschreiten und die optische Entfernungsmessung vorzunehmen. Dazu sieht der Messende durch das *Kalkspatprisma* im Höhenmesser und reguliert die zwei verschobenen Bilder der Meßlatte so, daß die betreffende Entfernungsmarke eines Bildes (15, 20, 30 bzw. 40 m) mit der 0-Marke des anderen Bildes zusammenfällt (Koinzidenzprinzip). Danach wird das Pendel ausgelöst und der Baumgipfel anvisiert. Nach Ruhestellung des Pendels wird dieses arretiert und die Teilhöhe h_1 auf der entsprechenden Skala abgelesen. Nach erneuter Freigabe des Pendels wird nach dem Fußpunkt gezielt

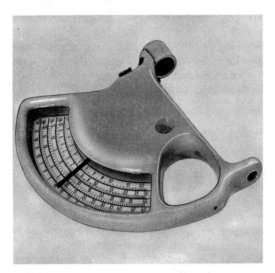

Bild 9.3
Höhenmesser *Blume-Leiss* (Foto: *H. Jantzen*, Techn. Univ. Dresden)

und die Teilhöhe h_2 ermittelt. Beide Teilhöhen addiert, ergeben die Baumhöhe (Bild 9.4).
Bei der trigonometrischen Höhenmessung wird die Verwendung einer horizontalen oder horizontal gemessenen Standlinie und damit des rechtwinkligen Dreiecks vorausgesetzt. Da bei einer optisch gemessenen geneigten Standlinie diese Bedingungen nicht gegeben sind, muß die Höhe entsprechend dem dadurch entstehenden Fehler, nach Tafel 9.1, korrigiert werden.
Die einfache Handhabung bei relativ großer Genauigkeit ($\pm 1\%$) erweist sich für den *Blume-Leiss*-Höhenmesser als Vorteil gegenüber anderen trigonometrischen Meßgeräten. Nachteilig ist die Bindung an vorgegebene Entfernungen. Schlechte Sichtverhältnisse in dichten Beständen erschweren die optische Entfernungsmessung.
Ebenso handliche Geräte sind die Pendelneigungsmesser der Firmen Präzisionsmechanik Freiberg (Bild 9.5), Breithaupt, Suunto und Haga. Die Messung entspricht dem *Blume-Leiss*-Höhenmesser. Lediglich sind hier die Pendel als Schwingkreise angeordnet. Die Ablesung erfolgt in Grad oder Prozent. Eine Spezialausführung hat Höhenskalen für die Standlinien 15, 20, 30 und 40 m als Zusatz, so daß die gemessenen Höhenwerte sofort abgelesen werden können und eine Umrechnung nicht erforderlich ist.

Tafel 9.1
Berichtigungstafel bei Schrägmessung mit Höhenmesser *Blume-Leiss*

Neigung in °	Berichtigungszahl	Neigung in %	Umrechnungsfaktor
4... 6	0,01	5	0,999
7... 9	0,02	6... 7	0,998
10	0,03	8...10	0,996
11...12	0,04	11...13	0,993
13	0,05	14...15	0,989
14	0,06	16...19	0,984
15	0,07	20	0,981
16	0,08	25	0,970
17	0,09	30	0,958
18...19	0,11	35	0,944
20	0,12	40	0,928
21	0,13	45	0,912
22	0,14		
23	0,15		
24	0,16		
25	0,18		
26	0,19		
27	0,21		
28	0,22		
29...30	0,25		

Diese handlichen Präzisionsinstrumente eignen sich auch zum schnellen Messen von Neigungen, Aufnahme von Quer- und Längsprofilen im Wege- und Wasserbau, für kleinere Nivellierarbeiten und Trassierungen.
Neben diesen einfachen Geräten haben sich einige universell einsetzbare optisch-mechanische Meßinstrumente, die sowohl als Freihandinstrument als auch mit Stativ genutzt werden, in der Forstmessung bewährt:
Aus Österreich stammt das *Spiegelrelaskop* (Bild 9.6 a) von *Bitterlich*, ein kleines Freihandmeßinstrument, welches sehr vielseitig für Winkelzählproben (WZP: Ermittlung der Kreisfläche von Bäumen in Probekreisen), Baumhöhenmessung, optische Baumabstandsmessung, Stärkenmessung und Gefällemessungen genutzt werden kann. Allerdings erfordert dieses Gerät etwas Übung, um exakte Messungen durchführen zu können.
Das Spiegelrelaskop hat im Gesichtsfeld der Visiereinrichtung ein in eine obere und eine untere Hälfte geteiltes Bild. Die obere Hälfte ge-

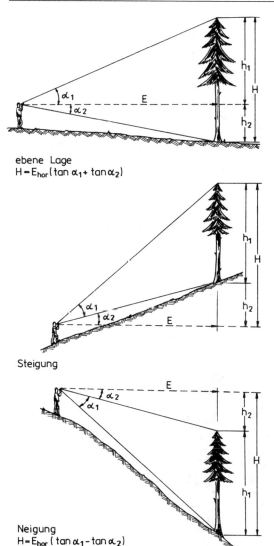

ebene Lage
$H = E_{hor}(\tan \alpha_1 + \tan \alpha_2)$

Steigung

Neigung
$H = E_{hor}(\tan \alpha_1 - \tan \alpha_2)$

Bild 9.4
Prinzip der trigonometrischen Baumhöhenmessung

Bild 9.5
Pendelneigungsmessei, Freiberger Präzisionsmechanik (Foto: *H. Jantzen*, Techn. Univ. Dresden)

Die Skala zeigt von links nach rechts: Tangenskala für 20 m Horizontaldistanz, Einserstreifen mit rechts anschließendem Viertelfeld, Doppelskala für 25 und 30 m Horizontaldistanz, Zweierstreifen, schmaler und breiter Distanzstreifen.

Für die Winkelzählprobe werden am häufigsten die Zählfaktoren 1 und 4 (*Einser- und Zweierstreifen*) vorgesehen. Die sich rechts vom Einserstreifen anschließenden zwei schmalen schwarzen und weißen Streifen ergeben vier gleiche Breiten, die mit dem Einserstreifen zusammen dem Zählfaktor 4 entsprechen. Der vorgegebene Gesichtswinkel entspricht der Proportion

Gegenstandsbreite:Gegenstandsentfernung = 1:50 (Zählfaktor 1).

Die im vollen Umkreis gefundene Baumzahl ist identisch mit der relativen Baumkreisfläche in m³/ha nach Zählfaktor 1. Bei Nutzung der Zählfaktoren 2 bzw. 4 ist der ermittelte Wert der relativen Kreisfläche mit dem Zählfaktor zu multiplizieren, um m²/ha zu erhalten.

Die *Abstandsmessung* mit dem Spiegelrelaskop erfolgt mit den Distanzstreifen 15, 20, 25 oder 30 m und einer Zweimeterbasis, die jeweils an dem zu messenden Baum befestigt wird (Bild 9.6c). Mit dem Spiegelrelaskop wird die rautenförmige Mittelmarke anvisiert und das

währt freie Sicht in das Gelände, während in der unteren Hälfte eine Reihe von Skalen und Streifen sichtbar sind. Alle Skalenwerte sind an der Visierkante abzulesen, dabei werden alle Ergebnisse der Messung selbsttätig korrigiert, d. h., geneigte Strecken werden auf die Horizontale projiziert und damit reduziert.
Bild 9.6b) zeigt die Tangenskala in der unteren Gesichtsfeldhälfte des Spiegelrelaskops.

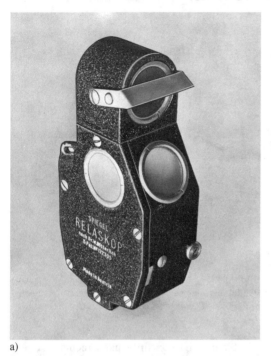

c)

Bild 9.6
Spiegelrelaskop *Bitterlich*
a) Ansicht (Foto: *H. Jantzen*, Techn. Univ. Dresden); *b)* Skalenausschnitt in der unteren Gesichtsfeldhälfte des Spiegelrelaskopes; *c)* Darstellung der optischen Distanzmessung mit senkrechter Zweimeterbasis, bei um 90 ° nach links gedrehter Achse

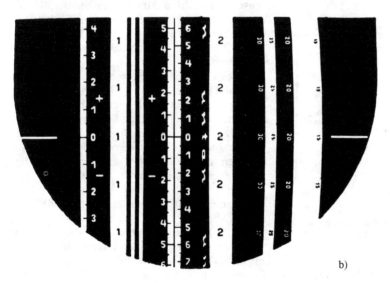

b)

Pendel in dieser Lage fixiert, danach wird das Instrument um die Sehachse 90° nach links gedreht, wodurch die Visierkante senkrecht erscheint. Im Beispiel ist die Ober- und Unterkante der Zweimeterbasis zwischen der unteren Ecke des breiten Distanzstreifens (20-m-Band) und der unteren Kante des Zweierstreifens zu sehen, damit beträgt der Horizontalabstand zum gemessenen Baum 20 m.

Die *Baumhöhenmessung* erfolgt im Anschluß an die Abstandsmessung mit den hierfür zur Verfügung stehenden Höhenskalen 20, 25 und 30 m. Für die Distanz 15 m ist die 30-m-Skala mit ihrem halben *Ablesewert* zu verwenden.

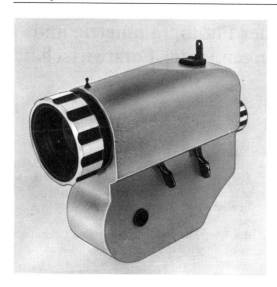

Bild 9.7
Telerelaskop *Bitterlich* (*Foto: H. Jantzen,* Techn. Univ.
Dresden)

Die Bezifferung aller drei Tangentenskalen betrifft Höhenmeter und läuft von der Horizontalen jeweils auf- bzw. abwärts. Die Messung entspricht der Messung mit dem *Blume-Leiss*-Hö-
henmesser.
Der Vorteil des Gerätes liegt in der Möglichkeit, verschiedenartige Messungen ausführen zu
können. Nachteilig ist bei längerer Messung die
physische Belastung durch die Vielzahl der Skalen.

Das *Tele-Relaskop* von *Bitterlich* (Bild 9.7) ist
eine Weiterentwicklung des Spiegelrelaskops.
Es hat ein monokulares, lichtstarkes Prismen-
fernrohr mit achtfacher Vergrößerung, in dessen
Gesichtsfeld und im oberen Teil das Gelände
und im unteren Teil das von einer Pendeltrom-
mel abgespiegelte Skalenbild beobachtet werden kann. Die Messung entspricht im wesentlichen der bereits beim Spiegelrelaskop beschriebenen. Für Feinmessungen ist das Tele-Relaskop mit Stativ und für Bestimmungen von Entfernungen und Stammdurchmessermessungen
mit Basislatte zu nutzen. Deshalb wird auf eine
weitere Beschreibung verzichtet.
Drei Weiterentwicklungen von Freihandmeßge-
räten seien hier noch genannt, das *Grundflä-
chen-Höhen-Meßgerät* (GHM) von Carl Zeiss
JENA eine zweckmäßige Kombination eines
Schnittbildentfernungsmessers mit veränderlicher Basis (Abschn. 4.2.3.) und eines Pendelnei-
gungsmessers nach dem *Bitterlich*-Verfahren.
Aus Polen kommt das *Codimeter*, eine Weiterentwicklung des *Bitterlich*-Spiegelrelaskops. Für
Messungen im Nahbereich (0,4 ... ca. 50,0 m)
werden seit kurzer Zeit in der Forstwirtschaft
Ultraschall-Entfernungsmesser mit Erfolg eingesetzt.
Diese Freihandmeßgeräte haben gegenüber
dem Bandmaß und anderen optischen Meßgeräten den Vorteil, daß sie keine freie Sichtlinie
benötigen. Der maximale Entfernungsfehler
liegt bei 0,58 %, so daß Geräte wie *Ultra-Set, Sonin 150* oder *Sonin 250* u. a. zur Messung bei
permanenten Probekreisen, kleineren Parzellen,
im Wegebau u. ä. eine wertvolle Hilfe darstel-
len.

10. Überblick zur Nutzung der Photogrammetrie und Fernerkundung für Anwendungen in der Forstwirtschaft

10.1. Photogrammetrie, Photointerpretation, Fernerkundung

Im Jahre 1911 veröffentlichte *Hugershoff* an der damaligen Forsthochschule Tharandt die erste Arbeit über eine Anwendung der sich entwikkelnden Photogrammetrie in der Forstwirtschaft. In einer Reihe folgender Arbeiten begründete er die photogrammetrische Etappe der Forstvermessung.

Die *Photogrammetrie* wird definiert als ein indirektes physikalisches Meßverfahren zur Bestimmung von Form, Größe und Lage von Objekten aus photographischen Bildern. Bedingung für ihre Anwendung ist, daß die Objekte photographisch abbildbar sind, wobei die Abbildung vorzugsweise mit Hilfe von Strahlen des sichtbaren Lichtes und des nahen Infrarotbereiches erfolgt.

Die wesentlichen Vorteile photogrammetrischer Verfahren machen sie insbesondere für die Forstwirtschaft geeignet:

- Die Messung erfolgt, ohne mit dem Objekt in Berührung zu kommen.
- Alle in einem Bild enthaltenen Informationen werden gleichzeitig im Moment der photographischen Aufnahme gewonnen und haben hohen Dokumentationswert für einen Momentzustand des Objektes.
- Die eigentliche Messung wird häuslich durchgeführt, wobei die Saisonabhängigkeit der Aufnahmemöglichkeiten stark abgebaut wird.
- Im Gegensatz zu anderen Meßverfahren zeigt die Photogrammetrie einen großen Mechanisierungs- und Automatisierungsgrad.

Für die Forstwirtschaft bedeuten diese *Vorteile*, daß insbesondere

- das aufzunehmende Gebiet nicht unbedingt betreten werden muß

- die für Kartenherstellungen notwendigen komplexen Informationen über das Gelände sehr schnell für große Flächen zu einem einheitlichen Zeitpunkt gewonnen werden können
- die Kartenherstellung auf dieser Grundlage zukünftigen Trends der Mechanisierung und Automatisierung zugängig wird.

Mit Entwicklung von Farbfilmmaterial und speziell Infrarot-Color-Filmen (CIR) bildete sich als spezielle Disziplin die *Photointerpretation* heraus. Sie wird verstanden als Methode zum Auffinden, zur Darstellung und zur Identifizirung sowie Beurteilung der Signifikanz charakteristischer Eigenschaften bzw. Bedingungen der Erdoberfläche aus Luftbildinformationen. Durch Informationen zum *Zustand* der Objekte liefert sie die notwendigen Grundlagen für thematische Kartierungen. Die *Fernerkundung* als jüngste Entwicklung und zugleich umfassende Disziplin ermittelt sowohl quantitative als auch qualitative Informationen über Vorkommen und Zustand von Objekten, ohne mit diesen in Berührung zu kommen. Ihr hauptsächliches Kennzeichen ist jedoch das „Multi-Konzept", dessen wesentliche Merkmale die starke Erweiterung der genutzten Wellenlängenbereiche über das sichtbare Licht hinaus, die Nutzung verschiedenster Aufnahmehöhen, Aufnahmesensoren im photographischen und nichtphotographischen Bereich und Auflösungseigenschaften sowie multitemporale Aufnahmen sind.

10.2. Luftbilder

Zur Einhaltung standardisierter Genauigkeitsgrenzen für die Ableitung von Informationen aus Daten der Fernerkundung konzentriert sich unter den Bedingungen einer intensiven Forstwirtschaft Mitteleuropas die Anwendung bisher auf hochauflösende Luftbilder mittlerer bis größerer Maßstäbe.

10.2.1. Geometrische Grundlage

Das geometrische Modell von Luftbildern ist die *Zentralprojektion,* deren Darstellung sich von der Parallelprojektion der Karte wesentlich unterscheidet. Werden entsprechende Bild- und Geländepunkte durch Geraden verbunden, so schneiden sich diese in einem Punkt, dem *Projektionszentrum* (Bild 10.1, vgl. auch Bild 10.2). Die Abbildungsebene wird als *Bildebene,* der Fußpunkt des Lotes vom Projektionszentrum auf die Bildebene wird als *Bildhauptpunkt* bezeichnet. Durch den Bildhauptpunkt und das Projektionszentrum ist die *Aufnahmeachse* und durch deren Orientierung im Raum die *Bildneigung* bestimmt, die den Winkel angibt, um den die Aufnahmerichtung von der Senkrechten durch das Projektionszentrum abweicht. Vertiefende Informationen können der Standardliteratur entnommen werden, z. B. *Rüger/Pietschner/Regensburger.* Nach dem *Aufnahmewinkel (γ)* werden unterschieden

– Senkrechtaufnahmen ($v = 0$ gon)
– Steilaufnahmen ($v \approx 0$ gon)
– Schrägaufnahmen (0 gon $< v < 100$ gon)
– Waagerechtaufnahmen ($v = 100$ gon)

Maßstabsbestimmung

Für Aufgaben der Kartierung und die Entnahme quantitativer Informationen aus Luftbildern ist die Bestimmung des Bildmaßstabes eine grundlegende Bedingung. Bildmaßstab M_b oder Bildmaßstabszahl m_b ($M_b = \dfrac{1}{m_b}$) können auf zwei prinzipiell verschiedene Weisen bestimmt werden:

1. Aus den Proportionen (Bild 10.2) zwischen Flughöhe h_g und Kammerkonstante c_k nach den Beziehungen:

$$s' : S = c_k : h_g \qquad (10.1)$$
$$s' : S = 1 : m_b \qquad (10.2)$$
$$1 : m_b = c_k : h_g \qquad (10.3)$$

folgt, daß

$$m_b = \frac{h_g}{c_k} \qquad (10.4)$$

oder

$$M_b = \frac{1}{m_b} = \frac{c_k}{h_g} \qquad (10.5)$$

ist.

c_k Kammerkonstante, Abstand des Projektionszentrums von der Bildebene.

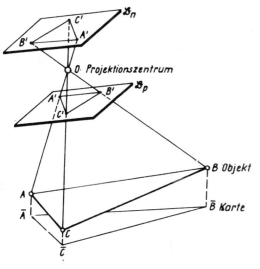

Bild 10.1
Zentralprojektion

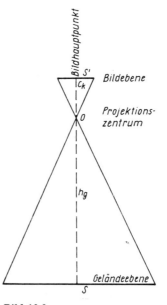

Bild 10.2
Beziehungen zwischen Flughöhe, Brennweite der Aufnahmekammer und Maßstab der Darstellung

Bei dieser Art der Maßstabsbestimmung müssen Flughöhe und Kammerkonstante bekannt sein, und als Maßstab wird eine mittlere Größe in bezug auf die mittlere Bezugsebene im Gelände bestimmt.

2. Der Maßstab in Steilbildern ist vom Bildort abhängig und wird insbesondere durch die Komponenten Höhenunterschiede des Geländes und Bildneigung beeinflußt. Für genaue geländespezifische Maßstabsbestimmungen und für solche Fälle, in denen die benötigten Parameter der Proportion nicht bekannt sind, kann der Vergleich einer Strecke im Luftbild s' mit einer entsprechenden im Gelände S genutzt werden. Aus Gl. (10.2) ergibt sich, daß

$$m_b = \frac{S}{s'}$$

oder

$$M_b = \frac{1}{m_b} = \frac{s'}{S} \qquad (10.7)$$

ist. Die Strecke S kann aus Karten entnommen werden:

$$S = s_k \cdot m_k. \qquad (10.8)$$

Nach Bestimmung des Maßstabes können Strecken
$(S = s' \cdot m_b)$ und rechteckige Flächen
$(F = s_1' \cdot s_2' \cdot m_b^2)$ berechnet werden.

Die Beziehungen zwischen Bild und Kartenmaßstäben illustriert Tafel 10.1.
Die Flächenbestimmung kann annäherungsweise mit Hilfe von Dimensionsskalen oder Punktgittern (s. Abschn. 7.1.3., Punktraster = Synonym für Punktgitter) vorgenommen werden. *Dimensionsskalen* werden meist für ganze Bildserien im Maßstab der auszuwertenden Bilder konstruiert. Zur Schätzung der Flächendi-

mension wird in der Schablone die geometrische Figur gesucht, welche der zu bestimmenden Objektdimension am nächsten kommt. In der speziell konstruierten Schablone ist dann bereits die Umrechnung über den Maßstab enthalten und kann direkt abgelesen werden. *Punktgitter* werden zur einfachen Größenbestimmung unregelmäßiger flächenhafter Objekte verwendet. Sie werden als Gitternetze auf durchsichtigen Schablonen konstruiert, wobei die Schnittpunkte eine bestimmte Fläche repräsentieren. Die Dichte der Punktgitterschablone wird in Anpassung an den Bildmaßstab und den Verwendungszweck gewählt. Für mittel- und großmaßstäbige Bilder werden allgemein Punktgitter mit 25 Punkten je Quadrat 2 cm × 2 cm verwendet. Für Flächenschätzungen in Karten werden damit Genauigkeiten bis zu 1 bis 2 % erreicht. Je kleiner die Fläche ist, um so mehr steigt der Fehler an. Bei Benutzung von Punktgittern in Luftbildern ist zusätzlich mit Fehlern aus der nicht orthogonalen Abbildung geneigter Flächen sowie von Maßstabsunterschieden aufgrund von Höhenunterschieden des Geländes zu rechnen. In modernen Kartenergänzungsgeräten (Kartoflex; s. Bild 10.6) ist über ein fest programmiertes Mikrorechnersystem die Strecken- und Flächenberechnung möglich.

Verzerrungen

Luftbilder sind gewöhnlich Steilaufnahmen, wobei der Neigungswinkel der Aufnahmeachse wenige Grad von der Senkrechten durch das Projektionszentrum abweicht. Das bedingt, daß in solchen Luftbildern sogenannte *projektive Verzerrungen* auftreten, die richtungsabhängig sind. Daneben verursachen Höhenunterschiede des Geländes im Luftbild sogenannte *perspektive Verzerrungen*, bei denen es sich vom Standpunkt

Tafel 10.1
Beziehungen zwischen Karten- und Bildmaßstab nach Gl. (10.9)

m_k		m_b $c \approx 130 \dots 200$		$m_k : m_b$
500	große	3 000 … 4 500		1:6 … 1:9
1 000	Maßstäbe	4 000 … 6 000		1:4 … 1:6
2 000		6 000 … 9 000		1:3 … 1:4,5
5 000	mittlere	9 000 … 15 000		1:1,8 … 1:3
10 000	Maßstäbe	13 000 … 20 000		1:1,3 … 1:2
25 000	kleine	21 000 … 32 000		1:0,8 … 1:1,3
	Maßstäbe			

der Abbildung um Maßstabsunterschiede handelt, die aus unterschiedlichen Aufnahmeentfernungen zu den Geländestellen resultieren. Sie äußern sich als radiale Punktverschiebungen in bezug auf den Nadirpunkt (vgl. Standardliteratur).

Räumliches/Stereoskopisches Sehen und Messen

Die objektive Wahrnehmung des dem Beobachter umgebenden Raumes durch das Sehen mit zwei Augen wird als *räumliches Sehen* bezeichnet. Beim beidäugigen Sehen sind die im linken und rechten Auge erzeugten Bilder verschieden, wobei diese Verschiedenheiten als entsprechende Tiefenunterschiede des Objektes wahrgenommen werden.
Bei Ausrichtung der Augenachsen auf einen Punkt schließen die Sehstrahlen einen Winkel ein (*Konvergenzwinkel* γ), dessen Differenz beim Richten beider Augen auf andere Punkte in unterschiedlicher Entfernung als *angulare Parallaxe* (δ_i) bezeichnet wird ($\delta_i = \gamma_i - \gamma$). Näheres dazu kann der Standardliteratur Photogrammetrie entnommen werden.
Anstelle einer unmittelbaren beidäugigen Betrachtung kann man zu einer Raumwahrnehmung gelangen, wenn jeweils dem linken und rechten Auge getrennt Bilder vorgelegt werden, die von zwei unterschiedlichen Aufnahmestandpunkten aufgenommen wurden und als stereoskopische Teilbilder oder *Stereobildpaar* bezeichnet werden. Die Erzeugung einer Tiefenwahrnehmung durch zwei (dem jeweiligen Auge zugeordnete) Teilbilder wird als stereoskopisches Sehen bezeichnet.

Um den beabsichtigten Effekt zu erreichen, muß ein Stereobildpaar folgende Forderungen erfüllen:

- Die Teilbilder müssen mit etwa parallelen Aufnahmeachsen von zwei verschiedenen Standpunkten aufgenommen sein.
- Jedem Auge muß das ihm entsprechende Teilbild dargeboten werden (gemeinsamer Bildinhalt innen).
- Die Bilder müssen so orientiert und betrachtet werden, daß sich die Blickrichtungen nach entsprechenden Bildpunkten im Raum schneiden.

- Die Verbindungslinien homologer Bildpunkte (gleiche Punkte in der unterschiedlichen Darstellung in beiden Einzelbildern eines Stereobildpaares) müssen parallel zur Betrachtungsbasis liegen.
- Die angularen Parallaxen müssen innerhalb der zulässigen Grenzen liegen (Einhaltung der sogenannten 70'-Bedingung).
- Maßstab und Tonwert der Bilder müssen gleich sein.

Mit entsprechenden Hilfsmitteln sind dreidimensionale Bildauswertungen (Stereoskope) und auch Höhenmessungen (Stereometer) möglich.

10.2.2. Aufnahmekammern/ Sensoren

Bis heute sind photographische Aufnahmen der Erdoberfläche vom Flugzeug aus insbesondere infolge ihres hohen Auflösungsvermögens dominierend. Neben speziellen Meßkammern für photogrammetrische Auswertungen finden auch Nichtmeßkammern Anwendung, die besonders dem Bedarf nach thematischen Auswertungen (Zustandsinformationen) angepaßt sind (Tafel 10.2.).
Die den geodätischen Genauigkeitsanforderungen gerecht werdenden photogrammetrischen Aufnahmesysteme werden unter dem Begriff *Meßkammern* zusammengefaßt. Darunter versteht man Aufnahmekammern mit definierter Bildebene, bestimmbarer sogenannter innerer Orientierung [15] und Objektiven, die hinsichtlich Verzeichnung, Bildgüte (Auflösungsvermögen) und Lichtstärke so beschaffen sind, daß sie den hohen photogrammetrischen Anforderungen genügen. Einer Meßgenauigkeit im Gelände von $\pm$ 10 cm entspricht z. B. in Luftbildern des Maßstabes 1:10000 eine Genauigkeit von 0,01 mm. Für Aufnahmen größerer Gebiete finden *Meßreihenbildner* (Meßkammernserie MRB/Carl Zeiss JENA) oder Reihenmeßkammern (Meßkammerserie RMK/Zeiss Oberkochen) Anwendung. Durch Weiterentwicklung wurden Meßkammern auf den Markt gebracht, die mit einem Bewegungsausgleich ausgerüstet sind und dadurch des Auflösungsvermögen gegenüber konventionellen Meßkammern noch um etwa 1/3 steigern.

Tafel 10.2
Schematische Übersicht über photographische Luftbildaufnahmekammern (*Huss*)

Meßkammern

Schmalwinkelkammern	(SW)
Normalwinkelkammern	(NW)
Weitwinkelkammern	(WW)
Überweitwinkelkammern	(ÜWW)

Nicht-Meßkammern

Mittel- und kleinformatige Kameras mit Objektiven verschiedener Brennweite
Kameras für die Multispektraltechnik
Panoramakameras
Dynamische/Streifenbildkameras

Spezielle Erwähnung, insbesondere für forstwirtschaftliche Aufnahmen, verdienen *Multispektralaufnahmekammern* (MKF-6 und MSK-4 mit je 6 bzw. 4 Aufnahmekanälen von Carl Zeiss JENA). Durch besondere Film-Filter-Kombinationen erlauben sie die synchrone Aufnahme des gleichen Geländeausschnitts in mehreren Wellenlängen, um Zustände und Objekte aufgrund der objektspezifischen Spektralsignaturen (s. Abschn. 10.2.4.) zu erkennen.
Am häufigsten angewendete Filmsorten sind Schwarzweißfilme (S/W) im panchromatischen Bereich (PAN), deren Sensibilisierung etwa die Wellenlängen erfaßt, die im Sehbereich des menschlichen Auges wirksam werden (mit einer Wiedergabeschwäche im Bereich „Grün") und im infraroten Bereich mit einer speziellen Sensibilisierung für Wellenlängenbereich des nahen Infrarot (NIR). Eine ähnliche Sensibilisierung gibt es auch bei Farbfilmen (Colorfilmen) mit Normal-Colorfilmen (NC) und Infrarotcolorfilmen (CIR).
In neuerer Zeit werden unter dem Begriff *Doppelkammerbefliegungen* Luftaufnahmen angefertigt, bei denen im Bildflugzeug die Verschlüsse von zwei Meßkammern weitgehend synchron ausgelöst werden und dadurch gestatten, einen gleichen Geländeausschnitt mit zwei verschiedenen sensibilisierten Filmen und damit in verschiedenen Wellenlängenbereichen zu erfassen. Speziell für die Baumartenerkennung und Klassifizierung von Vitalitätsunterschieden hat sich eine Kombination von S/W-PAN und S/W-IR

bewährt. In entsprechenden Auswertegeräten (Kartoflex, s. Abschn. 10.2.6.1.) können die Bilder gemeinsam betrachtet und durch Pseudocolorierung über Einschalten von farbigen Filtervorsätzen den Grauwerten eine Farbe zur Verbesserung der visuellen Interpretation (s. Abschn. 10.2.5.) zugeordnet werden.
Unter den nichtphotographischen Aufnahmesystemen ist insbesondere auf die Gruppe der *Zeilenabtaster (Scanner)* hinzuweisen.
Sie nehmen die reflektierte oder emittierte Strahlung des Geländes in Streifen quer zur Flugrichtung bildpunktweise auf. Die Aufnahme kann dabei monospektral, d. h. nur in einem bestimmten Spektralbereich, oder multispektral, d. h. gleichzeitig in mehreren Spektralbereichen erfolgen.

10.2.3. Bedingungen, Vorbereitung, Durchführung von Bildflügen und Nutzung von Luftbildern

Die Luftbildaufnahmen für Anwendungen in den verschiedenen Zweigen der Volkswirtschaft werden durch entsprechende Firmen angefertigt. Wesentliche Angaben für den Vertrag sind

– das Aufnahmegebiet (Kennzeichnung der Grenzen auf Karten)
– Zweck der Aufnahme
– die Form der Übergabe der Luftbildmaterialien
– die Termine für die Fertigstellung.

Zu den hauptsächlichen technischen Anforderungen gehören:

– Typ der Aufnahmekammer
– Aufnahmemaßstab
– Film/Filterkombination
– Längs- und Querüberdeckung
– Jahres- und Tageszeit der Aufnahme
– einzuhaltende Bewölkungs- bzw. Beleuchtungsverhältnisse.

Zur Auftragserfüllung gehören:

– Bildflugübersicht
– Bericht zum Luftbildfilm.

Unter den technischen Anforderungen hat der Bildmaßstab die größte Bedeutung. Dabei sind sowohl wirtschaftliche als auch technische Erwägungen zu berücksichtigen. In technischer

Hinsicht sind großmaßstäbige Bilder mit genauen Detailabbildungen vorteilhaft, in wirtschaftlicher Hinsicht sind kleinmaßstäbige Aufnahmen günstiger, da sie mit weniger Bildern mehr Gelände erfassen.

Als Anhalt wird im allgemeinen der *v. Gruber*sche Faktor

$$m_b = c \cdot m_k \qquad (10.9)$$

angewendet, in dem m_b und m_k die Maßstabszahlen für die Bilder bzw. Karten bedeuten. Der Parameter c wird allgemein mit Werten zwischen 100 und 130 angenommen, wobei die Entwicklung von Hochleistungsobjektiven eine Erweiterung dieser Werte bis auf etwa 200 erlaubt. In Tafel 10.1 sind für die wichtigsten Kartenmaßstäbe die Bildmaßstäbe zusammengestellt, die sich nach Anwendung des *v. Gruber*schen Faktors ergeben.

10.2.4.   Der Wald im Luftbild

Das typische *spektrale Reflexionsverhalten* von Objekten (*objektspezifische Spektralsignatur*) wird durch die *spektrale Reflexionskurve* gekennzeichnet, in der die Rückstrahlung der auf das Objekt einfallenden Globalstrahlung (Sonnen- und Himmelsstrahlung) in den einzelnen Wellenlängenbereichen in Prozent der Einstrahlung dargestellt wird. Der spektrale Reflexionsfaktor $R(\lambda)$ gibt für eine gegebene Einstrahlungssituation das Verhältnis an zwischen der in gleicher Richtung reflektierten Strahldichte der Wellenlänge λ einer bestimmten Objektoberfläche und einer vollkommen diffus reflektierenden weißen Fläche.

Die spektrale Reflexionskurve von Vegetation weist einen charakteristischen Verlauf auf. Er beruht darauf, daß Chlorophyll a und b Lichtenergie im blauen und roten Bereich des Wellenlängenspektrums absorbieren und im grünen Bereich reflektieren. Die Reflexion in der grünen Region (500 bis 600 nm) liegt etwa 10 % über dem Niveau der benachbarten Wellenlängenbereiche. Außerhalb des visuell sichtbaren Bereiches steigt die Remission im nahen Infrarotbereich (NIR) steil auf Werte von 30 bis 70 % an. Bei Wald wird der Verlauf dieser Kurve insbesondere bestimmt durch die Baumart, das Alter, die Standortsbedingungen und insbesondere Ernährungszustand und Wassergehalt des Laubes bzw. der Benadlung.

Da sich speziell Baumartenunterschiede wesentlich stärker im spektralen Reflexionsfaktor der Wellenlängenbereiche des nahen Infrarot als des Grün ausdrücken, werden allgemein für Luftaufnahmen von Wald CIR-Filme bevorzugt.

Durch seine Gliederung in der Höhe, die flächenhafte Zusammensetzung nach Beständen, den Aufbau der Bestände aus einzelnen Kronen und den daraus resultierenden Licht/Schattenkontrasten sowie möglichen Inhomogenitäten des Kronenschlusses weist der Wald gegenüber anderen Objekten der Erdoberfläche in Luftbildern eine Reihe spezifischer Besonderheiten auf. Nach den Gesetzen der Zentralperspektive werden Bäume nur im Bildnadir (Die durch das Projektionszentrum (Bild 10.1) gehende vertikale Gerade durchstößt die Bildebene im Bildnadir (N').) in exakter Senkrechtprojektion ihrer Kronen dargestellt. Je mehr sie zum Bildrand zu stehen, werden sie zunehmend in geneigter Lage mit Seitansicht dargestellt. Das bedingt, daß in Abhängigkeit von Aufnahmewinkel und -richtung sowie vom Einfallswinkel der Sonnenstrahlung Vergleiche der objektspezifischen Spektralsignatur einzelner Kronen schwer möglich sind. In Beständen – als Kollektive solcher Einzelkronen – ist in Abhängigkeit von diesen Faktoren nur annäherungsweise eine Formalisierung von objektspezifischen Spektralsignaturen möglich.

Durch Schlagschatten von Steilrändern eines Bestandes können im Schattenbereich Details und Grenzlinien für Messungen verdeckt werden. Bei Luftaufnahmen für forstwirtschaftliche Zwecke wird deshalb die Forderung gestellt, eine Befliegungszeit zu wählen, in der der Sonnenwinkel gewährleistet, daß die Schattenlänge nicht größer ist als die 1,5fache Objekthöhe.

Außerdem ist zu empfehlen, bei Herstellung von Kopien die Belichtungszeit partiell entsprechend der optischen Dichte des Negativs zu steuern und durch Kontrastausgleich solche Schlagschattenpartien aufzuhellen und zugleich die oft angrenzenden überstrahlten Schläge oder Kulturen zu dämpfen. Zu diesem Zweck finden Kopiergeräte mit elektronischem Kontrastausgleich (z. B. ELCOP von Carl Zeiss JENA) Verwendung.

10.2.5. Forstwirtschaftliche Luftbildinterpretation

Forstwirtschaftliche Luftbildauswertungen basieren auf der richtigen Erkennbarkeit der forstwirtschaftlich relevanten Objekte und ihrer Zustände. Dazu wird auf die Methoden der Photointerpretation verwiesen. In überblicksmäßiger Zusammenfassung sind folgende Zusammenhänge von Bedeutung:
Die Objekte auf der Erdoberfläche sind hinsichtlich ihrer stofflichen Zusammensetzung und äußeren Gestalt außerordentlich vielfältig. Daraus resultieren ihre sehr unterschiedlichen spektralen Eigenschaften, die im photographischen Bild als zweidimensionale Leuchtdichteverteilung festgehalten werden. Dabei entspricht die systematische Verteilung Signalen, deren Systematik als „externe Organisation" bezeichnet wird. Zum Erkennen dieser externen Organisation der Bilder werden die *Bildmerkmale* (auch *Interpretationsmerkmale*) genutzt. Sie unterliegen den Veränderungen der äußeren Aufnahmebedingungen und können mehr oder weniger stark variieren. Einzelne Merkmale bleiben unter bestimmten Umständen für die gleichen Gegenstände konstant. Die zu erwartende Variabilität bedarf für die jeweiligen Aufnahmebedingungen einer speziellen Prüfung. Die Interpretation stützt sich vorrangig auf die Gruppe der relativ konstanten Einzelmerkmale. Viele Objekte können aufgrund ihrer Größe und Form unmittelbar erkannt werden. Die *Größe* und *Form* werden deshalb als Erkennungsmerkmale erster Ordnung betrachtet. Der *Grauton* widerspiegelt in Schwarzweißbildern die radiometrischen Objekteigenschaften unter den gegebenen Aufnahmebedingungen. In Farbbildern wird der Grauton durch die *Farbe* ersetzt.
Die *Textur* ist eine Präzisierung des Grautons (oder der Farbe), indem nicht nur der Mittelwert, sondern auch dessen Variationen berücksichtigt werden. Als weitere Bildmerkmale können *Schatten, Strukturen, Umgebungsmerkmale, Vergesellschaftungsmerkmale* und *Zeitvariation* (bei Vergleichen zeitlich verschieden aufgenommener Bilder) verwendet werden.
Die *Interpretation,* d. h. die Ableitung von Informationen aus den Bildern, ist ein Klassifizierungsvorgang. Dabei werden die einzelnen Objekte Klassen oder Kategorien zugeordnet. Da-

für werden Interpretationsschlüssel genutzt, die eine ähnliche Funktion haben wie die Legende einer Karte. Als Beispiel wird nachfolgend ein *Interpretationsschlüssel* zur Erkennung von Baumarten dargestellt, der auf der Einstufung von Grautonwerten in Schwarzweiß-Luftbildern beruht.

Baumart	Frühjahr	Sommer	Herbst
Lärche, Birke, Ahorn, Pappel	hellgrau lichtgrau	hellgrau mittelgrau	lichtgrau hellgrau (einschl. Eiche)
Esche, auch Ahorn	hellgrau	hellgrau mittelgrau	lichtgrau
Buche, Eiche	hellgrau, mittelgrau	mittelgrau	Buche: hellgrau
Tanne	mittelgrau	mittelgrau	mittelgrau
Fichte, Kiefer	mittelgrau, dunkelgrau	mittelgrau, dunkelgrau	dunkelgrau

Eine zweckentsprechend zusammengestellte Geräteausrüstung unterstützt bei der visuellen Interpretation die Bildbetrachtung (einschließlich Vergrößerung) zur quantitativen und qualitativen Interpretation von Details sowie zum Übertragen von interpretierten Details in Karten.
Messungen im Rahmen der Photointerpretation konzentrieren sich in den meisten Fällen darauf, rasch und ohne großen Aufwand einfache Größen zu bestimmen. Die Methodologie des Messens unterscheidet sich von der in der Photogrammetrie angewendeten prinzipiell dadurch, daß Näherungsmethoden zur Dimensionsbestimmung ausreichen. Für spezielle Zwecke, in denen eine sehr hohe Genauigkeit erwünscht ist (z. B. genaue Flächenbestim-

mung) können photogrammetrische Auswerteverfahren in die Bearbeitung einbezogen werden. Als *Meß- und Interpretationshilfen* im Rahmen der Photointerpretation finden hauptsächlich Verwendung: Dimensionsskalen, Punktgitter, Meßkeile, Punktkeile, Linien-Stichprobenschablonen/Radial-Linienschablonen. Nähere Einzelheiten zu den Methoden der Photointerpretation, Geräteausrüstung sowie Meß- und Interpretationshilfen können z. B. im Kapitel Photointerpretation im Lehrbuch *(Rüger, Pietschner, Regensburger)* nachgeschlagen werden.

10.2.6. Luftbildauswertung für forstwirtschaftliche Vermessungsaufgaben

Bei forstwirtschaftlichen Vermessungsaufgaben im Rahmen der Forsteinrichtung haben photogrammetrische Methoden heute in modernen Forsteinrichtungsverfahren die terrestrische Vermessung weitgehend abgelöst *(Huss)*. Die terrestrische Vermessung hat ihre Bedeutung jedoch uneingeschränkt für Detailmessungen, die in den ersten Abschnitten behandelt wurden, behalten.

Die anzuwendenden Vermessungs- und Kartierverfahren, insbesondere der Einsatz photogrammetrischer Methoden, werden bestimmt durch ökonomische Erwägungen im Zusammenhang mit den konkreten Anforderungen, ob

- für eine Fortführung brauchbare ältere Forstkarten vorliegen
- eine vollständige Neuvermessung und -kartierung erforderlich ist
- und auf welche Art von Kartenmaterial bei einer Neuvermessung, -kartierung aufgebaut werden kann.

Im Rahmen des allgemeinen Ablaufschemas der Forsteinrichtung wird eine flächendeckende Luftbildaufnahme des Forstwirtschaftsbetriebes für das Vorjahr der Forsteinrichtung geplant. Dabei werden in der Regel Schwarzweiß-Luftbilder im Maßstabsbereich zwischen 1:10000 bis 1:15000 hergestellt, die den Forsteinrichtern entweder als Schwarzweiß-Kontaktkopie (zur weiteren Auswertung mit optischen Vergrößerungsgeräten) oder als Vergrößerung 1:5000

für die direkte Verwendung zur Verfügung gestellt werden. Für Flächen mit Immissionsschäden oder neuartigen Waldschäden werden in den osteuropäischen Ländern i. d. R. CIR-Luftbilder (Spektrozonalluftbilder – auch als sogenannte Falschfarbenluftbilder bezeichnet) vorwiegend mit dem Filmtyp SN–6M (UdSSR – Filmwerk Schostka) im Maßstab um etwa 1:5000 als Color-Papierkopien (häufig mit Kodak-Filmen als Diapositiv) hergestellt. In neuer Zeit wurden erstmalig Luftbilder aus Doppelkammerbefliegungen (panchromatische und infrarote schwarzweiße Luftbilder) angewendet, die neben günstigen photogrammetrischen Auswertemöglichkeiten zusätzlich über Pseudocolorierung im Kartoflex (s. Abschn. 10.2.6.1.) auch Aussagen zur Vitalität gestatten und im Sinne einer Komplexnutzung eine Vereinigung der bisher angewendeten S/W- und IR-Luftbilder bei mittleren Maßstäben um 1:10000 möglich erscheinen lassen.

In Vorbereitung der Zustandserfassung und Planung führt der Forsteinrichter auf Grundlage dieses Bildmaterials die Waldeinteilung durch. In diesem Zusammenhang wird festgelegt, welche innerbetrieblichen Grenz- und Grundrißlinien aufgehoben oder verändert werden müssen und ergänzend zu kartieren sind. Dabei werden die zu verändernden oder neu zu kartierenden Linien direkt in die Luftbilder eingetragen. Sie sind nachfolgend mit Hilfe photogrammetrischer Verfahren in das Original der alten Forstgrundkarte zu übertragen.

Die Neuherstellung von Forstgrundkarten wird dann erforderlich, wenn bisher noch keinerlei Forstkarten vorliegen oder wenn vorhandene ältere Karten nicht mehr fortführungsfähig sind. Der erste Fall tritt in der Regel in Entwicklungsländern auf, wobei Umfang und Zeitdruck der zu lösenden Aufgaben kaum andere Alternativen als den Einsatz von Daten der Fernerkundung lassen. Der zweite Fall kann bei erheblichen und großflächigen Veränderungen eintreten, z. B. in Zusammenhang mit Tagebaunutzungen und Rekultivierung in Braunkohlenabbaugebieten. Auch hier rechtfertigen ökonomische und sachliche Vorteile den Einsatz von Daten der Fernerkundung. Geodätische Meßverfahren bleiben dabei aus Gründen der Genauigkeitsanforderung auf das Einmessen von Eigentumsgrenzen, Grundrißlinien des festen Waldeinteilungsnetzes und bleibender Objekte beschränkt, wenn diese infolge Überschirmung nicht genügend luftsichtbar und photogrammetrisch nicht genau auswertbar sind.

10.2.6.1. Fortführung der forstwirtschaftlichen Grundkarte

Die vom Forsteinrichter in die Luftbilder eingetragenen neuen Linien müssen unter Nutzung photogrammetrischer Methoden in das Original der Forstgrundkarte übertragen werden. Dabei werden in der Regel einfache Umzeichenverfahren der Einbildauswertung (s. Abschn. 10.2.6.2.) durch Entzerrung genutzt. Nur im Gebirge und bei stark gegliederten Reliefverhältnissen können die Genauigkeitsanforderungen eine stereophotogrammetrische Auswertung (Abschn. 10.2.6.2.) notwendig machen, die in der Regel von speziell ausgebildeten Photogrammetern durchgeführt wird.

Für die Bestimmung des Einflusses der Höhenunterschiede auf die Größenordnung der perspektiven Verzerrung kann eine überschlägige Berechnung angewendet werden. Aus den geometrischen Beziehungen bei der Abbildung unebenen Geländes kann die radiale Versetzung $\Delta r'$ infolge eines Geländehöhenunterschiedes ΔH gegenüber einer angenommenen Bezugsebene genähert berechnet werden nach

$$\Delta r' = \frac{r'}{h_g} \cdot \Delta H = \frac{r'}{m_b \cdot c_k} \Delta H. \qquad (10.10)$$

Die Richtung von $\Delta r'$ weist dabei vom Bildnadir weg oder auf ihn zu, je nachdem $\Delta H \gtrless 0$ ist. Die Größe der Abweichung hängt ab vom Radialabstand im Bild r', vom Geländehöhenunterschied ΔH und der Kammerkonstanten c_k. Bei gleichem Bildmaßstab ist $\Delta r'$ indirekt reziprok zur Kammerkonstanten c_k. Deshalb sind bei Nutzung von Verfahren der Einbildphotogrammetrie zur Reduzierung von $\Delta r'$ möglichst Normalwinkelkammern zu verwenden. Als gewisser Nachteil muß dabei in Kauf genommen werden, daß hohe Flughöhen erforderlich sind, die zu grauen Bildern führen können.

Die *Näherungsformel* (10.10) läßt sich transponieren, um zulässige Grenzen für Geländehöhenunterschiede ΔH zu errechnen, die bei Einhaltung eines bestimmten Fehlerrahmens eine Entzerrung notwendig machen:

$$\Delta H = \frac{\Delta r' \cdot m_k \cdot c_k}{r'} \qquad (10.11)$$

m_k Kartenmaßstabszahl
$\Delta r'$ zulässiger Lagefehler
c_k Kammerkonstante.

Beispiel:

Vorgabe ist, daß $\Delta r'$ maximal 1 mm sei und r' 95 mm nicht überschreitet,
c_k sei 210 mm,
m_k sei 10000,

$$\Delta H = \frac{1 \cdot 10000 \cdot 210}{95} = 22000 \text{ mm} = 22 \text{ m}.$$

Das heißt, daß bei Abweichungen der Geländehöhe von der angenommenen Bezugsebene bis zu 22 m die Genauigkeitsforderung von 1 mm zulässigem Lagefehler in einer Karte von 1:10000 noch erfüllt wird. Erst bei größeren Abweichungen der Geländehöhe wird bei dieser Genauigkeitsforderung eine Entzerrung der Bilder notwendig.

Als Faustregel gilt, daß bei Aufnahmen mit Normalwinkelkammern ΔH kleiner sein muß als 1/500 der Kartenmaßstabszahl in Metern, wenn eine Punktübertragung aus unentzerrten Bildern erwogen wird.

Die *graphische Entzerrung* hat den besonderen Vorteil, daß sie nicht an die Benutzung von Spezialgeräten gebunden ist. Sie ist jedoch ziemlich zeitaufwendig und dadurch nur für die Übertragung von Bilddetails in die Karte im begrenzten Umfang (z. B. neu entstandene Schlaglinien, einige neue Teilflächengrenzen) geeignet. Von den beiden Verfahren der projektiven Netze und Vierpunktverfahren wird besonders das letzte für forstwirtschaftliche Aufgaben genutzt.

Das *Vierpunktverfahren* (auch *Papierstreifenmethode*) beruht auf dem Gesetz der projektiven Geometrie, daß beim Schnitt von 4 Strahlen durch eine Gerade jeweils 4 proportionale Strecken herausgeschnitten werden. Diese Proportionalität wird benutzt, um auf der Grundlage von jeweils 3 fixierten Strahlen in Bild und Karte den zu übertragenden Punkt mit dem 4. Strahl zu lokalisieren (Bild 10.3). Das Vierpunktverfahren ist insbesondere wegen seiner einfachen Handhabung für Ergänzungen der Forstkarten (z. B. Einzeichnen von neuen Schlaggrenzen) gut geeignet. Damit das Verfahren wirtschaftlich und übersichtlich bleibt, sollen maximal 20 bis 30 Punkte aus dem Luftbild in die Karte übertragen werden. Auswerteversuche ergaben bei einem maximalen Höhenunterschied im Gelände von $h = 25$ m und einem Kartenmaßstab 1:5000 einen für die Kartierung von Bestandesgrenzen im Wald gerade noch vertretbaren Lagefehler von $m_p = \pm 6,3$ m.

Bei den weiteren, vorrangig für forstwirtschaftliche Aufgaben angewendeten Verfahren der Entzerrung mit subjektiven Projektionen wird als Entzerrungsunterlage die nachzuführende Karte selbst verwendet.

Die *Entzerrung* besteht aus den *Arbeitsgängen:*

- Einpassung der Projektion des Bildes auf die Kartenvorlage (Forstgrundkarte) über identische Punkte oder Linien
- Ermittlung der Änderungen im Luftbild gegenüber der alten Grundkarte
- Korrektur bzw. Übertragung der festgestellten Änderungen vom Luftbild in die Karte.

Die aus dem Bild zu übertragenden Details betreffen nur relativ kleine Ausschnitte. Die Geräte mit subjektiv wahrnehmbarer Projektion haben gegenüber den optisch-mechanischen Entzerrungsgeräten den wesentlichen Vorteil, daß nicht im abgedunkelten Raum gearbeitet werden muß. Diese Gerätegruppe, die durch Verwendung teilversilberter Spiegel oder Prismen gestattet, Bild- und Kartenebene exakt zuzuordnen, wird als Umzeichner oder Kartenergänzungsgeräte bezeichnet. Sie beruhen auf dem Prinzip, daß näherungsweise eine Bildebene projektiv einer Kartenebene zugeordnet werden kann. (Die Möglichkeit der binokularen stereoskopischen Betrachtung eines Bildpaares, z. B. im Kartoflex, dient in diesem Fall nur der

Verbesserung der Objektidentifizierung und nicht der dreidimensionalen Ausmessung des Raummodells.) Bei dieser Gerätegruppe gibt es gute Erfahrungen mit der Anwendung des Luftbildumzeichners (LUZ) und des Kartoflex (beide Geräte Carl Zeiss JENA) für forstwirtschaftliche Aufgaben. Grundlage für die Projektion im Luftbildumzeichner ist ein Doppelprisma mit einer halbversilberten Spiegelebene, die die gleichzeitige Betrachtung einander entsprechender Ausschnitte im Luftbild und in der Karte gestattet. Nach entsprechender Orientierung des Bildträgers sieht der Betrachter Bild und Karte in Koinzidenz und kann so auf einfache Weise Situationen aus dem Bild in die Karte übertragen (Bild 10.4).

Die Einstellung des Gerätes (Bild 10.5) geschieht zweckmäßig in folgender Ordnung: Bei senkrechter Ausgangsstellung des Bildes wird

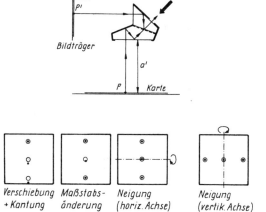

Bild 10.4
Prinzip des Luftbildumzeichners

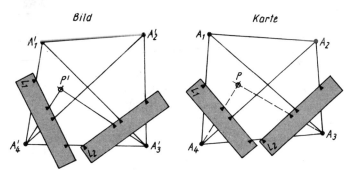

Bild 10.3
Vierpunktverfahren

durch Heben und Senken des Führungskopfes die Projektion des Bildes näherungsweise auf den Maßstab der Karte gebracht (Maßstabsanpassung). Danach werden durch Bewegen der Bildtafel sowie laufende Nachstellung des Führungskopfes und Verschieben der Karte die ausgesuchten Paßpunkte der Karte mit ihren entsprechenden Projektionen zur Deckung gebracht. Anstelle von Paßpunkten lassen sich sehr vorteilhaft auch solche Linienelemente des Bildes zur Einpassung verwenden, die parallel zur jeweiligen Neigungsachse laufen. Der Luftbildumzeichner erlaubt lediglich eine maximal 2,7fache Vergrößerung zwischen Bild und Karte.

Der Bildträger kann um eine durch seinen Drehpunkt senkrechte Achse gekantet und um das Kugelgelenk quer und längs geneigt werden. Es ist günstig, als ersten Schritt die Paßpunktstrecke in der Senkrechten und als zweiten Schritt in der Waagerechten einzupassen. Als Grundprinzip beim Bewegen des Bildträgers gilt: Ist eine Teilstrecke im Bild länger als in der Karte, muß der Bildträger so gekippt werden, daß die Strecke sich vom Prismenkopf entfernt. Ist die Teilstrecke kürzer, muß der Bildträger in Richtung auf den Prismenkopf gekippt werden. Zwischen den Wiederholungsschritten beim Einpassen ist die Maßstabsanpassung zwischen Bild und Karte zu korrigieren. Stimmen die virtuellen Bilder von Luftbild und Karte in 4 Paßpunkten oder Strecken überein, so ist der Einpassungsvorgang beendet, und die fehlenden Situationslinien können in der Karte nachgezeichnet werden.

Das Kartenergänzungsgerät Kartoflex (Bild 10.6) besteht aus einem Grundgerät zur Entzerrung mit subjektiv wahrnehmbarer optischer Projektion sowie den Erweiterungen: Koordinatenmeßgerät und mikrorechnergesteuerte optische Korrekturvorrichtung. Im Grundgerät sind zwei Bildträger vorhanden, die eine binokulare stereoskopische Betrachtung von Bildpaaren zur besseren Objekterkennung – insbesondere der Differenzierung im Kronendach von Waldbeständen und der Kronenformen von Einzelbäumen – gestatten. Sie sind in vertikaler Stellung angeordnet und können zur Orientierung gemeinsam und einzeln in beiden Koordinatenrichtungen verschoben sowie einzeln gekantet werden. Die Bilder können sowohl im Auflicht als auch im Durchlicht betrachtet werden, und

Bild 10.5
Luftbildumzeichner (Foto: *Carl Zeiss JENA*)

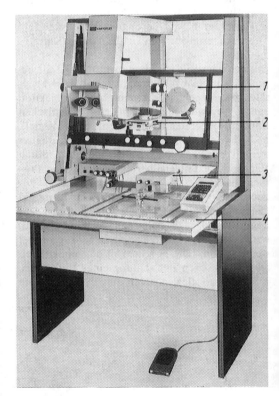

Bild 10.6
Kartenergänzungsgerät Kartoflex (Foto: *Carl Zeiss JENA*)
1 rechter Bildträger; *2* optisches Korrektursystem; *3* Koordinatenmeßsystem; *4* Tischplatte mit nachzuführender Karte

die nachzuführende Karte – oder eventuell ein drittes Bild – kann auf der als Lichtpunkt dienenden horizontalen Tischplatte befestigt werden.

Die Betrachtungseinheit besteht aus einem pankratischen System, das die Herstellung von kontinuierlichen Vergrößerungsverhältnissen zwischen Bild und Karte bis zu 1:15 zuläßt. Eine umschaltbare Prismengruppe gestattet wahlweise die binokulare Betrachtung eines Bildpaares mit der Karte im linken oder rechten Okular, die binokulare Betrachtung des linken oder rechten Bildes gemeinsam mit der Karte oder die binokulare Betrachtung beider Bilder und der Karte.

Mit der erweiterten Ausführung, die neben dem optisch-mechanischen Grundgerät zusätzlich mit einem Koordinatenmeßgerät, einem festprogrammierten Mikrorechnersystem mit Bedientastatur und Fußschalter und einer optischen Korrekturvorrichtung ausgestattet ist, lassen sich folgende Aufgaben zusätzlich lösen (Zeman):

- schnelle Zuordnung von Bildvorlage und Karte mit Hilfe eines Orientierungsprogramms, bei dem wahlweise mit 3, 4 oder 5 Einpaßpunkten gearbeitet werden kann
- rechnergesteuerte, näherungsweise Korrektur von Verzerrungen zwischen Bildvorlage und Karte bis ± 10 mm sowie die Möglichkeit, partielle Verschiebungen von ± 1 mm für beide Koordinatenrichtungen in das laufende Korrekturprogramm einzuführen
- Flächen- und Streckenberechnung, die gleichzeitig während der Nachtragung von Nutzungs- oder Bestandsänderungen erfolgen kann
- Digitalisierung von Karten- und Bildpunkten, auch mit zeitabhängiger Automatik. Ausgabe der Koordinaten über einen seriellen Standardanschluß.

Der Vergleich Luftbildumzeichner/Kartoflex zeigt die erweiterten Möglichkeiten einer Kartenergänzung mit dem Kartoflex.

10.2.6.2. Neuherstellung forstwirtschaftlicher Karten

Für die Kartenherstellung mit photogrammetrischen Methoden finden sowohl Einbildauswertungen als auch Zweibildauswertungen mit stereophotogrammetrischen Verfahren Anwendung. Sie unterscheiden sich hinsichtlich der Art der Auswertung sowie der Form und der Genauigkeit der Ergebnisse.

Als *Einbildauswertung* wird die Transformierung eines einzelnen Luftbildes unter Bestimmung der projektiven Beziehungen zwischen Bild und Karte verstanden. Das Ergebnis ist das entzerrte photographische Bild (s. Abschn. 10.2.1.) oder die graphische Darstellung ausgewählter Bildelemente zur Herstellung (oder Ergänzung) einer Karte. Die *Zweibildauswertung* ermöglicht die dreidimensionale Ausmessung räumlicher Objekte. Aus ökonomischen, technischen und technologischen Gründen werden dafür vorwiegend *stereophotogrammetrische Verfahren* eingesetzt. Voraussetzung für die stereoskopische Zweibildmessung sind mindestens zwei nach den Grundsätzen des stereoskopischen Sehens (s. Abschn. 10.2.1.) aufgenommene Bilder des Objekts.

Die Wahl des konkreten photogrammetrischen Verfahrens hängt ab von

- der geforderten Genauigkeit der herzustellenden Karte
- den spezifischen Besonderheiten des Geländes
- ökonomischen Erwägungen (*Huss*).

In der Regel werden die spezifischen photogrammetrischen Arbeiten von Spezialeinrichtungen mit entsprechender Ausrüstung und Erfahrungen durchgeführt. In der nachfolgenden Zusammenfassung wird deshalb nur auf wesentliche Zusammenhänge zur Forstkartenherstellung mit photogrammetrischen Methoden hingewiesen. Für eingehendere Informationen zu den photogrammetrischen Methoden wird auf einschlägige Lehrbücher der Photogrammetrie verwiesen (z. B. *Rüger, Pietschner, Regensburger*)

Die Vorarbeiten für eine photogrammetrische Kartenherstellung, Luftbildaufnahme und Paßpunktbestimmung, weisen für alle Technologien, die angewendet werden können, nur geringe Unterschiede auf.

Als Ausgangspunkt ist von forstwirtschaftlicher Seite die *Aufgabenstellung* zu erarbeiten. Sie formuliert die Anforderungen an die herzustellende Karte einschließlich Informationen über das aufzunehmende Gelände und interessierende Objekte (z. B. Strichkarte, Bildplan, Bildkarte, digitales Geländemodell, digitales Höhenmodell). Es werden die Abgrenzung des aufzunehmenden Gebietes, Auswerteverfahren, Maßstab der Kartierung bzw. des Bildplanes oder der Bildkarte, Genauigkeitsanforderungen, Bildflugtermin einschließlich davon abhängige Bedingungen (Entwicklungszustand der Vegetation, Beleuchtungsbedingungen, Sonnenwinkel, Schattenfaktor) sowie den Kartenherstellungsprozeß betreffende Verbindlichkeiten festgelegt. Mit der *Bildflugplanung* werden Entscheidungen getroffen zu Bildmaßstab, Aufnahmekammern, Flughöhe, Flugtrassen, Überdeckungsverhältnissen, Aufnahmezeitpunkt, Aufnahmematerial und der notwendigen Paßpunktbestimmung. Für die Maßstäbe forstwirtschaftlicher Grundkarten mit $m_k > 1000$ genügen eindeutig am Objekt und im Luftbild identifizierte Paßpunkte, die in diesem Fall nach dem Bildflug auszuwählen sind. Das Ergebnis der weiteren Arbeiten ist sowohl ökonomisch als auch von seiner Genauigkeit her von der vorgabegerechten Durchführung des Bildfluges abhängig. Der *Bericht zum Luftbildfilm* ermöglicht eine Kontrolle relevanter Bildflugparameter.
Zur Herstellung der Beziehung zwischen dem Luftbild und einem geodätischen Bezugssystem des abgebildeten Geländes werden *Paßpunkte* verwendet. Es handelt sich dabei um Punkte, deren Lage sowohl im photographischen Bild als auch am Aufnahmeobjekt eindeutig bekannt ist, und sie dienen in der Photogrammetrie vorrangig der räumlichen Orientierung der durch ein Photo oder mehrere Bilder definierten Strahlenbündel in bezug auf ein vorgegebenes, meist räumliches Koordinatensystem des Aufnahmeobjektes. Werden die Koordinaten mit Hilfe geodätischer Verfahren bestimmt, bezeichnet man dies als *geodätische Paßpunktbestimmung*. Die flächenhafte photogrammetrische Auswertung einer Vielzahl von Bildern erfordert für deren Orientierung sehr viele Paßpunkte, deren Bestimmung mit ausschließlich geodätischen Methoden sehr unwirtschaftlich wäre. Die dazu entwickelten Verfahren der *photogrammetrischen Paßpunktbestimmung* oder *Bildtriangu-*

lation gestatten bei Benutzung nur weniger geodätisch bestimmter Punkte eine Paßpunktbestimmung mit Hilfe von Messungen in Bildern. Für die Paßpunktauswahl, insbesondere für geodätische Paßpunktbestimmungen, ist zu beachten, daß eindeutig definierte Details in oder nahe der Geländeoberfläche besonders geeignet sind, z. B. Achsenschnitte von Verkehrswegen, Schnitte von Grabenachsen, Einzelobjekte wie Straßeneinläufe. Ungeeignet für Paßpunkte sind unscharfe Konturen, wie ausgefahrene Wegeknicke, Konturen in Schattenpartien, Bäume, Waldecken, Punkte an Hängen und Böschungen, Uferlinien von Gewässern. Ihre Auswahl und endgültige Festlegung sollten unter Verwendung der Luftbilder im Anblick des Geländes erfolgen. Die Anzahl der benötigten Paßpunkte und die Anforderungen an ihre Lage im Bild bzw. Stereomodell sind bei den verschiedenen photogrammetrischen Kartierverfahren unterschiedlich. Je anspruchsvoller das photogrammetrische Verfahren bzw. je höher die geforderte Kartengenauigkeit ist, desto genauer sind die Paßpunktkoordinaten zu ermitteln. Bezüglich der *Genauigkeit* der Paßpunkte muß gefordert werden, daß diese stets größer als die photogrammetrische Auswertegenauigkeit ist, mindestens jedoch dieser entsprechen soll, wenn bei Einpassung der Bilder das Auswerteergebnis nicht verschlechtert werden soll. Für praktische Zwecke hat es sich bewährt, daß man die Paßpunkte mit mittleren Koordinatenfehlern bestimmt, die ein Drittel der zu erwartenden photogrammetrischen Auswertefehler betragen. Nähere Ausführungen dazu sind bei *Rüger/Pietschner/Regensburger*, Abschn. 9, zu finden.
Bei einfachen Kartenfortführungen oder -ergänzungen (s. Abschn. 10.2.6.1.) können anstelle von Paßpunkten auch *Paßlinien* verwendet werden, und es genügt in der Regel, die Lage von Paßpunkten oder Paßlinien in der fortzuführenden Karte zu kennen. Die Verfahren, um vom Luftbild zur Karte oder einer kartenähnlichen Darstellung zu kommen, können für forstwirtschaftliche Zwecke in drei Gruppen zusammengefaßt werden *(Huss)*:

1   die photogrammetrische Herstellung (oder Fortführung) von Strichkarten
2   die Herstellung von Bildmosaiken, -plänen und -karten
3   die Herstellung von (vorw. thematischen) Karten durch digitale Bildverarbeitung

Die *photogrammetrische Herstellung* (oder Fortführung) *von Strichkarten* kann auf Basis von Einbildverfahren vorgenommen werden, die einfach zu handhaben sind, keinen umfangreichen Geräteaufwand erfordern, jedoch in der erzielbaren Kartiergenauigkeit begrenzt sind. Mit Zweibildverfahren wird die Mehrzahl der Karten photogrammetrisch über Auswertungen in analogen oder analytischen Stereokartiergeräten hergestellt. Nähere Darstellungen dazu können einschlägigen Lehrbüchern der Photogrammetrie entnommen werden.

Unter „*Herstellung von Bildmosaiken, -plänen und -karten" (Huss)* werden flächendeckende Darstellungen durch Zusammenfügen von Luftbildern in einfachster bis zur kartographisch gestalteten Form zusammengefaßt, wobei der hohe Informationsgehalt der Luftbilder (Bild 10.7) voll erhalten bleibt. Das aus unentzerrten Luftbildern unter Tolerierung von Maßstabs- und Lagefehlern sowie Situationsunterschieden an den Nahtstellen benachbarter Bilder hergestellte Ergebnis wird als *Luftbildskizze* (auch als *Luftbildmosaik*) bezeichnet. Bei Verwendung von Luftbildern, die über optisch-photographische Verfahren entzerrt werden, erhält man einen *Luftbildplan*. Die Luftbildskizze kann als Kartenersatz in kartenlosen Gebieten, zur Orientierung im Gelände oder als Arbeitskarte für Forsteinrichtungs- oder betriebliche Vollzugsarbeiten sehr gute Dienste leisten. Der Luftbildplan stellt bereits für mannigfaltige Aufgaben der Planung und Projektierung eine ausreichende Unterlage dar. Durch eine topographisch-kartographische Überarbeitung entsteht daraus eine *Bildkarte*, in der Ergänzungen nicht luftsichtbarer Details und eine Synthese der Halbtondarstellung des

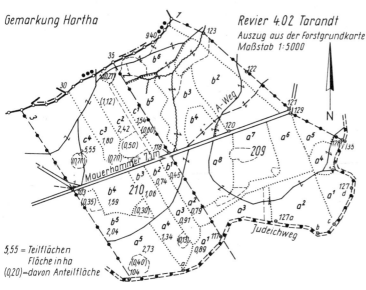

Bild 10.7
Vergleich des Informationsgehalts einer Forstgrundkarte mit dem von Luftbildern S/W, panchromatisch und Infrarot (Freigegeben unter LFB Nr. 71/86). Die Lage von Anteilflächen ist in der Karte nicht erkennbar. IR-Luftbilder zeigen Baumartenunterschiede besser als PAN-Luftbilder.
(IR rechtes Bild; PAN linkes Bild)

Luftbildes mit der Strichdarstellung kartographischer Kartenelemente die Lesbarkeit für nicht speziell in Luftbildinterpretation trainierte Benutzer verbessern. Durch Differentialentzerrung (Methode zur Entzerrung unebener Objekte) können Orthophotos (ein speziell entzerrtes, geometrisch kartengleiches Luftbild) und daraus *Orthophotokarten* (s. Abschn. 11, Bild 11.15) hergestellt werden, die die geometrischen Eigenschaften einer guten Signaturkarte mit der Informationsfülle von Luftbildern vereinigen *(Huss; Rüger/Pietschner, Regensburger).*

Die *digitale Verarbeitung von Abtasterdaten* wird vorwiegend zur Herstellung von thematischen Karten (Computerkarten) angewendet. Dabei geht die digitale Einbildauswertung von der Grauwertverteilung des Bildes aus. Die Grauwerte liegen so für jeden Bildpunkt (Pixel) quantisiert und digital abgespeichert vor. Ein Bildverarbeitungssystem übernimmt die pixelweise Entzerrung und zugleich die Bildverbesserung der Grauwertmatrix. Das Ergebnis kann über ein Filmausgabegerät zur visuellen Interpretation analog ausgegeben werden. Aufgrund der Grauwertinformation kann eine Klassifizierung in thematische Objektklassen (z. B. Laubwald, Nadelwald) vorgenommen werden und als *Computerkarte* in Form von Symbolen, Grautonstufen oder farbcodiert ausgegeben werden.

Die Vorteile dieses Verfahrens liegen im hohen Automatisierungsgrad sowie in der Möglichkeit, geometrische und radiometrische Informationen von Daten der Fernerkundung vielfältig umformen und rationel ausgeben zu können.

In Entwicklungsländern wird dieses Verfahren oftmals mit Daten der Fernerkundung von Satelliten zu großräumigen Erstkartierungen angewendet. Durch Verwendung der Satellitendaten in geometrisch korrigierter Form als geometrische Grundlage, Vergrößerung und Einfügen thematischer Details aus Luftbildern ist eine Verfeinerung solcher thematischer Karten möglich. Sie finden auch zunehmend zur Bewältigung der anfallenden großen Datenmengen bei der Überwachung von Umweltentwicklungen und z. B. großflächiger neuartiger Waldschäden Anwendung.

10.2.6.3. Waldeinteilung und Taxation

Luftbilder bieten speziell für die Waldeinteilung eine umfassende Hilfe. Zur Bildung von Unterabteilungen werden Luftbild und Standortkarte verglichen, unter Nutzung natürlicher Begrenzungslinien schließt sich die Festlegung brauchbarer Wege, Rückelinien usw. nach Erkennbarkeit im Luftbild an. In den meisten Fällen ist lediglich eine kurze Überprüfung der Festlegungen im Gelände selbst nötig. Die Unterabteilungsgrenzen werden dann weiter am Ort eingemessen, da die Grenzpunkte (Hügel, Steine) in der Regel nicht luftsichtbar sind. Werden Unterabteilungsgrenzen an in der Natur vorhandene, in der Arbeitskarte aber fehlende Linien gelegt, so entfällt die terrestrische Aufmessung. Mittels photogrammetrischer Auswertung erfolgt eine direkte Entnahme dieser Linien aus dem Luftbild.

Für die Bildung der Teilflächen bietet das Luftbild die umfassendste Hilfe. Die Ausscheidung erfolgt zunächst auf dem Luftbild. Grundlage bildet die bei stereoskopischer Betrachtung vorzunehmende Abgrenzung nach Baumarten und Bestandsalter. Während Baumartenunterschiede nach Kronenform (z. B. Fichten spitze Kronen, Kiefern flache Kronen), Struktur des Kronendaches und dem Grau- oder Farbton festgestellt werden können, erfolgt die Altersansprache im Luftbild indirekt über die Bestandeshöhe und die Kronendimension in Verbindung mit dem Schlußgrad. Höhenunterschiede von 2 bis 3 m sind bei stereoskopischer Betrachtung in Luftbildern im Maßstabbereich um 1:12000 eindeutig erkennbar.

Bestandes- bzw. Teilflächengrenzen sind im Luftbild vielfach als mehr oder weniger scharfe, dunkle Linie abgebildet. Diese entstehen stets dann, wenn es sich um auch in der Natur einwandfrei feststellbare Grenzlinien handelt. Eine Ausscheidung im Luftbild erfolgt dann mit großer Sicherheit, wenn die Höhenunterschiede von Bestand zu Bestand 2 m überschreiten bzw. wenn entlang der Bestandesgrenze eine Schattenlinie zur Abbildung gelangt. Erschwert wird die Ausscheidung an aneinandergrenzenden, nach Kronendimensionen und Kronenstruktur schwer unterscheidbaren Beständen bzw. bei Gleichaltrigkeit, jedoch Mischungsanteilen und einer mehr oder weniger fließenden Grenze. Im technischen Ablauf werden durch den Forsteinrichter die alte Waldeinteilung, Waldgrenze (Umring) sowie alle in der Forstkarte dargestellten Flächen durch visuellen Vergleich mit dem aktuellen Luftbild (Einbildbetrachtung) und bei unklarer Situation durch stereoskopische Luftbildbetrachtung (Bildpaar) überprüft. Dabei sind auch erhebliche Abweichungen identischer Linien, die im Luftbild eindeutig bestimmt werden können, auf der Karte zu korrigieren.

Dazu markiert sich der Forsteinrichter zunächst in einem Bild des Stereobildpaars die erkennbare neue Teilflächengrenze. Bei der nachfolgenden Kontrolle im Revier werden notwendige Korrekturen eingetragen. Erst dann erfolgt die endgültige Markierung auf dem Luftbild. Die Teilflächen werden entweder mit dem Bleistift exakt umfahren oder die Knickpunkte mit der Kopiernadel eingestochen. Die terrestrische Einmessung dieser Grenzen entfällt.

Die Übertragung der Linien vom Luftbild in die Karte erfolgt nach den Grundsätzen von Abschnitt 10.2.6.1. Das Ergebnis ist die *Arbeitskarte für die Vermessung*. Neue und veränderte Waldeinteilungslinien werden dabei nach Übernahme aus dem Luftbild mit Blaustift eingetragen. Davon ausgehend wird das Vermessungsoriginal der Forstgrundkarte korrigiert. Gleichzeitig geht daraus hervor, welche Linien nicht aus dem Luftbild entnommen werden konnten und für die terrestrische Vermessung vorgesehen sind.

Im Falle der Ausscheidung von Anteilflächen (als Zeilen) kann der Flächenanteil im Luftbild mit der Dimensionsskala und dem Punktgitter (s. Abschn. 10.2.1) annähernd oder im Kartoflex (s. Abschn. 10.2.6.1.) mit hoher Genauigkeit bestimmt werden.

Die Anwendung von Luftbildern als Kartenersatz bei der Taxation versetzt den Forsteinrichter in die Lage, seinen Taxationsweg auf bestimmte, von der sonstigen Bestockung abweichende Bestandesteile (Beimischungen, Lücken) direkt und rationell auszurichten. Ein erfolgreicher Gebrauch für die Taxation hängt hauptsächlich vom sicheren Erkennen von Baumartenunterschieden ab. Dies wiederum ist um so exakter möglich, je stärker sich die verschiedenen Baumarten nach Kronenform, -struktur sowie Grau- oder Farbtonwerten voneinander unterscheiden. Nach dem Bestandsbegang werden die terrestrisch ermittelten Größen für Mischungsform und -anteil sowie der Schlußgrad mit den Werten des Luftbildes verglichen und endgültig festgelegt. Flächengrößen von Mischungsanteilen, Blößen usw. werden direkt aus dem Luftbild entnommen. Einschreiten bzw. unsicheres Schätzen entfallen damit. Durch einfache Zählungen bzw. Messungen (s. Abschn. 10.2.1) können Kronen- bzw. Stammzahl, Kronendurchmesser und Schlußgrad ermittelt und direkt oder auch als Stützung für Schätzungen in die eigentliche Taxation einbezogen werden.

11. Kartenkunde

11.1. Grundsätzliches

Die Kartographie befaßt sich mit dem Entwerfen und Herstellen von Karten aller Art. Je nach dem Inhalt der Karten wird unterschieden nach topographischen, politischen, physikalischen, thematischen Karten u. a. Zu den thematischen Karten gehören die Forstkarten.

Eine *Karte* ist das eingeebnete, verkleinerte Abbild eines Teiles der Erdoberfläche. Der in der Karte dargestellte Ausschnitt der Erdoberfläche ist in der Natur Teil des Kugelmantels der Erde, in der Karte wird dieser Ausschnitt in eine Ebene projiziert. In der Karte werden nicht alle Einzelheiten der Erdoberfläche dargestellt. Dem Kartenzweck entsprechend, wird Wichtiges hervorgehoben, anderes generalisiert und Unwichtiges weggelassen. Die *Maßstabstreue* der Karte erstreckt sich nicht auf alle Kartendetails. So werden in den topographischen Karten kleineren Maßstabs (1:25 000 bis 1:100 000) Verkehrslinien wesentlich breiter dargestellt als sie in Wirklichkeit sind. Das geht zwar auf Kosten der Genauigkeit und der Flächentreue, ist aber für die Übersichtlichkeit und die rasche Orientierung anhand der Karte zweckmäßig.

Nur bei großem Kartenmaßstab ist es möglich, auch kleinere Objekte kartographisch darzustellen. Man bezeichnet eine Darstellung als *Plan,* wenn sich alle Objekte maßstabgerecht abbilden lassen, in der *Karte* muß stets generalisiert werden. (vgl. die Definitionen in Abschn. 2.1.3.). Damit verbunden ist im allgemeinen die vergrößerte Darstellung wichtiger Objekte. Pläne werden im allgemeinen in den Maßstäben 1:1 bis 1:5000 dargestellt, Karten haben kleinere Maßstäbe. Daher gehört die Fortstgrundkarte (1:5000) als Vermessungsoriginal zu den Plänen, während die Forstkarten kleineren Maßstabs generell zu den Karten gehören. Zu meßtechnischen Zwecken wird man also stets auf die Forstgrundkarte zurückgreifen.

11.2. Karteninhalt und -projektion

Inhalt, Detailtreue, Grad der thematischen Verallgemeinerung und der kartographischen Generalisierung werden vom Thema und vom Maßstab der Karte bestimmt. Der Kartennutzer soll sich anhand der Karte die realen Verhältnisse vorstellen und in den Gesamtkomplex seiner Betrachtung einordnen können. Mit den graphischen Grundelementen Punkt, Linie und Fläche sowie mit Größen-, Form-, Farb- und Tonwertunterscheidungen und Signaturen soll dieses Anliegen erreicht werden. Dabei muß die Anwendung der graphischen Grundelemente übersichtlich gehalten werden, und die Karte muß handlich bleiben.

Für die Kartenherstellung sind Verfahren notwendig, die es ermöglichen, einen Teil der Erdoberfläche in die Ebene zu übertragen. Bei allen Kartenprojektionen sind Verzerrungen in irgendeiner Form unvermeidlich. Diese Verzerrungen treten in Form von Längen-, Flächen- und Winkelverzerrungen auf. Deshalb ist für die Projektion in die Kartenebene der Zweck und die Art der Karte bestimmend. Für die Entstehung einer Karte ist vor allem die Projektion der Gradeinteilung der Erde, der Längen- und Breitengrade von Bedeutung. Ist das Gradnetz übertragen, können beliebig viele Punkte entsprechend ihren geographischen Koordinaten in dieses System eingefügt werden. Bei großmaßstäbigen Karten und Plänen, wie Kataster- oder Forstgrundkarte, tritt an die Stelle der Übertragung der Gradeinteilung die Projektion des entsprechenden Gitternetzes, das dann eine Fixierung der Festpunkte nach rechtwinkligen Koordinaten ermöglicht.

Außer dem Grundriß enthalten Karten spezielle Eintragungen zu Zuständen, Vorkommnissen, Planungen oder Zielen. Dabei gilt das *Prinzip der Maßstäblichkeit* der Darstellung.

Karten bieten einen hohen Informationsgehalt, sind effektive Informationsspeicher und haben gegenüber textlichen Beschreibungen und numerischen Informationen den Vorteil, daß sie naturräumliche Darstellung und thematische Informationen verbinden. Der visuellen Aufnahmefähigkeit des Menschen kommen Karten eher entgegen als Texte oder tabellarische Datenverzeichnisse.

Die Vielfältigkeit der Karteninhalte, Projektionsarbeiten und Maßstäbe macht eine *Klassifizierung von Karten* erforderlich (vgl. „abc der Kartenkunde"):

- nach der Zweckbestimmung (z. B. Eigentumsnachweiskatalog)
- nach der Art (Einzelkarte, z. B. Forstrevierkarte, Kartenserie, z. B. topographische Karten)
- nach dem territorialen Umfang (Forstamts-, Betriebsübersichtskarten)
- nach der Spezialisierung (z. B. Standorts-, Wirtschafts- oder Planungskarten)
- nach dem Maßstab (Pläne 1:1 bis 1:5000, Karten > 1:5000),
- nach der verwendeten Datenart (z. B. Daten aus der Fernerkundung, durch Feldmessung u. a.).

11.3. Forstwirtschaftlich bedeutsame Kartenwerke

11.3.1. Katasterkarten

Für die kartographische, lagegerechte Darstellung des Forstgrundes ist es erforderlich, den Grundriß mit Hilfe von Katasterkarten, topographischen Karten, Luftbildern sowie alten Forstkarten über geodätisch bestimmte Paßpunkte so zu projizieren, daß die forstlichen Wirtschaftseinheiten in der erforderlichen Genauigkeit dargestellt werden. Als *Kataster- oder Flurkarten* werden Pläne im Maßstab 1:500 bis 1:5000 bezeichnet, die für Städte und Gemeinden kartiert worden sind. Sie stellen mit z. T. großer Genauigkeit Besitzverhältnisse, Eigentumsgrenzen, Bebauung und Nutzungsarten dar. Sie sind die meßtechnische Grundlage für die geschlossene Darstellung des Forstgrundes nach Revierteilen bzw. Revieren in Karten des Maßstabes 1:5000 und kleiner.

Es gibt zwei Formen der Katasterkarten: Rahmenkarten und Inselkarten.

Die *Rahmenkarten* sind nach einem einheitlichen Koordinatensystem (meist *Gauss-Krüger)* kartiert und passen im Blattschnitt aneinander. Nachteilig wirkt sich aus, das evtl. einzelne Flurstücke zerschnitten und auf mehreren Blättern als Teilstücke dargestellt werden. Rahmenkarten bzw. -pläne sind besonders für den bebauten Teil der Stadt- und Gemeindefluren üblich und haben die Maßstäbe 1:500 bis 1:1000.

Die *Inselkarten* sind die häufigste Form der Katasterkarten. Besonders der landwirtschaftlich, gärtnerisch und forstlich genutzte Teil der Gemeindefluren wird in dieser Kartenform wiedergegeben. Hier begrenzt also nicht der Kartenrand das Kartenbild, sondern die Gemarkungs- bzw. die Flurgrenze. Inselkarten sind übersichtlicher, jedoch kann es durch die verschiedenen Aufnahmen vorkommen, daß sich die Grenzen zweier nebeneinander gelegener Gemeinden, Gemarkungen oder Fluren nicht genau decken, wenn man die Karten aneinander paßt. Bild 11.1 zeigt eine Inselkarte als Ausschnitt aus einer Katasterkarte.

Die *Gemarkung* ist die größte dargestellte Einheit auf der Katasterkarte. Ihre Grenzen fallen meistens mit den politischen Grenzen der Gemeinde zusammen. Durch Veränderung der Gemeindegrenzen, Zusammenlegung von Gemeinden, kann es auch vorkommen, daß mehrere Gemarkungen zu einer Gemeinde gehören.

Zu einer Gemarkung gehören meist mehrere *Fluren,* wobei eine Flur jeweils auf einem Kartenblatt dargestellt, sich wiederum in *Flurstücke* (früher *Parzellen*) gliedert, die die kleinsten Einheiten der Liegenschaften bilden.

Die Fluren und Flurstücke werden fortlaufend von 1…*n* numeriert. In den Bundesländern Sachsen und Thüringen erfolgt die Numeration der Flurstücke von 1 fortlaufend durch die ganze Gemarkung, oft auch durch die Gemeinde, während besonders in den ehemals preußischen Gebieten, die Numeration der Flurstücke blattweise, stets wieder mit 1 beginnend, erfolgt. Es ist daher wichtig, bei der Angabe einer Flurstücksnummer auch die Flur- oder Blattnummer zu berücksichtigen.

Die unterschiedlichen Maßstäbe der Katasterkarten erklären sich aus den unterschiedlichen Jahren ihrer Aufnahme und die Umrechnung früher landesüblicher Maße (z. B. Leipziger

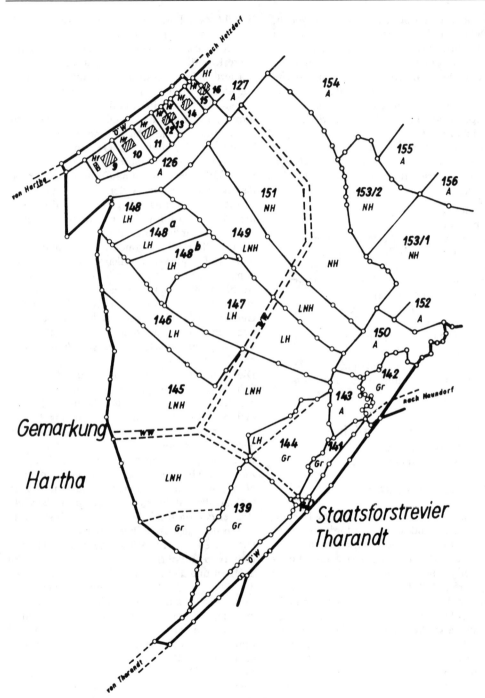

Bild 11.1
Beispiel der Kataster- bzw. Liegenschaftskarte 1:2 730; verkleinerte Darstellung

Feldmesserruthe) in das metrische Maßsystem. Für Katasterkarten gilt: Ortslagen mit durchschnittlich kleinen Flurstücken bzw. Parzellen werden meistens in sehr großen Maßstäben (1:500 oder 1:1000) dargestellt, während ausgesprochene Feld- und Waldgebiete mit relativ großen Flurstücken in den Maßstäben 1:2000 bis 1:5000 gezeichnet sind. Die Katasterkarten beschränken sich im Karteninhalt auf die Eigentumsgrenzen, die Grenzen unterschiedlicher Nutzungsarten (z. B. A = Acker, W = Wiese, Gr = Grünland, NH = Nadelholz, LH = Laubholz, LNH = Laub- und Nadelholz, Hf = Hof u. a.), die Flurstücksnummern, die Grenzzeichen und den Grundriß von Bauwerken. Höhenangaben sind in Katasterkarten nicht enthalten. Rahmenkarten sind nach Norden (Gitternord) orientiert; in Inselkarten wird die Nordrichtung durch Nordpfeil gekennzeichnet.

11.3.2. Topographische Karten

Für das Territorium der fünf ostdeutschen Bundesländer sind topographische Karten in den Maßstäben 1:10 000, 1:25 000, 1:50 000 sowie 1:100 000, 1:200 000, 1:750 000 und 1:1 500 000 flächendeckend vorhanden. Die topographischen Karten sind *staatliche Karten,* die für vielfältigste Bedürfnisse der Wirtschaft bestimmt sind. Sie sind nach einheitlichen Zeichenvorschriften hergestellte und auf die verschiedenen Maßstäbe abgestimmte Rahmenkarten. Den topographischen Karten liegt das Ellipsoid von Besel zugrunde. Begrenzungsmeridiane und Begrenzungsbreitenkreise werden durch gerade Linien abgebildet. In den vier Blattecken des Kartenrahmens erfolgt die Angabe der geographischen Koordinaten, und die *Gauß-Krüger*-Koordinaten werden an den Gitternetzlinien im Kartenrahmen eingetragen. Die Geländedarstellung erfolgt vom Maßstab 1:10 000 bis 1:50 000 durch Höhenlinien. Das Höhensystem für die fünf neuen Bundesländer bezieht sich auf den Höhennullpunkt des Kronstädter Pegels (*HN* = Höhennormal), wie auch bei den angrenzenden Staaten, wie der ČSFR und der Republik Polen.
Als Lagefehler der dargestellten Objekte und Konturen des Geländes werden 0,2 mm toleriert.
Die topographischen Karten werden im Offset-

druck entweder einfarbig (schwarz) oder mehrfarbig gefertigt. Die Kartenzeichen und Farben sind aus der Zeichenerklärung zu ersehen.
Die karteninhaltliche Abstimmung der Maßstabsreihe ist besonders für die Nachnutzung durch die Forstwirtschaft von Bedeutung, da das forstliche Kartenwerk in gleicher Maßstabsreihe gefertigt wird. Die Nomenklatur und die Blattschnitte werden in Bild 11.2 als Beispiel dargestellt. In Bild 11.3 werden Kartenmuster der topographischen Karten 1:10 000 bis 1:50 000 einfarbig dargestellt.
Für die drucktechnische Bearbeitung der Forstrevierkarte 1:10 000 wird als Ausgangsmaterial die topographische Karte 1:10 000 zur lagerichtigen Montage von Streuflächen, für die Übernahme außerforstlicher Situationen wie Ortslagen, Eisenbahnen, Straßen, Wege, Höhenlinien innerhalb der Waldflächen, Hydrographie genutzt.
Analog werden die topographischen Karten 1:25 000 für die Forstamtskarten und die Verkleinerung der topographischen Karten 1:25 000 für die Herstellung der Forstbetriebsübersichtskarten (Forstdirektionsübersichtskarte) genutzt.

11.3.3. Historische Forstkarten

Mit der Herausbildung der Forstwirtschaft Ende des 18. Anfang des 19. Jahrhunderts setzte sich die regelmäßige Forsteinrichtung im Staatswald, in den kommunalen Wäldern und im Großwaldbesitz durch. Im Zuge der periodischen Forsteinrichtungsarbeiten entstanden Forstkartenwerke, die von hohem forsthistorischen Wert sind. Solche Kartenwerke sind in großer Zahl in den Staatsarchiven, zum Teil auch bei den Forsteinrichtungsämtern und in Archiven der Forstbetriebe deponiert und können dort eingesehen werden.

Das Kartenwerk bestand im wesentlichen aus zwei Kartenformen:

* Forstspezialkarte oder Forstgrundriß
* Bestandes- oder Wirtschaftskarte.

Die *Forstspezialkarte* war die meßtechnische Grundlage der Forstwirtschaft. Sie wurde auf Karton gefertigt und über mehrere Jahrzehnte im Zuge der Forsteinrichtung immer wieder ergänzt (um neue Bestandesgrenzen) und korri-

Blattschnitte

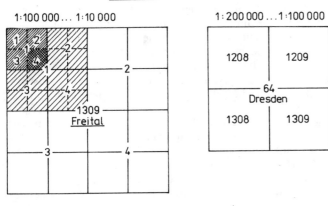

Legende :
Nomenklaturangaben

⊞	1309	Topographische Karte 1:100 000
▨	1309 1	Topographische Karte 1:50 000
▨	1309 11	Topographische Karte 1:25 000
▩	1309 114	Topographische Karte 1:10 000

Blattnamen   64   Topographische Karte
                       1 200 000

Freital

Freital

Tharandt   Dresden   Blattnamen

Höckendorf

                       Ausgabe für die
                       Wirtschaft

Bild 11.2
Blatteinteilung der Topographischen Karten

giert. Es existierten also nur jeweils ein oder zwei Originale, dementsprechend sorgfältig war der Umgang mit ihnen. Bild 11.4a zeigt einen Ausschnitt aus einer sächsischen Forstspezial-karte. Die Karte stellte den Forstgrund in seiner Untergliederung nach Kulturarten und den Holzboden gegliedert nach Abteilungen und Bestandesunterabteilungen dar. Die einzelnen Waldteile wurden außerdem durch eine markante verbale Forstortsbezeichnung charakterisiert. Anhand dieser Karte erfolgte auch die Flächenberechnung, abgestimmt auf die Flächenangaben des Katasters. Die Maßstäbe lagen zwischen 1:4000 und 1:5000 und hatten Bezug auf die seinerzeit gebräuchlichen Maße, so daß sich bei der späteren Orientierung auf das metrische Maß „unrunde" Maßstäbe ergaben, z. B. in Sachsen 1:4853$^{1}/_{3}$.
Durch Verkleinerung (z. B. mittels Pantograph) wurde aus der Forstspezialkarte der Grundriß der *Bestandeskarte* gefertigt und durch Kolorit sowie Signaturen ergänzt. Durch den relativ kleinen Maßstab (zwischen 1:10 000 und 1:25 000) entstanden für die relativ kleinen Reviere (1000 bis 2000 ha) sehr gut handhabbare Karten, die sich durch Sorgfalt und Genauigkeit in der Kartengestaltung auszeichneten und dadurch für die Forstpraktiker sehr hilfreich waren. Bild 11.4 b zeigt den Ausschnitt einer Bestandskarte.

Die kartographischen Details sind:

– alle äußeren und inneren Grenzen, bestandesweise farbige Darstellung der vorhandenen Baumarten und Abstufung in Farbtönen nach zwanzigjährigen Altersstufen
– Wege-, Schneisen- und Gewässernetz
– Darstellung des Nichtholzbodens nach Art der Nutzung

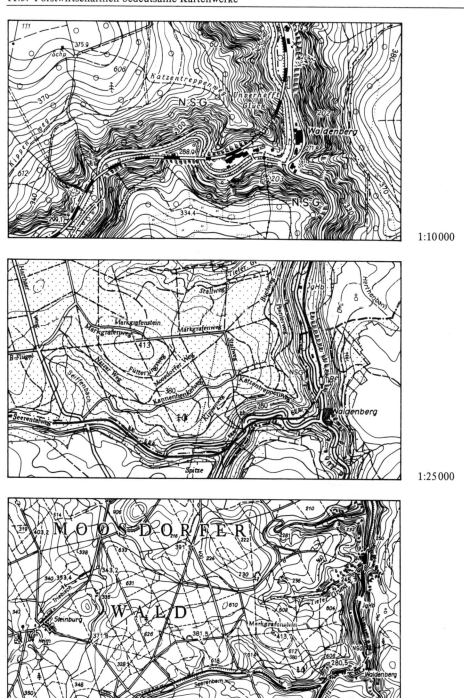

1:10000

1:25000

1:50000

Bild 11.3 Topographischer Kartenausschnitt 1:10000 bis 1:50000; verkleinerte Darstellung

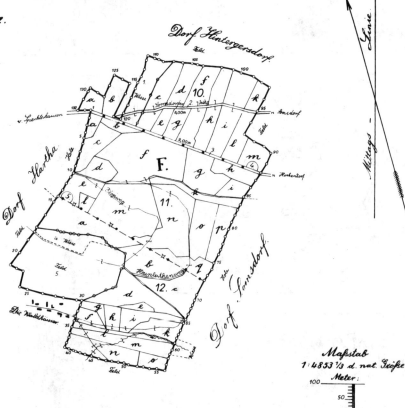

Thavanter Revier.
Spezialkarte

Aufgenommen von August Hinzsch und August Heinicke.

im Jahre 1897.

Reviertheil:
F. *Die Hainleithe.*

Maßstab
1:4853 1/3 d. nat. Größe
Meter:

Bild 11.4
Historische Beispiele
a) Forstspezialkarte 1:4853 1/3,
verkleinerte Darstellung Foto; *b)*
Historische Revierkarte – Bestandskarte – 1:15000, verkleinerte Darstellung

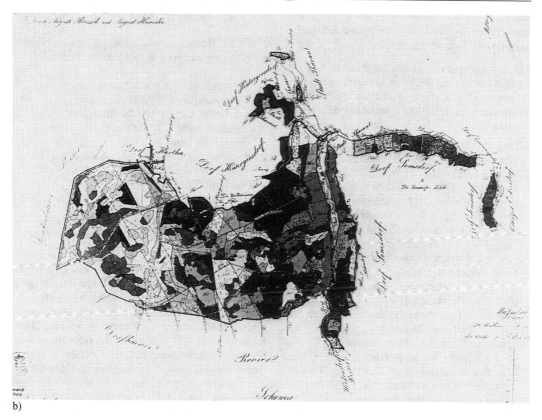

b)

– Höhenlinien und außerforstliche topographische Details, sogenannte „Situation", zur Orientierung
– Bezeichnung der forstlichen Einheiten (Abteilung, Forstort, Bestandesunterabteilung)
– Angabe der Nordrichtung, Kartenkopf und ausführliche Legende.

In Sachsen wurde auf der Grundlage der Bestandeskarte eine *Planungskarte* gefertigt, auch als *Hiebszugskarte* bezeichnet. Gestützt auf die Zehnjahresplanung der Forsteinrichtung wurden in diese Karte Hiebsrichtung, Hiebsfortschritt, Hiebszugsgrenzen sowie Los- und Gliederungshiebe eingetragen. Für die konsequente Umsetzung der sächsischen Schmalschlagwirtschaft war diese Karte sehr hilfreich.

11.3.4. Forstkartenwerk der ostdeutschen Bundesländer

Verbunden mit dem Aufbau eines einheitlichen Verfahrens zur Inventur, Planung und Kontrolle der Waldentwicklung wurde seit Anfang der fünfziger Jahre ein einheitliches Fortkartenwerk geschaffen. Es ist Teil des Betriebswerkes der Forsteinrichtung und wird im Zuge der periodischen Bearbeitung der Forstbetriebe – in etwa 10jährigem Abstand – aktualisiert. Dieses Kartenwerk bildet die Grundlage für die kartengebundene Flächenermittlung, ist anschauliches Arbeitsmittel und unentbehrliches Leitungsinstrument der Forstpraxis, trägt auch vermittelnden Charakter zwischen den örtlichen Gegebenheiten und den in Wirtschaftsbüchern, Tabellen und Schriftsatz dargestellten Daten von Waldinventur und -planung.

Das Kartenwerk wurde laufend den sozialökonomischen Entwicklungen angepaßt und in seiner Aussagefähigkeit sowie im Kartensortiment erweitert. Die Ausstattung der Forstkarten nach Inhalt, Abmessung und Maßstab unterscheidet sich nach dem Verwendungszweck. Grundlage des Forstkartenwerkes sind Katasterkarten, topographische Karten und Luftbilder. Die Maßstäbe der Forstkarten sind auf das amtliche topographische Kartenwerk (1:5000 bis 1:50 000) abgestimmt, woraus sich erhebliche fertigungstechnische Vorteile ergeben.

Zur Erfüllung der vielfältigen Funktionen des Kartenwerkes sind wichtige Gesichtspunkte für die inhaltliche Gestaltung und die Herstellungstechnologie zu beachten (Betriebsregelungsanweisung):

- Das Forstkartenwerk muß einen anschaulichen Überblick über die Lage und die räumliche Ausdehnung der Waldflächen geben.
- Es sind alle Grenzen und Bezeichnungen der forstlichen Wirtschaftseinheiten, ihre räumliche Gliederung und die bringungstechnischen und verkehrsmäßigen Erschließungsmöglichkeiten darzustellen.
- Die wichtigsten Zustandsmerkmale der Bestockung und des Standortes sowie die zehnjährigen Planungsmaßnahmen sind kartographisch wiederzugeben.
- Die Lage und Ausdehnung aller nicht der Holzproduktion dienenden Flächen, wie Straßen, Wege, Gestelle, Schneisen, Gewässer, Gebäude, Hofraum, Gärten, Äcker, Wiesen, Forstbaumschulen, Plantagen, Fernleitungstrassen usw. müssen ersichtlich sein.
- Der Zusammenhang des Forstgrundes mit den natürlichen und künstlichen Einflußfaktoren der Umwelt, wie Relief, Hydrographie, Straßen- und Eisenbahnnetz, Ortslagen, ist im notwendigen Umfang darzustellen.
- Die Punktlagegenauigkeit der forstlichen Situation muß gewährleisten, daß die kartometrische Flächenberechnung bzw. Digitalisierung der Wirtschaftseinheiten in der geforderten Genauigkeit erfolgen kann.
- Die Vielzahl der darzustellenden Informationen erfordert eine differenzierte Maßstabsreihe, die Paßfähigkeit mit anderen, speziell den topographischen Karten, muß gewährleistet und das Kartenwerk muß flexibel sowie erweiterungsfähig in der Aussage sein.
- Das Kartenwerk muß über mehrere Jahrzehnte fortgeführt werden können.

Das Forstkartenwerk wird nach seiner Herstellung in drei Kategorien unterteilt:

- Karten des Grundangebotes
- Karten des Zusatzangebotes
- Karten, die von den Forstwirtschaftsbetrieben selbst zu fertigen sind.

11.3.4.1. Karten des Grundangebotes

Nach der Betriebsregelungsanweisung der Forsteinrichtung gehören zum Grundangebot:

- Vermessungsoriginal 1:5000
- Forstgrundkarte 1:5000
- Forstrevierkarte 1:10 000 (Blankett)
- Standortskarte 1:10 000
- Wirtschaftskarte 1:10 000
- Wirtschaftskarte mit technologischen Informationen 1:10 000
- Forstamtskarte 1:25 000
- Betriebsübersichtskarte 1:50 000 (Forstdirektion)

Forstgrundkarte 1:5000 (s. Kartenbeilage)

Die *Forstgrundkarte* ist die Grundlage des Forstkartenwerkes bis zum Maßstab 1:25 000 (z. T. 1:50 000). Sie wird als nach Norden orientierte Inselkarte auf Transparentpapier, Astralon, Klarzell oder Zeichenfolie mit gut deckender und haltbarer schwarzer Tusche gezeichnet. Das Kartenformat soll A 0 nicht überschreiten, wobei die Zeichenfläche 70 cm × 100 cm beträgt. Aufgrund des großen Maßstabes und der heutigen Forstreviergrößen (um 1000 ha) werden für ein Revier 2 bis 4 Kartenblätter benötigt. Der Kartentitel muß den Namen und die Codeziffer des dargestellten Revieres, die Nummer, des Kartenblattes, die Betriebszugehörigkeit und das Datum des Forsteinrichtungsjahres enthalten. Außer den üblichen Randbeschriftungen für den Hinweis auf Anschlußblätter sind die Namen der Bearbeiter (Vermessungsingenieur und Kartograph) zu vermerken. Das Original verbleibt beim bearbeitenden Forsteinrichtungsamt. Die Vervielfältigung erfolgt im Lichtpausverfahren. Den Forstbetrieben werden genügend Exemplare der Forstgrundkarte als Lichtpausen zur Verfügung gestellt. Sie dient u. a. als *Fortführungskarte* zum Nachweis der durch Besitzwechsel und Wirtschaftsmaßnahmen eingetretenen Lage- und Flächenveränderungen. Der Forsteinrichter nutzt die Lichtpausen der Forstgrundkarte bei Folgeeinrichtungen als Arbeits- und vorläufige Planungskarte.

Forstrevierkarte 1:10 000 (s. Kartenbeilage)

Die Forstrevierkarte im Maßstab 1:10 000 ist die wichtigste Karte für den praktischen Forstbetriebsdienst. Sie stellt als Inselkarte den gesamten Forstgrund eines Forstrevieres dar einschließlich der Reliefs (Höhenlinien) und ergänzender nichtforstlicher Situationen.

Die Druckkopiervorlage – schwarz für die Forstrevierkarte – wird durch Montage von photographischen Verkleinerungen der Forstgrundkarte hergestellt. Die Druckkopiervorlage – braun für das Relief und die stark generalisierte nichtforstliche Situation – wird von der topographischen Karte 1:10 000 paßgerecht hochgezeichnet. Danach wird die Forstrevierkarte im Zweifarbendruck hergestellt. Der forstliche Grundriß, Kartenrand und Beschriftung werden schwarz und die topographischen Informationen braun dargestellt.

Dem Forstwirtschaftsbetrieb werden genügend Exemplare der Forstrevierkarte zur Verfügung gestellt. Damit wird es den Forstleuten möglich, sich auf der Grundlage dieser Revierkarten Spezialkarten zu fertigen, z. B. für die Registrierung von Schadereignissen, für die Projektierung der Schlagführung und Verjüngung, für die Wegeinstandhaltung u. a.

Auf der Grundlage der Forstrevierkarte fertigt die Forsteinrichtung Standorts- und Wirtschaftskarte. Durch geeignete Text- und Signaturgebungen werden die Revierkarten als sogenannte Blankette für diese Spezialkarten genutzt und mit weiteren Überdrucken, z. B. rot und grün, versehen.

Standortskarte 1:10 000 (s. Kartenbeilage)

In der *Standortskarte* werden die in einem Revier vorkommenden Standortsformen und ihre Grenzen in Kombination mit den Standortsgruppen dargestellt. Die Standortsdarstellung erfolgt im Rotdruck auf der Revierkarte.

Für das Tiefland wird die „kombinierte Standortskarte" erweitert durch die spezielle Darstellung von Stamm- und Zustandseigenschaften. Im Rotdruck werden die Stammeigenschaften und im Grundruck die Zustandseigenschaften des Standortes im Kartenblatt dargestellt.

Die weitere kartographische Bearbeitung gliedert sich in zwei Varianten, je nachdem, ob die Zustands-Standortsgruppen flächendeckend, durchweg im Tiefland oder nur teilflächig, wie im Mittelgebirge und Hügelland, von der Standorterkundung erfaßt sind. Bei der Variante „Tiefland" werden in drei Drucken die Stamm-

Standortsgruppen und in weiteren drei Exemplaren die Zustandseigenschaften im Handkolorit flächendeckend angelegt. Für die Variante „Mittelgebirge und Hügelland" werden nur drei Exemplare mit Kolorit der Stamm-Standortsgruppen gefertigt. Die Zustandseigenschaften sind durch lagegetreue Signaturen in den jeweiligen Flächen ersichtlich.

Am Kartenrand der Standortskarte wird eine für den jeweiligen Forstbetrieb typische Kartenlegende gedruckt. Diese Legende enthält Übersichten mit Farbskala über die im Forstbetrieb auftretenden Stamm- und Zustandsgruppen.

Ferner sind einige Grenz- und Flächensignaturen ebenfalls manuell koloriert, und zwar:

– in Violett die Grenzen der Immissionsformen (5)
– in Grün die Umrandung der Flächen mit Stammvegetation (72)
– in Schwarz die Umrandung für rabattierte, tief gepflügte und plaggenbeeinflußte Böden sowie Meliorations- und Ödlandflächen (24, 25, 75, 76)
– in Blau die Signaturen für Frostgefährdung (17 bis 20).

Aufgrund des hohen Aufwandes für das manuelle Kolorieren werden nur drei kolorierte Exemplare hergestellt. Weitere Exemplare stehen im Vierfarbendruck zur Verfügung. Ihre Aussagefähigkeit entspricht durch die eingedruckten Symbole nahezu der von kolorierten Karten. In Zukunft wird das Farbkopiergerät für die Herstellung kolorierter Exemplare eingesetzt.

Wirtschaftskarte 1:10 000 (s. Kartenbeilage)

Für die *Wirtschaftskarte* wird, analog zur Standortskarte, ein roter Überdruck auf die Forstrevierkarte 1:10 000 gebracht. Diese enthält die für das kommende Forsteinrichtungsjahrzehnt geplanten Hiebsmaßnahmen, Angaben zur Harzung, Vorschläge zur Verbesserung der räumlichen Waldstruktur und zum Waldbrandschutz, dazu Unterstreichungen der Unterabteilungs- bzw. Teilflächenbezeichnungen in den Altersklassen II, IV und VI.

Der Dreifarbendruck der Wirtschaftskarte 1:10 000 wird durch flächiges Kolorieren ergänzt, um die Informationen Hauptbaumart

(Farbe) und Altersgruppe (Farbintensität) der Unterabteilungen bzw. Teilflächen sichtbar zu machen.

Von der kolorierten Wirtschaftskarte werden nur drei Exemplare hergestellt. Die unkolorierte Wirtschaftskarte wird in größerer Anzahl zur Verfügung gestellt.

Um den Forderungen nach höherer technologischer Aussagefähigkeit der Forsteinrichtung kartographisch gerecht zu werden, ist in den letzten Jahren das Grundangebot um die *Wirtschaftskarte mit technologischen Informationen* (s. Kartenbeilage) erweitert worden. In einem Überdruck in Grün werden Angaben zu Geländetyp, technologischem Typ, Wegezustand, Wegeklassifizierung sowie Holztransportrichtung gemacht.

Forstamtsübersichtskarte 1:25 000 (s. Kartenbeilage)

Die Forstamtsübersichtskarte im Maßstab 1:25 000 stellt das forstliche Territorium eines Forstamtes im Zusammenhang mit der außerforstlichen Situation im Zweifarbendruck dar. Sie wird als Rahmenkarte gefertigt, in der die forstliche Situation schwarz, die außerforstliche topographische Situation braun dargestellt wird. Die Forstsituation des betreffenden Territoriums wird durch reprotechnische Verkleinerung der Forstrevierkarten 1:10 000 paßgerecht mit der topographischen Karte 1:25 000 montiert.

Die Forstamtsübersichtskarte trägt den Charakter einer Übersichtskarte, das forstliche Detail, besonders die Teilflächen, ist zwar enthalten, aber schlecht erkennbar. Es geht bei der Nutzung dieser Karte vorwiegend um übergreifende Sachverhalte, z. B. die forstliche Raumplanung, die Vorbereitung aviochemischer Düngungs- und Forstschutzmaßnahmen, die Projektierung von Straßenbauten, die großflächige Abgrenzung von Arbeitsfeldern zur Forstschutzüberwachung und ähnliches. Der Vorzug der Forstamtsübersichtskarte liegt in der geschlossenen Darstellung eines relativ großen Territoriums (≈ 10 000 ha auf einem Kartenblatt, und zwar in engem Zusammenhang von Forstgrund und außerforstlicher Situation. Diese Karte ist in erster Linie ein Leitungsinstrument des Forstamtsleiters und wird ausreichend zur Verfügung gestellt. Auch landeskulturelle Anliegen lassen

sich anhand der Forstamtsübersichtskarte leicht veranschaulichen. Den Forstamtsleitern ist anzuraten, auf der Grundlage der Forstamtsübersichtskarte durch ergänzende Signaturen bzw. Kolorierung selbst Karten für spezielle Aussagen zu schaffen.

Forstbetriebsübersichtskarte 1:50 000 (s. Kartenbeilage)

Die *Forstbetriebsübersichtskarte* vermittelt einen Überblick über den im Bereich einer Forstdirektion oder Region gelegenen Forstgrund, die forstlichen Dienststellen, Verkehrsanlagen, holzbe- und holzverarbeitende Betriebe, Waldfunktionen (Schutz- und Erholungsfunktionen). Grundlage für die Herstellung der Karte sind die Forstamtsübersichtskarten 1:25 000, die nach reprotechnischer Verkleinerung auf den Maßstab 1:50 000 und nach Generalisierung in die auf den Maßstab 1:50 000 verkleinerte topographische Karte 1:25 000 (AV) eingepaßt werden.

Die Karte wird in ähnlicher Technologie, wie bei der Forstamtsübersichtskarte beschrieben, im Mehrfarbendruck hergestellt. Kartenmuster und Legende sind aus dem Beispiel in der Kartenbeilage ersichtlich. Die Forstbetriebsübersichtskarte gewinnt im Territorium zunehmend an Bedeutung für den Forstbetriebsdienst. Den Forstbetrieben wird eine ausreichende Anzahl von Exemplaren dieses Kartentyps zur Verfügung gestellt.

Waldbrandschutzkarte 1:50 000 (s. Kartenbeilage)

Die *Waldbrandschutzkarte* (auch *Waldbrandabwehrkarte* genannt) wird für alle Forstbetriebe mit den Waldbrandgefahrenklassen A und A 1 im Standardprogramm hergestellt. Als Grundlage wird die Forstbetriebsübersichtskarte 1:50 000 ohne grünen Überdruck verwendet.

Als Ergänzung werden zusätzliche Informationen, als Symbole, Flächendruck bzw. farbliche Hervorhebung eingedruckt und zwar:

- *Roter Überdruck:*
  Richtkreise der Feuerwachtürme, Standorte der Waldbrandschutzbeauftragten, Wegebefahrbarkeitsklassen für Löschfahrzeuge, Eisenbahn- bzw. Autobahn-Kilometrierung, Gerätedepots, Waldbrandriegel u. a. m.

● *Gelber Überdruck:*
alle Nadelholzreinbestände unter 40 Jahre
● *Blauer Überdruck:*
Löschwasserentnahmestellen, Staueinrichtungen, ständig und zeitweise wasserführende Gräben.
Die Waldbrandschutzkarte wird in ausreichenden Exemplaren hergestellt. Mit ihr werden die Forstdirektionen, Forstämter und die örtlichen Feuerwehren ausgestattet.

11.3.4.2. Karten des Zusatzangebotes

Karten des Zusatzangebotes werden bei Bedarf und nach Anforderung der Forstbetriebe sowie der mittleren und höheren Forstbehörde gefertigt. Der umfassende Datenfonds, den die Forsteinrichtung im Betriebswerk bereitstellt, bietet viele Möglichkeiten für die anschauliche kartographische Aufbereitung. Besonders für Territorialplanung (forstlicher Rahmenplan), Landeskultur und Umweltschutz ist zukünftig mit einem hohen Bedarf an zweckbezogenen kartographischen Informationen zu rechnen. Hier können nur einige Beispiele aus dem Zusatzangebot genannt werden:

● Ebene der Forstwirtschaftsbetriebe

- Karten für die Wegebauplanung im Maßstab 1:10000 und 1:25000
- Karten für Projektierung von Erholungswaldgebieten und ausgewählte Bereiche der Landeskultur – Waldfunktionenkarte (WFK) – im Maßstab 1:25000 (s. Kartenbeilage)
- Karten für die Darstellung immissionsgeschädigter Waldgebiete im Maßstab 1:10000, 1:25000 und 1:50000
- Karten für Melioration und Düngeprojektierung

● Ebene des Wirtschaftszweiges
- Übersichtskarte der Landesforstverwaltung im Maßstab 1:200000
- Übersichtskarte für ausgewählte Bereiche der Landeskultur im Maßstab 1:200000
Alle Karten des Zusatzangebotes für den Wirtschaftszweig haben als Basiskarten die topographische Karte 1:200000. Die forstlichen Angaben entstammen dem Standardangebot des Forstkartenwerkes und zusätzlichen verdichteten Informationen, die kartographisch umgesetzt wurden.

11.3.4.3. Aufgaben des Forstwirtschaftsbetriebes (Forstamt, Forstdirektion)

Der Forstwirtschaftsbetrieb erhält mit dem Standardprogramm des Kartenwerkes ein umfangreiches Kartenangebot. Über das Zusatzangebot hat er die Möglichkeit, sich spezielle Karten herstellen zu lassen. Insgesamt ist das Kartensortiment des forstwirtschaftlichen Kartenwerkes für die Bedürfnisse des Forstbetriebsdienstes ausreichend, auch die Anzahl der ausgelieferten Forstkarten ist hinreichend, zumal Nachbestellungen im allgemeinen möglich sind. Der Forstwirtschaftsbetrieb hat die Möglichkeit, dieses umfangreiche Kartenangebot für seine Zwecke zu nutzen und sich auf der Grundlage der standardisierten Forstkarten Spezialkarten zu fertigen. Hierüber gibt es keine Vorschriften oder Festlegungen. Der Kartenhersteller erwartet vom Kartennutzer die entsprechenden Beiträge zur „Laufendhaltung des Forstkartenwerkes". Ohne stete Aktualisierung, ohne Festhalten von Veränderungen, d. h. also ohne „Laufendhalten", büßt ein Kartenwerk rasch an Aussagefähigkeit ein. Die spätere Wiederherstellung eines aktuellen Kartenstandes, z. B. bei der Folgeeinrichtung, also 10 Jahre nach der Fertigung des Kartenwerkes, würde einen unnötig hohen Aufwand erfordern, wenn das Laufendhalten unterbleibt. Das Anliegen der Forsteinrichtung geht dahin, daß der Forstwirtschaftsbetrieb alle Veränderungen im Kartenbild erfaßt. Das betrifft Flächenzu- und -abgänge, Veränderungen zwischen Holzboden und Nichtholzboden, Unterschutzstellungen, Wege- und Straßenneubauten, Energietrassen, neue Schlaggrenzen u. a. m. Vom Forstwirtschaftsbetrieb – das betrifft besonders den Betriebsvermessungstechniker oder -ingenieur und die Revierförster – *wird die Führung von drei Karten erwartet:*

Grenzkarte,

Fortführungskarte,

Wege- und Gewässerkarte.

Die *Grenzkarte* im Maßstab 1:5000 ist eine (s. Kartenbeilage) Lichtpause der Forstgrundkarte. Sie dient zum Nachweis der Eigentumsgrenzen.

In ihr werden die Entfernungen von Grenzzeichen zu Grenzzeichen, zum Teil auch die Nummern der Grenzsteine eingetragen. In besonders schwierigen Fällen, z. B. bei kurzen Abständen zwischen den Steinen, ist der Grenzverlauf in einer Legende eindeutig zu beschreiben (Beispiel siehe Kartenbeilage). Die Grenzkarte soll die Erhaltung und Unterhaltung der Grenzzeichen und Eigentumsgrenzen erleichtern.

Die *Fortführungskarte* ist eine Kartonlichtpause (Spezialkarton) der Forstgrundkarte 1:5000. Sie dient der Laufendhaltung der kartometrischen Grundlage des Forstkartenwerkes innerhalb der Forsteinrichtungsperiode. In ihr sind kartographisch zu erfassen: Redaktionelle Änderungen, alle Veränderungen im Grundriß, entstehende Flächenzu- bzw. -abgänge (z. B. durch Ankauf, Verkauf, Tausch).

Die *Wege- und Gewässerkarte* wird auf der Revierkarte im Maßstab 1:10000 angefertigt. In ihr werden durch Kolorit Ausbau, Tragfähigkeit, Nutzbreite und Zustand der im Forstrevier gelegenen oder es berührenden Straßen und Wege sowie über Breite, Wasserführung von Wasserläufen, Gräben und sonstigen Gewässern nachgewiesen. Alle Wegebau- und Meliorationsmaßnahmen sind ergänzend einzutragen. Diese Karte ist die Grundlage für die Wegebauplanung.

Den Forstbetrieben wird empfohlen, *weitere Karten für spezielle Zwecke* zu führen und zwar auf der Grundlage der Forstrevierkarte:

- Sturmschadenskarte
- Karte der Immissionszonen und -stufen
- Waldfunktionenkarte (Eintrag der Bewirtschaftungsgruppen und -untergruppen sowie der Unterschutzstellungen).

11.4.   Neue Methoden der Kartenherstellung

Die Kartenherstellung ist aufwendig. Der Anteil manueller Arbeiten für Zeichnen und Reproduktion ist noch sehr hoch. Es gibt deshalb seit einiger Zeit Bemühungen, höchst anspruchsvolle Geo-Informationssysteme (GIS) zu entwickeln. Man steht hier sicher am Anfang einer stürmischen Entwicklung.

Sie betrifft vor allem Fortschritte auf folgenden Gebieten:

- Fernerkundung und Photogrammetrie
- Rechnersysteme mit hoher Speicherfähigkeit mit Bildverarbeitungssystemen, Grafikprozessoren (Raster- und Vektorgrafik) und drucktechnisch hochwertiger Wiedergabe und Vervielfältigung (u. a. Farbkopiergeräte)
- Automatisierung des Zeichnens und Kartierens nach digitalen Kartendaten.

Vor allem durch die Kopplung dieser Techniken werden Veränderungen in der Technologie der Kartenherstellung, höhere Flexibilität und Verbesserungen in der Aussagefähigkeit von Karten erwartet. Hier sollen zunächst zwei prinzipielle Wege angedeutet werden:

1. Nutzung von Luftbild- oder Fernerkundungsdaten in rechnergestützten Bildverarbeitungssystemen zur Herstellung von Luftbildkarten oder digitaler Transformation für eine maschinelle kartographische Verarbeitung

2. Analoge Darstellungen forstlicher Informationen (in Karten) für die Verarbeitung in elektronischen Rechenanlagen zu digitalisieren und nach thematischer Bearbeitung in gleicher oder auch veränderter Form wieder analog auszugeben.

Eine Orthophotokarte oder eine computergestützte automatische Kartenfertigung erscheint immer dann sinnvoll, wenn in einer elektronischen Datei thematische Werte vorliegen, wie z. B. im *Datenspeicher Waldfonds,* der für jede Teilfläche 55 Informationen enthält, die rechentechnisch zusammen mit kartographischen Werten bzw. Koordinatenwerten verarbeitet werden können.

Allgemein hat die computergestützte Kartenherstellung zunehmende Bedeutung, weil die elektronische Datenverarbeitung und die Kopplung mit peripheren Geräten es ermöglichen, mehrere Vermessungs- und Kartographiearbeiten gleichzeitig zu realisieren, wie:

- automatische Kartenherstellung
- digitale Speicherung kartographischer Werte in Datenbanken
- maschinelle Herstellung von Flächenverzeichnissen bei gleichzeitiger Abstimmung mit den Katasterangaben u. a. m. Eine ähnliche Entwicklung vollzieht sich bei der digitalen Bildverarbeitung (hierzu Abschn. 10.).

An zwei praktischen Beispielen sollen die Möglichkeiten der weitgehend automatisch herzustellenden Karten dargestellt werden.

11.4.1. Orthophotokarte 1:5000

In Abschnitt 10. wurde die vielfältige Verwendung des Luftbildes in der Forstvermessung vermittelt. Dabei wurde deutlich, daß die Fülle der luftsichtbaren forstwirtschaftlichen Informationen bisher nur zu einem geringen Teil genutzt werden. Wesentlich effektiver wird die Nutzung der Informationen bei der digitalen Luftbildkartierung, wobei die Luftbildkarte im Vergleich zur herkömmlichen Karte Vor- aber auch Nachteile aufweist. So zeigt z. B. die Luftbildkarte ohne Auswahl und Generalisierung alle erfaßten Einzelheiten.

In der Kartenbeilage wird das Beispiel einer Orthophotokarte im Maßstab 1:5000 gezeigt, die durch reprotechnische Kombination die herkömmliche Strichkarte (Forstgrundkarte) mit dem orthogonal projizierten Luftbild vereint.

Die Differentialentzerrung als kontinuierliche photographische Darstellung wird z. B. mit der Gerätekombination Stereokartiergerät *Topocart* – Differentialentzerrungsgerät *Orthophot* (Carl Zeiss JENA) hergestellt.

Für die Paßpunktbestimmung dient die Forstgrundkarte, um auf diese Weise die Entzerrung bzw. das Orthophoto auszuführen und Maßstabsunterschiede auszugleichen. Ergeben sich dann noch Abweichungen in der Darstellung zwischen Karte und Luftbild, so sind diese überwiegend auf Kartenfehler zurückzuführen. Fehler können aber auch bei der Orthoprojektion entstehen, wenn der Beobachter die Raummarke ungenau nachführt. Hier ist eine Korrektur durch partielle oder punktweise Transformierung möglich. Die Orthophotokarte bringt mit ihrem hohen Informationsgehalt einen guten Überblick über Baumartenverteilung, räumliche Ordnung u. a. m. und kann somit zur Lösung verschiedener Aufgaben in der Forstwirtschaft dienen.

11.4.2. Computergestützte Kartenherstellung der Wirtschaftskarte 1:10 000

Bild 11.5 zeigt das Beispiel einer mit Computer gefertigten Wirtschaftskarte. Diese Karte wurde nach Anpassung des Programmsystems *Alikart* an die Besonderheiten der forstlichen Forderungen im Lichtsatz gefertigt. Der technologische Ablauf wird in Bild 11.6 gezeigt.

Daraus wird ersichtlich, daß eine Verknüpfung von Forstdaten aus dem Datenspeicher Waldfonds mit Werten aus Koordinatendateien stattfindet.

Im einzelnen sind primäre Eingabedateien erforderlich, wie:

* *Merkmalsdatei* (Adressendatei):
Aus dem Datenspeicher, z. B. Waldfonds, Forstamt, Revier, Abteilungen, Unterabteilungen und Teilflächen

* *Polygondatei:*
– unveränderliche Grenzen: Eigentums-, Abteilungsgrenzen, Wege, Gewässer u. a.
– veränderliche Grenzen: Unterabteilungs- und Teilflächengrenzen

* *Placierungsdatei:*
Aufnahme ausgewählter Informationen aus dem Datenspeicher Waldfonds je territorialer Bezugseinheit, z. B. Teilfläche.
Die Informationen der Placierungsdatei können entsprechend dem Thema der Karte variabel sein.

Im gewählten Beispiel des digitalen Modells enthält der *Informationsblock* folgende Angaben:

Abteilungsziffer (Abt)
Unterabteilungsbezeichnung (UABT)
Teilflächenziffer (TLFL)
Hauptbaumart (BAUM)
Alter (t)
Höhe (h)
Durchmesser $(d_{1,3})$
Volumenschlußgrad $(V°)$
Geländetyp (GT)
Fläche der Hauptbaumart (FLAE)
Vorrat je Hektar $(V_B \, m^3/ha)$
Anteilzehntel (AZ)
Nutzungsgruppe (NG)

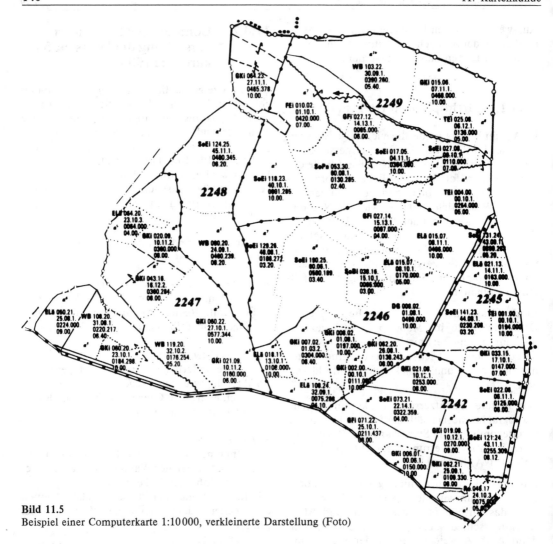

Bild 11.5
Beispiel einer Computerkarte 1:10000, verkleinerte Darstellung (Foto)

Gestaltung des Informationsblocks auf der Karte:

Beispiel:

Abt.	2234
UABT/TLFL	a^2
BAUM · t · h	SOEI 101 · 21
$d_{1,3}$ · V° · GT	36 · 10 · 1
FLAE · V_B m³/ha	0420 · 232
AZ · NG	08 · 00

Die gewählte numerische Darstellung ist optisch vom Kartennutzer gut zu erfassen und kommt der Computerdarstellung entgegen. Der Informationsgehalt dieser Karte ist für die Teilflächen wesentlich höher als der der herkömmlichen Wirtschaftskarte.

Mit dem Computerprogramm *Alikart* lassen sich natürlich auch andere thematische Karten herstellen, da die Koordinatendatei für alle thematischen Forstkarten vom Maßstab 1:10000 bis 1:50000 zu nutzen ist. Die Dateien sind dann lediglich themenspezifisch anzupassen.

Analoge Programmpakete (z. B. SICAD-FORST, ABIES-PIA, u. a.) werden den länderspezifischen Besonderheiten angepaßt und bundesweit eingesetzt.

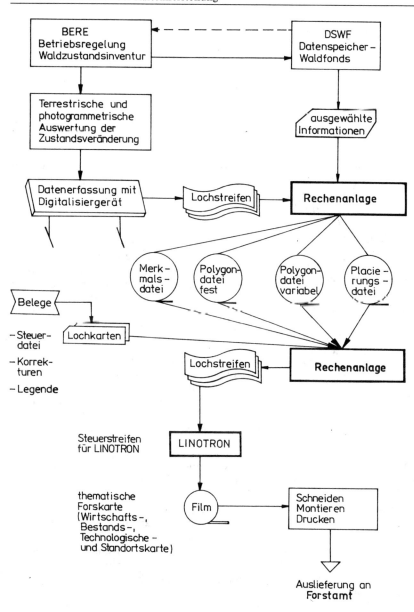

Bild 11.6
Programmsystem ALIKART nach forstlicher Anpassung

12. Ausblick zu Geo-Informationssystemen

Der Begriff „Geoinformationssysteme" wird heute für Datenverarbeitungssysteme gebraucht, „die grafikgestützt raumbezogene Daten erfassen, aufbereiten, verarbeiten, verwalten und für vielfältige Aufgabenstellungen innerhalb der gesamten Geo-Disziplinen einsetzbar sind" [33].

Gemeinsame Basis der Informationssysteme ist der Raumbezug (Metrik), während Unterschiede insbesondere in der Art der thematischen Informationen durch verschiedene Anwendungsgebiete gegeben sind.

International sind auch die Bezeichnungen "Geo-Informationssystem" oder „Geographisches Informationssystem" (abgekürzt: GIS) üblich. Besonders im deutschsprachigen Raum wird die Bezeichnung „Raumbezogene Informationssysteme" verwendet.

Die Vielfalt der Aufgabenstellungen führt zur Herausbildung spezieller, anwenderorientierter Informationssysteme (Subsysteme), die sich an organisatorische Gegebenheiten anlehnen und im System verbunden werden können.

Die zentrale Einheit eines GIS ist im allgemeinen eine Datenbank, in deren Zentrum der meist sehr umfangreiche Datenbestand angesiedelt ist. Die Informationen werden über Datenverwaltungsprogramme aufgebaut, kontrolliert und fortgeführt. Die zur Informationsaufbereitung verwendeten Anwenderprogramme haben keinen direkten Zugriff auf die Daten. Für die Datenabfrage und -nachführung werden bestimmte standardisierte Methoden benutzt.

Die in Entwicklung befindlichen GIS für die Forstwirtschaft sind den anwenderorientierten Subsystemen von GIS zuzurechnen. In ihnen ist ein breites Spektrum raumbezogener und flächenhafter Daten insbesondere zum Waldzustand unterzubringen, die bei Waldinventuren sowie spezifischen Projekten im forstlichen Versuchswesen gewonnen sowie durch Anforderungen aus Verwaltungszusammenhängen gegeben sind.

Diese Daten sind sehr heterogen und bestehen im wesentlichen aus den Gruppen

– Sachdaten (z. B. Messungen, Beobachtungen, statistische Auswertungen),
– graphische Daten (z. B. photogrammetrische Auswertungen von Luftbildern, Vektordarstellungen aus Geländeaufnahmen),
– Rasterdaten (z. B. Ergebnisse digitaler Bearbeitungen von Daten der Fernerkundung).

An die Struktur, den Umfang und die Aktualität dieser Daten werden gegenüber bisheriger Datenerhebungen höhere Ansprüche zu stellen sein. Zur effektiven Aufbereitung für Nutzerzwecke sind von einem GIS/Forstwirtschaft folgende wesentliche Anforderungen zu erfüllen:

• Logisch zusammenhängende, blattschnittfreie Abbildbarkeit der graphischen Daten
• die Möglichkeit der Verknüpfung von Sachdaten mit graphischen und Rasterdaten sowie die gegenseitige schnelle und umfassende Austauschbarkeit
• eine aussagefähige Möglichkeit der räumlichen Vernetzung unterschiedlicher Datenarten zur Erfassung von räumlichen Aspekten bei Analysen des Ökosystems Wald.

Für forstwirtschaftliche Informationen haben Analysen von Wechselbeziehungen zwischen den Geofaktoren im Ökosystem Wald und daraus hervorgehende komplexe Wirkungsgefüge eine besondere Bedeutung. Die Einordnung der Waldzustandsinformationen (Sach-, Vektor- und Rasterdaten) in ein räumliches Bezugssystem und der Aufbau eines integrierten Datenbestands sind wesentliche Voraussetzungen für mathematische Analysen des Naturraumes sowie die Ableitung von Modellvorstellungen.

Aus den Möglichkeiten, verschiedene Daten zu verschneiden und Vereinigungsmengen zu bilden, sind höherwertige Informationen zu erwarten. Sie bieten spezifische Ansatzpunkte für

- die Modernisierung/Automatisierung der Kartenherstellung (beschleunigte Herstellung, verbesserte Aktualität, Reproduzierbarkeit)
- Verbesserungen des Informationsangebots für Planung und Kontrolle
- die Entwicklung komplexer, wissenschaftlicher Modellvorstellungen.

Die bisherigen Formen der forstwirtschaftlichen Datenerhebungen werden sich den spezifischen Anforderungen solcher GIS anzupassen haben. Das betrifft sowohl die Bereitstellung und Sicherung der geometrischen Grundlagen als Koordinaten für die Zustandsinformationen als auch Inhalt und Umfang sowie Form der Zustandsinformationen selbst. Im Interesse einer hohen Aktualität sind moderne Aufnahmeverfahren als Input für GIS besonders gefragt, wobei die Geofernerkundung zunehmend Bedeutung erlangt.

Bemühungen zum Aufbau forstwirtschaftlicher Informationssysteme laufen in Deutschland schwerpunktmäßig in einer Reihe von Landesforstverwaltungen. In der Bayerischen Forstlichen Versuchs- und Forschungsanstalt München liegt z. B. seit Anfang 1990 eine beachtliche Konzeption zum Einsatz eines GIS im forstwirtschaftlichen Versuchswesen vor, bei der Zielstellung und bisherige Erfahrungen mit SIEMENS-Hard- und Software von besonderem Interesse sind [35].

Die meisten dieser Arbeiten sind z. T. noch nicht über Veröffentlichungen zugängig. Zu den frühzeitigen Veröffentlichungen gehören die Arbeiten des ITC Enschede zur praktischen Erprobung prinzipieller Arbeitsschritte für den Aufbau von GIS im Kobernausserwald [36; 37] sowie auch insbesondere Arbeiten österreichischer Autoren [27; 31; 32]. In immer mehr Publikationen werden speziell auch Erfahrungen zum Aufbau von GIS/Forstwirtschaft unter Nutzung von Daten der Fernerkundung mitgeteilt [25; 26; 28; 29; 30; 34].

13. Literatur (Auswahl)

13.1. Literatur zur Forstvermessung

[1] *Barth, R.* und Autorenkollektiv: Betriebsregelungsanweisung (BRA). Anweisung zur Forsteinrichtung des Waldfonds der DDR BRA V/1978, VEB Forstprojektierung Potsdam.

[2] *Bitterlich, W.:* Das neue Relaskop. Allgemeine Forstzeitung Wien, **69** (1958) 23/24, S. 295–299. Bitterlich, W.: Das Tele-Relaskop. Allgemeine Forstzeitung Wien, **83** (1972) 6, S. 138–141.

[3] *Deumlich, F.:* Instrumentenkunde der Vermessungstechnik. 8. Auflage, Berlin: VEB Verlag für Bauwesen, 1988.

[4] *Großmann, W.:* Vermessungskunde, Bd. I: Stückvermessung und Nivellieren. 15. Aufl. 1976. Bd. II: Winkel- und Streckenmeßgeräte, Polygonierung, Triangulation und Trilateration. 12. Aufl. 1975. Bd. III: Trigonometrische und barometrische Höhenmessung, Tachymetrie und Ingenieurgeodäsie. 11. Aufl. Berlin (West)/New York: Walter de Gruyter 1979.

[5] *Hugershoff, R.:* Die Photogrammetrie und ihre Bedeutung für das Forstwesen. Tharandter Forstl. Jahrbuch, Bd. 62, 1911.

[6] *Huss, J.* (Hrsg.): Luftbildmessung und Fernerkundung in der Forstwirtschaft. Karlsruhe: Herbert Wichmann Verlag GmbH 1984.

[7] *Jordan/Eggert/Kneißl:* Handbuch der Vermessungskunde. 10. Aufl. Bd. II: Feld- und Landmessung 1950. Bd. III: Höhenmessung und Tachymetrie, 10. Aufl. Stuttgart: I. B. Metzlersche Verlagsbuchhandlung 1956.

[8] *Kramer, H.; Akca, A.:* Leitfaden für Dendrometrie und Bestandesinventur. Frankfurt/M.: J. D. Sauerländer's Verlag 1982, 251 S.

[9] *Landauer, G.; Voß, H.-H.:* Untersuchung und Kartierung und Methoden der Fernerkundung, DLR, Oberpfaffenhofen 1989

[10] *Müller, G.:* Um Maßstab und Genauigkeit der Forstgrundkarten; Archiv für Forstwesen, Bd. 10 (1961) Heft 1 und wiss. Zeitschrift der TU Dresden Bd. 9 (1959/60) Heft 4.

[11] *Pelz, E.; Pofahl, U.:* Methode der Analyse und Interpretation. Lehrheftreihe „Geofernerkundung", 5. Lehrheft. Zentralstelle für das Hochschulfernstudium des Ministeriums für Hoch- und Fachschulwesen, Dresden 1985.

[12] *Pelz, E.:* Nutzung von Daten der Geofernerkundung in der Forstwirtschaft. Lehrheftreihe „Geofernerkundung", 12. Lehrheft. Zentralstelle für das Hochschulfernstudium des Ministeriums für Hoch- und Fachschulwesen, Dresden 1985.

[13] *Pietschner, J.:* Photogrammetrische Grundlagen. Lehrheftreihe „Geofernerkundung", 2. Lehrheft. Zentralstelle für das Hochschulfernstudium des Ministeriums für Hoch- und Fachschulwesen, Dresden 1982.

[14] *Reißmann, G.:* Die Ausgleichungsrechnung. Grundlagen und Anwendungen in der Geodäsie, 5. Aufl., Berlin: VEB Verlag für Bauwesen 1976.

[15] *Rüger, W.; Pietschner, J.; Regensburger, K.:* Photogrammetrie. Verfahren und Geräte zur Kartenherstellung. 5. Aufl., Berlin: VEB Verlag für Bauwesen 1987.

[16] *Schewior, G.:* Feldmessen in Hoch- und Tiefbau, Forst- und Bodenkultur. Heft IV: Absteckarbeiten und Schlußvermessung. Hamburg: Verlag Handwerk und Technik 1949.

[17] *Schulze, W.:* Forsteinrichtung 6. Betriebswerk der Forsteinrichtung. Lehrbriefreihe Forsteinrichtung. Ltg. u. Red. Prof. Dr. sc. Dr. h. c. *H. Kurth*, MHF, Zentr. Abt. f. d. Hochschulfernstudium der Landwirtschaftswissenschaften, Markkleeberg 1974, 85 S.

[18] *Schulze, W.; Wilfert, I.; Rülcke, Ch.:* Forsteinrichtung. Taschenbuch Forstkarten und Flächenwerk. Lehrbriefreihe Forsteinrichtung. Ltg. u. Red. Prof. Dr. sc. Dr. h. c. *H. Kurth* MHF, i. A. KMU Leipzig, WB Landwirtschaftliche Hoch- und Fachschulpädagogik – AG Lehr- und Lernmittel. Markkleeberg 1986, 53 S.

[19] *Schulze, W.:* Einteilung, Vermessung und kartographische Darstellung sächsischer Wälder vom 16. bis zum 19. Jahrhundert. Sächs. Heimatblätter, Dresden **32** (1988) 2, S. 18–22.

[20] *Volquardts, H.:* Feldmessen, Teil 2, 8. Aufl. Leipzig: B. G. Teubner Verlagsgesellschaft 1953.

[21] *Zemann, A.:* Kartoflex – ein neues Gerät zur Laufendhaltung von Karten. Vermessungstechnik, Berlin 32 (1984) 5, S. 168–170.

[22] *Zill, W.:* Vermessungskunde für Bauingenieure. 8. Aufl. BSB B. G. Teubner Verlagsgesellschaft 1978.

[23] o.V.: Computerkarten für die Planung, ALIKART – ein ESER-Programmsystem zur Darstellung bildstatistischer Zusammenhänge in thematischen Karten mittels Lichtsatz. Bauakademie der DDR, Institut für Städtebau und Architektur; VEB Datenverarbeitungszentrum Berlin 1976, 8 S.

[24] Fachbereichsstandard TGL 26711/01, /02, /03. Großmaßstäbige Karten: Allgemeines; Grundtypen, Relief. 1980.

13.2. Spezielle Literatur zu Geo-Informationssystemen

[25] *Bartelme, N.:* GIS Technologie, Geoinformationssysteme, Landinformationssystem und ihre Grundlagen. – Springer Verlag Berlin, Heidelberg, New York 1988. – 280 S.

[26] *Bartelme, N.:* Geographische Informationssysteme/Forsteinrichtung. – Österreichische Forstzeitung, 1990, H. 4

[27] *Baumann, M.; J. Friedl; M. Habarta; G. Otepka:* Der Einsatz eines CAD-Systems bei der landesweiten Waldzustandsinventur. In: CAD-Kartographie, Anwendung in der Praxis. Wichmann-Verlag, Karlsruhe, 1985.

[28] *Berchtold, K.; B. Sonne:* Einsatz der Luftbildmessung für die Kartenherstellung und Kartenfortführung auf der Grundlage eines Geoinformationssystems. Kartographische Nachrichten, 38. Jg. (1988), 6.

[29] *Göpfert, W.:* Raumbezogene Informationssysteme, Datenerfassung, Verarbeitung, Integration und Ausgabe auf der Grundlage digitaler Bild- und Kartenverarbeitung. Karlsruhe, 1987.

[30] *Markowski, E.; H. Mauser; G. Otepka:* Stand der Praxis der photogrammetrischen Waldschadenserhebung. Österr. Forstztg., Wien, 1988, H. 3

[31] *Mayer, W.; Flasch, I.:* Eine Standard-PC-Lösung für Forstkarten. – Österreichische Forstzeitung, 1990, H. 5, – S. 42–43

[32] *Otepka, G.:* Waldzustandserhebung unter Einsatz eines Geo-Informationssystems. In: Geoinformationssysteme. Wichmann-Verlag, Karlsruhe, 1989

[33] *Schilcher, M.; D. Fritsch* (Hrsg.). Geo-Informationssysteme. Wichmann-Verlag, Karlsruhe, 1989

[34] *Tihanyi, E.:* Ein geographisches Informationssystem für die Forsteinrichtung in Ungarn. Österreische Forstzeitung, 1990, Heft 5, S. 46

[35] *Tränker, H.; W. Siede:* Das Forstliche Geo-Informationssystem FIS, Konzept und Aufbau. Allgem. Forstzeitschr., 1989, 40/41.

[36] *Weir, M. J. C.; D. Rugabira:* Kobern – Eine Datenbasis zur EDV-gestützten Auswertung und Kartierung forstwirtschaftlicher Daten im Kobernausserwald. Cbl. ges. Forstw., 103 (1986) 1, S. 47–55.

[37] *Weir, M. J. C.; M. S. Sumaryono:* Kartenrevision in der Forstwirtschaft. Cbl. ges. Forstw., 107 (1990) 2, 101–102

14. Sachwörterverzeichnis